普通高等学校旅游管理教材

# 导游技巧与模拟导游

The Skills of Tour Guide

（第三版）

窦志萍◎编著

清华大学出版社
北京

# 内容简介

本书以理论的先进性、知识的系统性、技能的实用性作为写作指导思想，结合新时代旅游发展对导游服务的要求与导游人才培养的特点，在第二版基础上修订而成。

全书分为上下两篇，上篇是导游技巧与艺术，基础是与导游相关的概念、要求及服务程序分析，重点在导游语言、导游词创作、导游讲解及服务艺术，特色是“六要素”导游服务与讲解。下篇是典型景观与特色旅游产品导游，包括各类自然和人文景观的学科知识背景、服务程序、线路安排、审美引导和讲解内容选择及技巧运用，与时俱进地增加了新兴旅游（如城市旅游、工业旅游、乡村旅游、红色旅游、研学旅行及特种旅游）的导游服务与讲解等内容。本书的目的是构建学生理论知识体系，培养学生的创新和创造能力。

本书可作为高等院校旅游专业的教材、导游年检及相关导游培训的教材、导游资格及等级考试的参考书以及旅游爱好者获取相关知识的重要参考资料，是旅游者的“无声导游”。



**图书在版编目（CIP）数据**

导游技巧与模拟导游/窦志萍编著. —3 版. —北京：清华大学出版社，2020.10（2024.8重印）
普通高等学校旅游管理教材
ISBN 978-7-302-56066-1

I. ①导… II. ①窦… III. ①导游–高等学校–教材 IV. ①F590.63

中国版本图书馆 CIP 数据核字（2020）第 126900 号

**责任编辑：** 邓　婷
**封面设计：** 刘　超
**版式设计：** 文森时代
**责任校对：** 马军令
**责任印制：** 杨　艳

**出版发行：** 清华大学出版社
**网　　址：** https://www.tup.com.cn, https://www.wqxuetang.com
**地　　址：** 北京清华大学学研大厦 A 座　　**邮　　编：** 100084
**社 总 机：** 010-83470000　　**邮　　购：** 010-62786544
**投稿与读者服务：** 010-62776969，c-service@tup.tsinghua.edu.cn
**质量反馈：** 010-62772015，zhiliang@tup.tsinghua.edu.cn
**印 装 者：** 三河市少明印务有限公司
**经　　销：** 全国新华书店
**开　　本：** 185mm×260mm　　**印　　张：** 16　　**字　　数：** 405 千字
**版　　次：** 2006 年 3 月第 1 版　2020 年 11 月第 3 版　　**印　　次：** 2024 年 8 月第 5 次印刷
**定　　价：** 49.80 元

---

产品编号：071286-01

# 前　言

旅游活动是一项综合性的审美活动，游客在外出前可能会对旅游目的地做一些了解，但做不到全面了解，特别是对专业性知识、具有地方特色的文化等，难以全面掌握。旅游者要获得完美的旅游体验，就需要在游览方式、审美途径，特别是景物的细节审美等方面得到他人帮助和指点，一些与旅游相关的“杂事”能有人代劳，让自己能全身心地投入游览及审美体验中，获得身心愉悦……这个为游客解决杂务、指点景物、提供讲解服务的角色就是导游。

导游职业是旅游业思维“窗口”职业，导游服务在旅游服务中处于主导地位，是旅游服务的核心和焦点。导游员是旅游产品的最终实现者，是旅游业的一线服务人员，由此才有了“一个出色的导游带来一次成功的旅游活动”“祖国江山美不美，全凭导游一张嘴”的说法。导游服务的质量，导游员素质、能力、水平的高低会直接影响到旅游目的地的服务质量甚至旅游形象。旅游业高质量发展需要高水平的导游，高水平导游的培养需要有效的教学和高质量的教材。导游服务是一项集知识、语言、技能为一体的艺术性的服务工作，在人才培养过程中，关键的一个教学环节是综合素质和能力的提高，这是把知识、技能有机结合，把服务上升为艺术的环节。为满足这一环节的教学需要，笔者特编撰了《导游技巧与模拟导游》一书，以期为教学提供学习、训练、提高的资料。

本书第一版自2006年出版以来，取得了较好的社会效益，依托本教材的“模拟导游”课程被评为了国家级精品课程。为了适应旅游业及教学发展的需要，2010年该教材进行修订并出版了第二版。随着我国社会经济的发展，旅游市场、旅游需求有了新变化，旅游发展日新月异，新产品、新业态不断涌现，对导游服务也提出了新的要求。针对导游工作中出现的新问题和旅游行业发展的新形势，作者进行了大量跟踪调查研究后，决定在第二版的基础上再次修订。本次修订把最新的研究成果运用到了教材中，在内容上增加了“城市旅游、工业旅游、乡村旅游与导游服务”和“红色旅游、研学旅行与导游服务”两章，对原教材中存在错漏及表述不精准的部分进行了修正，力求做到教材知识体系更完善，理论更系统，语言更精练，知识更细化，技能更实用。

本书在写作及修订过程中得到了旅游界同行的支持，专家们提出了良好的建议，导游朋友们提供了有效的信息，还参考了大量的文献资料，谨致感谢！

本书的出版得到了清华大学出版社编辑邓婷老师的大力支持和帮助，谨致以真诚的谢意！

由于时间仓促，而导游服务方面的研究是一个新兴的课题，尚有许多需要深入研究探讨的问题，书中疏漏和不当之处在所难免，恳请同行专家、学者、广大师生和旅游界的朋友们批评指正。

**窦志萍**

2020年6月于春城昆明

# 目　录

## 上篇　导游技巧与艺术

## 下篇 典型景观与特色旅游产品导游

# 上篇　导游技巧与艺术

# 第一章 导游概述

导游是向导——美的向导；
导游是领导——有凝聚力的领导；
导游是指导——生活艺术的指导；
导游是演员——旅游大舞台上的艺术家；
导游是导演——旅游行为的引导；
导游是教师——科学文化知识的传播者；
……

导游服务是旅游综合服务的核心和纽带，导游员是旅游行业的一线服务人员。导游服务质量的高低是区域旅游业服务质量的重要标志，是旅游业的窗口。随着全民休闲、全域旅游和优质旅游时代的到来，旅游成为百姓生活的常态，旅游需求越来越多样化和高质量化。高质量的旅游需求需要高质量的旅游服务，特别是优质的导游服务。

## 第一节 导游服务与导游员

### 一、说文解字谈“导游”

导游作为一种职业称谓在我国出现得相对较晚，但这两个字的出现很早，且有特定的含义。我们先来说文解字。“导”，《辞海》的词条举例《史记·孙子吴起列传》中“善战者因其势而利导之”一语，意为引导，引申意有开导、教导、启发，具有开导指点、旁征博引、指点迷津之意。“导”也可解释为“通行”，《国语·周语》中“为行者决之使导”说出了“通行”的意思。此外，“导”出于“向导”一词的略称，《孙子兵法》中就有“不用向导者，不能得地利”之语，“导”字的本身，有一种巨大的内驱力量。“游”，《辞海》的词条举例《庄子·秋水》中“庄子与惠子游于濠梁之上”的典故，说的是庄子与惠子在濠梁上看到水中怡然自得的鱼，引起他们之间关于“鱼之乐与不乐”的有趣辩论，这里道出了“游玩”“游乐”的内涵。其次，“游”还包含了行走、求知、增加阅历见闻的意思。《史记·太史公自序》中就有“南游江淮”和“北涉汶泗”的叙述。此外，“游”尚有交际、交往之意，也有求学、求功名的意思。《汉书·枚乘传》中有“与英俊并游”之语，就是说人和人之间交往是有选择的，而《荀子·劝学篇》中的“故君子居必择乡，游必就士”的“游”，即指求功名。现代人理解“游”为游玩、游览、游乐、观赏。

“导”和“游”合起来，既可作为动词，又可作为名词，它本身就有双重词性和丰富的内涵。现代人提到的“导游”往往具有多重含义：一是服务工作，即对由旅行社或旅游景区提供的方便游客游览、了解旅游目的地知识、帮助解决旅途及游览中出现的问题的一系列服务工作的总称；二是一种职业称谓；三是具体从事导游服务的人员。

## 二、导游服务

### （一）发展沿革

“导游服务”是在消遣性旅游活动出现后产生的、伴随大众旅游活动的兴起而迅速发展的一种旅游服务类型和方式。

1. 雏形期

古代的帝王巡游、士人漫游、宗教朝觐、商业旅行抑或是探险考察等都会有熟悉当地情况的“向导”（承担者可能是官员、僧侣、樵夫、马夫或店小二等）引路，他们在为服务对象引路时，也会介绍一下当地名胜、景点和地方风俗民情。这些“向导”不是一种职业，与现代导游具有本质的区别。由于他们的行为近似于现代导游服务中的引导游览及讲解服务，我们把这个时期称为导游服务的雏形期。

2. 形成发展期与现代导游服务

1841 年，英国人托马斯·库克组织了世界上公认的第一次旅游活动，此活动中提供了全程陪同服务，这种服务方式成为近代导游服务的最早体现。1845 年，随着标志着旅游业诞生的托马斯·库克旅行社的成立，现代意义上的导游服务出现了。随着世界各地旅行社业的发展，导游队伍迅速壮大。1850 年，世界上出现了专业导游队伍，职业导游诞生了。

我国近代旅游业起步相对较晚，1927 年才有了第一家旅行社，为游客提供导游服务的导游员同时产生。

1949 年 10 月中华人民共和国成立，同年 11 月建立的厦门华侨服务社是中华人民共和国的第一家旅行社。1954 年 4 月 15 日，中国国际旅行社总社在北京成立，上海、天津、广州等地的 14 家分社相继成立，积聚了一批能力强、外语精的翻译导游员队伍，具有中华人民共和国特色的“导游服务”和“导游员”随之出现。20 世纪 80 年代，我国旅游进入发展期，旅游业特别是旅行社业，开始与国际接轨，导游成为最国际化的职业。1989 年第一次翻译导游资格考试后，我国有了第一批持证导游员。1995 年国家出台的《中华人民共和国国家标准——导游服务质量》使导游服务走上了规范化、标准化的道路。2013 年 10 月 1 日起施行的《中华人民共和国旅游法》对导游和领队服务做出了明确规定。2017 年 11 月 1 日，原国家旅游局颁布了规范导游管理的部门规章——《导游管理办法》。

### （二）导游服务的属性、特点、地位与作用

1. 属性

（1）社会与文化属性。旅游活动是一种社会活动，导游服务是一项社会工作，导游是一种社会职业。对游客来说，导游服务让他们的行程变得便捷，也是他们了解旅游目的地的重要途径和方式之一；导游员在服务中直接或间接地传播了旅游目的地的传统文化，促进了文化、文明交流。

世界各国、各地区之间的文化传统、风俗民情、禁忌习惯不同，游客的思维方式、价值观念、思想意识各异，在旅游者心目中，导游员是国家（地区）的代表，是友好的使者，在国际上享有“民间大使”的美誉。

（2）服务与经济属性。导游服务是全方位、全过程的服务，与第三产业其他服务一样，属于非生产劳动，它是一种通过提供劳务活动（如翻译、导游讲解、旅行生活服务等）来满足游客的旅游需求的劳动，因此，导游服务是一种复杂的、高智能的、高技能的高级服务，是具有特殊使用价值的劳动，这种劳动通过交换而具有交换价值，在市场上表现为价格。

2. 特点

（1）独立性强。导游服务实践过程主要由导游员独立完成。导游员独立宣传、执行国家政策；独立地根据旅游计划全面落实旅游合同；独立组织游览活动，满足游客合理而可能的要求；根据不同游客的文化层次、审美情趣、兴趣爱好进行有针对性的独立讲解；出现问题时，导游员需要独立地、合情合理地处理。导游服务要从细小的事情做起，凡事多问几个为什么，多体验、多沟通、多交流、多学习。

（2）复杂多变，脑力与体力高度结合。导游服务的对象是多变且复杂的旅游者，导游员每次接待的旅游者几乎不会重复，且旅游者间的人际关系复杂、需求烦杂且多变，因此导游服务具有复杂多变的特点。导游服务多在行进途中提供，工作流动性强、活动范围广，导游员在长期室外游览过程中进行介绍、讲解，满足游客复杂多变的要求，帮助游客解决问题。因此导游服务是一种脑力和体力高度结合的工作。

（3）关联度高。导游服务虽具有独立性强的特点，但旅游活动是一项综合性的活动，涉及交通、住宿、景区、餐饮等多部门，任何一个环节的服务出现偏差都会对旅游活动产生影响。如果把旅游接待过程看作一条环环相扣的链条（从迎接游客开始，直到欢送游客为止），向游客提供的住宿、餐饮、交通、游览、购物、娱乐等服务就是这条链条中的一个个环节，串起这些环节的媒介就是导游服务。导游服务的作用之一就是要把这些服务联动起来，让游客在旅游目的地享受到优质的服务，获得良好的旅游体验。导游服务是一种建立在较高个人素质基础上并影响面较广的高智能服务。

3. 地位

旅游活动的六要素中最重要的是“游”，而游览活动的组织者是导游员，导游员提供的就是导游服务。导游员为游客提供的语言服务沟通了不同的文化，促进了不同民族间的交流；导游员提供的讲解服务帮助游客增长见识、加深阅历，获得美的享受；导游员提供的生活服务帮助游客顺利地完成旅游活动。导游员在游客实现其旅游目的方面有着不可替代的作用，承担着“八大员”的职责，即宣传讲解员、游览引导员、旅游协调员、生活服务员、安全保卫员、情况调查员、座谈报告员和经济统计员，因此导游服务是旅游服务中最根本的服务。

4. 作用

（1）纽带作用。纽带作用具体表现为承上启下、连接内外、协调左右。

（2）标志作用。导游服务是旅游服务质量高低的最敏感的载体，旅游活动的成败更多地取决于导游服务质量。导游服务质量的好坏不仅关系到旅游服务质量的高低，还关系到国家或地区旅游业的声誉。

（3）反馈作用。在旅游消费过程中，旅游者会根据自己的需要对旅游产品的规格、质量、种类、标准等做出这样或那样的反映。导游员处在接待服务的第一线，与旅游者交往和接触得最直接，时间最长，对旅游者关于旅游产品方面的意见和需求也最了解。导游员在服务过程中可收集、整理、综合旅游者的意见并反馈到旅行社的有关部门，促进旅行社产品质量的不断改进和提高，更好地满足旅游者的旅游需求。

（4）宣传作用。旅游者是凭导游服务质量来判断旅游产品的使用价值的，导游员带领旅游者进行游览的实际经历和感受决定了旅游者对旅游产品使用价值的优劣判断。不管导游服务质量高还是低，都会对旅游产品的销售起到宣传作用。不同的是，质量高时起到促销作用，质量低时起到阻销作用。

### （三）导游服务的基本原则

1. “游客至上”

“游客至上”是服务行业的座右铭，它不仅是用于招揽游客的宣传口号，更是服务行业的服务宗旨、行动指南，也是服务工作中处理问题的出发点。“游客至上”意味着“顾客第一”，表现在服务人员与顾客的关系上就是要尊重顾客，真心实意地为顾客服务。“游客至上”原则要求导游员以旅游者的利益为重，尽可能地满足旅游者的正当需求。

2. 维护游客的合法权益

世界旅游组织通过的《旅游权利法案》对游客的权利和在旅游目的地应受到的保护做出了相应的规定。原国家旅游局发布的《旅行社条例实施细则》中对旅游者的权益保护也做出了明确规定。导游员处在旅游接待的第一线，必须不折不扣地按照有关标准或约定向旅游者提供导游服务，将维护旅游者的合法权益作为自己的服务准则，并根据这一准则对其他旅游服务的供给进行监督，处理旅游过程中的有关问题。

3. 经济效益与社会效益相结合

导游服务具有双重功能。一是导游员帮助游客消费旅游产品和提供服务，使产品和服务的价值得以最终实现，从而创造经济效益；二是导游员作为知识和文化的传播者，既满足了游客的精神需要，又促进了游客同目的地人民之间的相互了解和友谊，从而产生社会效益。导游员在提供导游服务时，应追求经济效益和社会效益的互相结合。

4. 履行合同，提供“优质服务”

是否履行了旅游合同的内容和标准是评估导游服务工作的基本尺度，导游员在为游客提供导游服务时要以契约为基本。“优质服务”即令游客满意的服务，它是规范化服务和个性化服务的完美结合。规范化服务是由国家或行业主管部门所制定并发布的某项服务（工作）应达到的统一标准。个性化服务是导游员按照相关标准的质量要求执行旅行社与游客之间的约定之外向旅游者提供的额外服务，是满足他们的正当需求。这种服务一般是针对旅游者的个性化需求提供的。导游员应该将规范化服务和个性化服务结合起来，向旅游者提供优质服务，让旅游者高兴而来，满意而归。

5. “AIDA”原则

A 即 Attention，指通过有趣的、尽可能具体形象的谈话引起对方的注意；I 即 Interest，指通过进一步展开已经引起对方注意的谈话激起谈话对象的兴趣；D 即 Desire，指激起谈话对象希望进一步了解情况、得到启示的愿望，加深双方关系，尤其是激起对方的占有欲望；A 即 Action，指努力使对方采取占有的行动。导游员运用这一原则，作为激发旅游者的游兴、推销附加游览项目、改变游览日程、处理问题时的一个行为模式。正确运用 AIDA 原则，有助于客导双方创造友好的气氛并建立良好的人际关系。

6. 合理而可能的原则

合理是指导游员遇事将自己摆在游客的位置上进行换位思考，设身处地地为游客分析其要求是否在情理之中。导游员在可能的情况下，“莫以事小而不为”，应尽量为游客提供帮助。导游员判断游客要求是否合理的重要依据为：① 是否违反法律法规的有关规定；② 是否违背合同的条款；③ 是否影响大部分游客的利益；④ 是否违背导游员的职业道德；⑤ 是否损害国家利益和旅行社利益；⑥ 是否损害导游员的人格尊严。

以上 6 项原则并不是孤立的，而是相互联系、互为补充的，它们既是导游员优质服务原则，是导游员处理各种问题时遵循的基本原则，也是衡量导游员服务态度、服务质量及其工作能力的重要标准。导游员必须牢记这些原则并将其融会贯通、灵活运用，努力为旅游者提供优质的导游服务，尽量满足旅游者合理而可能的要求，并力争妥善处理他们的意见和投诉以及旅游活动中出现的难题和事故。

### （四）导游服务的发展趋势分析

1. 服务商业化与竞争扩大化

旅游业属于社会经济产业，旅游服务的营利性非常突出，作为旅游服务主要组成部分的导游服务已经商品化，因此它需要适应市场变化的需求，游客才会为服务埋单。

现在，越来越多的优秀人才进入导游队伍中，导致职业竞争加剧。同时随着互联网、物联网及 5G 的普及，移动数字化导游出现并越来越完善，很多景区都出现了互联网导游服务，这也给导游这个职业带来了竞争压力。

2. 服务内容多样化与服务方式个性化

现代旅游已经由单一观光向休闲、体验等综合需求发展，现代游客的需求越来越趋向于个性化，旅游业态也越来越丰富，旅游产品的种类更是层出不穷，为适应市场需求，导游服务的内容日趋多样化。

游客旅游消费的个性化趋势要求导游能根据游客的差异、产品的不同，因时、因地、因人而异地提供有针对性的服务；同时导游也在通过不断的学习与实践，发挥自己的优势，形成富有个人风格的导游服务方式。

3. 服务范围扩大化与手段科技化

随着特色旅游活动的进一步开展，旅游活动的范围也在不断地扩大和延伸，个性化的特色旅游活动受到了越来越多游客的青睐，探险旅游、体验旅游、康体旅游等旅游形式异军突起，游客的足迹范围在不久的将来要深入海底，或离开地球遨游太空。因此，导游服务的范围也将随之扩大延伸。

随着科技的进步，特别是随着互联网和物联网的发展与普及，导游员要及时地掌握相关知识与技术，用好科技手段，才能更好地为旅游者服务。

4. 导游服务艺术化

旅游活动本身是一个寻觅美、追求美、发现美的过程。导游服务的最高境界是追求导游的艺术化，引导游客去发现、感受和体验美，从而增加游客的生活情趣，提高游客的旅游品位，导游员应该成为美的使者。导游服务是一门艺术，导游员用自己的语言、行为、仪表乃至精神创作出无形的艺术作品，其魅力是无穷的。

## 三、导游员

### （一）概念

世界各国对导游工作的理解不尽相同，对导游员的称呼和定义也有差异。在我国，国家对导游执业实行许可制度，从事导游服务的人员，首先要取得任职资格，取得导游证。我国导游员的概念是：依照《导游管理办法》（2018 年 1 月 1 日起执行）的规定取得导游证，接受旅行社委派（但另有规定除外），运用专门知识和技能为旅游者组织、安排旅行和游览活动，提供向导、讲解和旅途服务的人员。通常人们习惯将所有从事导游工作的人员统称为导游员，简称“导游”。

### （二）职责与行为规范

《中华人民共和国旅游法》（2018 修正）第四十一条规定：导游和领队从事业务活动，应当佩戴导游证，遵守职业道德，尊重旅游者的风俗习惯和宗教信仰，应当向旅游者告知和解释旅游文明行为规范，引导旅游者健康、文明旅游，劝阻旅游者违反社会公德的行为。导游和领队应当严格执行旅游行程安排，不得擅自变更旅游行程或者中止服务活动，不得向旅游者索取小费，不得诱导、欺骗、强迫或者变相强迫旅游者购物或者参加另行付费旅游项目。

2018 年 1 月 1 日正式实施的《导游管理办法》第二十三条明确规定，导游在执业过程中不得有下列行为：

（1）安排旅游者参观或者参与涉及色情、赌博、毒品等违反我国法律法规和社会公德的项目或者活动；

（2）擅自变更旅游行程或者拒绝履行旅游合同；

（3）擅自安排购物活动或者另行付费旅游项目；

（4）以隐瞒事实、提供虚假情况等方式，诱骗旅游者违背自己的真实意愿，参加购物活动或者另行付费旅游项目；

（5）以殴打、弃置、限制活动自由、恐吓、侮辱、咒骂等方式，强迫或者变相强迫旅游者参加购物活动、另行付费等消费项目；

（6）获取购物场所、另行付费旅游项目等相关经营者以回扣、佣金、人头费或者奖励费等名义给予的不正当利益；

（7）推荐或者安排不合格的经营场所；

（8）向旅游者兜售物品；

（9）向旅游者索取小费；

（10）未经旅行社同意委托他人代为提供导游服务；

（11）法律法规规定的其他行为。

### （三）合格导游员的基本条件（素质要求）

在游客的心目中，导游员是“国家的脸面”“游客之友”“游人之师”，因此，要成为一名合格的导游员必须具备以下素质条件。

1. 良好的思想品德

思想品德是一个人的灵魂，不同的行业领域对这一方面的要求有共性也有个性，对置身于旅游业的中国导游员来说，其思想品德主要表现在以下几个方面。

（1）热爱祖国、热爱社会主义。在我国，热爱祖国、热爱社会主义是成为一名合格导游员的首要条件。只有导游本身是个热情的爱国者，他才会对自己的祖国有深刻的了解，才会以自己热情的导游服务感染游客。导游员中有句俗话——“心歪嘴就歪”，作为一名导游，要为自己是伟大的中华民族的一分子、社会主义中国的公民而自豪。

热爱祖国，倡导爱国主义，尊重、珍惜“国格”，这要求导游员不仅要熟知祖国的自然、人文景观，更要了解、掌握祖国五千年的历史与文化，树立民族自尊心和自豪感，用自己的热情去感染各国游客，让游客在领略山川风物的同时，体味中华文化的博大精深，感受中华民族忍辱负重、不屈不挠、奋发图强的民族精神。

（2）优秀的道德品质。社会主义道德的本质特征是集体主义和全心全意为人民服务的精神。导游员在工作中应从大集体的利益出发，即从旅行社和各接待单位的利益出发，从发展旅游业的大局出发，依靠集体的力量和支持，关心集体的生存与发展，努力做好本职工作，将全心全意为人民服务的精神与“游客至上”的旅游服务宗旨紧密结合起来，主动、热情地为国内外游客服务。

（3）热爱本职工作、尽职敬业。导游员应树立远大的理想，将个人的抱负与事业的成功紧密结合起来，全身心地投入工作之中，热忱地为游客提供优质的导游服务。导游员应立足本职工作，热爱本职工作，刻苦钻研业务，不断进取，勇于实践，勇于开创，勇于实现自己的理想。

（4）高尚的情操。情操是以某种或某类事物为中心的一种复杂的、有组织的情感倾向，如爱国心、求知欲等。高尚的情操是导游员的必备修养之一。导游员要不断学习，提高自身的思想觉悟，努力使个人的追求与国家利益结合起来；在工作中要提高判断是非、识别善恶、分清荣辱的能力，培养自我控制的能力，自觉地抵制一切会造成精神污染的事物，始终保持高尚的情操。

（5）遵纪守法。遵纪守法是每个公民的义务，作为旅行社代表的导游员尤其应该树立严谨的法纪观念，自觉地遵守国家的法律、法令，遵守旅游行业的规章，严格执行导游服务质量标准，严守国家机密和商业秘密，维护国家和旅行社的利益，牢记“内外有别”的原则，在工作中向上级多请示汇报，切忌自作主张，更不能做违法乱纪的事。

2. 渊博的知识

实践证明，丰富的知识是做好导游工作的前提。知识面广、信息量丰富的导游员才能把导游工作做好。导游知识包罗万象，其中的基础常识主要包括语言知识，史地文化知识，政策法规知识，心理学和美学知识，政治、经济、社会知识，旅行知识，国际知识，等等。导游员要做到上知“天文地理”，下知“鸡毛蒜皮”，要有专长，成为专家型、大众型相结合的导游员，其知识目标是成为“杂家加专家”。

3. 独立工作能力及创新精神

培养独立分析、解决问题的能力及创新精神既是导游服务工作的需要，也关系到个人的发展。导游员的工作对象形形色色，所遇到的问题各不相同，工作中不应墨守成规，要具备较强的独立工作能力及创新精神，发挥主观能动性和创造性，这样才能在激烈的人才竞争市场中脱颖而出，立于不败之地。

4. 较强的组织、协调、应变能力

旅游活动是一个动态过程，涉及食、住、行、游、购、娱等多方面，导游在每一方面都必须做好组织与协调工作，即外部协调；在为游客服务时，还要做好内部协调，也就是地陪、全陪、领队，有时也包括定点讲解员之间的相互协作与配合。导游员要有立体性的思维方式，要具备立体的、多层次的、全方位的处理导游工作中错综复杂问题的应变能力，这既是做好接待工作的决定因素，也是衡量导游员水平的重要指标。

5. 精通业务，有较高的导游技能

导游界有句行话叫作“全凭导游一张嘴，调动游客两条腿”。导游服务是一门学问，更是一门艺术。巴金说过：“艺术，最高的技巧就是无技巧。”善于运用各种方法和技巧是导游员成功的关键因素和必备的基本素质之一。为此，导游员应在熟悉、精通业务的基础上，从语言、方法、气质和思想等方面不断地培养和提高自己的导游技能，在实践过程中慢慢形成并创造性地发展自己的导游风格，使之成为一门艺术。导游员应具备的技能主要有智力技能，操作技能，语言、知识、服务技能，等等。

6. 身心健康

导游员必须是身心健康的人，否则很难胜任导游工作。身心健康包括身体健康、心理平衡、头脑冷静和思想健康四个方面。

7. 注重仪表、仪态

在游客面前，导游员的容貌服饰要得体，要与所在工作岗位、身份、年龄、性别相称，不能引起游客的反感。仪表要求导游员的服饰整洁端庄，要与周围的环境、场所协调，不能过分华丽，与从事的工作不相宜。仪态要求导游员站有站姿、坐有坐相，举止端庄稳重、落落大方，不要给游客以傲慢或轻浮之感。

仪表和仪态虽然强调的是导游员的外部形象，然而却是其内在素质的体现，且与导游员的思想修养、道德品质和文明程度密切相关。

现代导游员应具备的风采包括：像文学家那样具有渊博的知识；像艺术家那样具有丰富的情感；像歌唱家那样能唱出动听的歌；像科学家那样具有严肃认真、谨慎仔细的工作作风；像运动员那样具有健康的体魄；像演说家那样口若悬河、妙语连珠；像幽默家那样风趣、诙谐、幽默；像政治家那样思维敏捷、反应灵活；像外交家那样风度翩翩、彬彬有礼；像军事家那样遇事沉着冷静、勇敢果断；像领导者那样，具有较强的组织能力；像小学生那样谦虚好学、不耻下问；像慈母那样，拥有一颗温暖的心；像通晓母语那样掌握工作语言；像法官那样立场坚定、铁面无私……

# 第二节　导游服务程序

## 一、领队接待服务

领队接待服务的程序如表 1-1 所示。

表 1-1　领队接待服务的程序

| 阶　段 | 内　容 |
| --- | --- |
| 准备阶段 | （1）系统、熟悉地掌握将接待旅游团的情况<br>① 旅游团成员的阶层、职业、年龄、性别、身体状况；<br>② 旅游团内的夫妇人数、是否有随行儿童以及儿童的年龄和人数；<br>③ 旅游团内的重点人物、需要特殊照顾的对象；<br>④ 旅游团在生活、参观等方面的特殊要求；<br>⑤ 如果有高龄游客，需了解其家属姓名和住址<br>（2）提前熟悉旅游团的行程<br>① 了解出行旅游线路，熟悉各地负责接待旅游团的旅行社情况；<br>② 掌握沿途各有关城市或地区的旅游设施情况，特别是入住酒店的位置、名称、级别、特点等；<br>③ 旅游过程中需要游览和参观的主要旅游景点、单位及其主要特点；<br>④ 行程沿途经过的各个旅游目的地及各经停城市的情况、旅游目的地的有关规定；<br>⑤ 掌握旅游目的地的风俗民情、生活习惯、宗教信仰、对待外来旅游者的态度等，掌握相关注意事项<br>（3）物质准备<br>物质准备主要包括旅游计划、有关票证、资料、日常用品、导游服务需要的相关物品及设备<br>（4）介绍情况（行前见面会）<br>领队在旅游团启程前往旅游目的地之前，应提前与团员约定见面时间，并召开行前见面会。见面会上，领队要向旅游者做自我介绍，要向旅游团介绍有关旅游目的地的情况及注意事项；必要时向旅游团成员分发一些有关旅游目的地的资料，并提醒旅游者注意遵守客源国海关、动植物检疫等部门的有关规定；与团队商定核实旅游计划上的各项内容，并宣布旅游团全体成员在旅游期间所应共同遵守的一些规定；决定分房名单；最后领队要向旅游者表示愿意为他们服务，并将尽力维护他们的正当权益，随时为他们解决旅途中的各种困难的态度与决心 |
| 接待阶段 | （1）出行服务<br>① 在旅游团预定启程的当天，领队需根据旅游计划提前到达预定的交通集散地，并向有关部门询问交通工具离开的时间有无变化；<br>② 协助旅游团成员办理登机、乘车或乘船手续和行李托运手续，如果是乘坐离境航班，还需要协助旅游团成员办理相关离境手续；<br>③ 再次提醒旅游团成员各种注意事项 |

续表

| 阶　段 | 内　容 |
| --- | --- |
| 接待阶段 | （2）游览服务<br>① 每天向旅游团通报当天的活动日程；<br>② 在旅游团抵达旅游景点下车游览时，提醒返回游览车的准确时间和地点；<br>③ 在旅游者返回后及时清点人数，并通报接下来的活动内容；<br>④ 在前往下一个旅游景点的途中，如果时间较长，可以协助接待地导游组织一些娱乐活动，以活跃车内的气氛；<br>⑤ 与全程导游员或地方导游员核实下一项或第二天的活动日程，向旅游团通报第二天的活动日程，特别是次日早上要进行的第一项活动的内容及出发时间和乘车地点，游客下车前，提醒其带好物品；<br>⑥ 旅游团下车后，领队要协助全陪或地陪对车内进行细致的检查，以免游客有物品遗落在车上<br>（3）离境前的服务<br>① 调动旅游者情绪；<br>② 帮助旅游者整理行装，提醒旅游者不要将物品或行李遗忘在酒店或所乘坐的交通工具上；<br>③ 主动征求旅游者对旅游活动的意见和建议；<br>④ 与旅游者交换联系地址或电话，以便继续保持联系；<br>⑤ 代表旅行社举行告别宴会，致欢送辞，感谢旅游者在一路上所给予的支持与合作 |
| 总结阶段 | （1）处理旅游团接待过程中的各种遗留问题，如旅游者的委托事项、可能的投诉等<br>（2）向旅行社结清账目，归还启程前从旅行社借到的物品<br>（3）填写领队日志，总结旅游团的接待经过（如旅游者的表现及反应）<br>（4）旅游目的地组团旅行社和各地接待旅行社执行旅游计划的情况<br>（5）全程导游员和地方导游员的服务态度、知识水平、语言表达能力、处理问题的能力及与领队合作的情况等 |

## 二、全程导游员的接待服务程序

全程导游员的接待服务程序如表 1-2 所示。

**表 1-2　全程导游员的接待服务程序**

| 阶　段 | 内　容 |
| --- | --- |
| 准备阶段 | （1）熟悉情况<br>主要包括：<br>① 研究旅游团的接待计划；<br>② 熟悉旅游团的情况和旅游路线的情况；<br>③ 了解各地承担接待任务的旅行社情况；<br>④ 确定接待计划的重点和服务方向<br>（2）物质准备<br>全程导游员所需准备的物品基本上与领队相同<br>（3）联系地陪<br>主要包括：<br>① 在旅游团抵达前一天，全程导游员应主动设法与负责接待的地方导游员进行联系；<br>② 了解第一站接待工作的详细安排情况，并确定集合的地点和时间，以便在第二天准时前往旅游团抵达的地点迎接；<br>③ 如果由全程导游员兼任地方导游员，则应亲自同旅游汽车公司调度人员联系，落实接站事宜 |

续表

| 阶　段 | 内　容 |
| --- | --- |
| 迎接服务阶段 | （1）入境旅游团的迎接服务<br>主要包括：<br>① 迎接旅游团并在接到旅游团后主动与该旅游团的领队联系，了解并核实旅游团的实际到达人数、旅游团有无特殊要求和需要给予特殊关照的旅游者；<br>② 与领队、地方导游员和接待旅行社的行李员一起清点和交接行李；<br>③ 代表旅游目的地组团旅行社和个人向旅游团致欢迎辞，做自我介绍，表达向全体旅游者提供服务的真诚愿望并预祝其旅行顺利愉快；<br>④ 协助地方导游员带领旅游团乘车前往预定下榻的饭店<br>在旅游团进入饭店后，全程导游员的工作主要是：<br>① 协助旅游团领队办理入住手续并解决过程中可能出现的各种问题；<br>② 协助有关人员随时处理游客入住过程中可能出现的各种问题；<br>③ 与领队核对并商定旅游团的活动日程；<br>④ 记下领队所住的房间号和电话号码，以便随时进行联系；<br>⑤ 记下旅游团的住房分配名单；<br>⑥ 记下饭店总服务台的电话号码；<br>⑦ 同地方导游员确定在紧急情况下的联系方法<br>（2）国内旅游团的迎接服务<br>主要包括：<br>① 进行自我介绍，并代表组团旅行社向旅游者表示欢迎；<br>② 介绍旅游线路及线路上的主要旅游景点概况；<br>③ 介绍旅游目的地的风土人情；<br>④ 介绍旅游线路沿途各城市或地区的接待条件；<br>⑤ 介绍旅游目的地居民对外来旅游者的态度；<br>⑥ 介绍旅游者应注意的其他有关事项；<br>⑦ 向旅游团成员分发一些有关旅游目的地的资料；<br>⑧ 为旅游团分配在饭店或旅馆的住房；<br>⑨ 介绍地方导游员，并请他向旅游团介绍当地的活动日程；<br>⑩ 协助地方导游员办理旅游团入住饭店或旅馆的手续 |
| 途中服务阶段 | （1）做好旅游线路上各站之间的联络工作，通报旅游团旅游情况和旅游者在参观游览和生活上的特殊要求<br>（2）协助各站地方导游员的工作，提醒他们认真落实旅游团在当地的抵离交通工具、饭店或旅馆的入住与离店手续、旅游景点的导游讲解服务等<br>（3）照顾旅游者的旅途生活，并解答旅游者提出的各种问题<br>（4）注意保护旅游者的人身和财物安全，提醒旅游者保管好自己的随身物品及行李、在旅游活动中远离危险地区和物品<br>（5）征求旅游者对旅游接待工作的意见和建议<br>（6）在旅游团预定的离境口岸为入境旅游团送别，或带领国内旅游团返回原出发地，代表组团旅行社对旅游者在旅途中的合作致以谢意，并欢迎他们再度光临 |
| 结束阶段 | （1）结清账目<br>全程导游员在回到旅行社后，应立即到账务部门结清各种账目，退还在准备阶段所借的款项，上交在各地旅游期间向当地旅行社提交的旅游费用结算单副本，并解释在途中所发生费用的具体情况<br>（2）处理遗留问题<br>全程导游员应协助旅行社领导处理好旅游过程中发生事故的遗留问题，认真办理好旅游者的委托事项 |

续表

| 阶　段 | 内　容 |
| --- | --- |
| 结束阶段 | （3）填写《全陪日志》<br>全程导游员应认真、按时填写《全陪日志》，实事求是地总结接待过程中的经验和教训，详细、真实地反映旅游者的意见和建议<br>（4）归还所借物品<br>全程导游员在返回旅行社后应及时向有关部门归还因接待旅游团所借的各种物品，如行李箱、话筒、标志牌（旗）等 |

## 三、地方导游员的接待服务程序

地方导游员的接待服务程序如表 1-3 所示。

**表 1-3　地方导游员的接待服务程序**

| 阶　段 | 内　容 |
| --- | --- |
| 准备阶段 | （1）研究旅游接待计划<br>（2）安排和落实旅游活动日程<br>（3）做好知识准备和物质准备等 |
| 迎接服务阶段 | （1）出发接站前，再次核实旅游团所乘交通工具抵达当地的确切时间，并通知旅行社的行李员<br>（2）在旅游团抵达当地前半小时到达接站地点，并与司机商定停车等候的位置<br>（3）当旅游团乘坐的交通工具抵达后，应持接站标志牌（旗）站立在醒目的位置，迎接旅游团的到来<br>（4）旅游团出站后，主动上前同旅游者及领队和全程导游员打招呼并进行自我介绍，向他们表示热烈欢迎<br>（5）与领队和全程导游员核实旅游团成员的实到人数和托运的行李件数，并与旅行社行李员办妥行李交接手续<br>（6）及时引导旅游者上车，协助旅游者就座并清点人数；待全部人员到齐后，请司机发车<br>（7）致欢迎辞并进行沿途导游，在汽车行驶到旅游团预定下榻的饭店或旅馆的附近时，向旅游团介绍饭店或旅馆的概况<br>（8）旅游者下车并进入饭店或旅馆后，引导他们办理入住手续，介绍饭店或旅馆的各项服务设施及其位置和营业时间、用餐时间和就餐形式<br>（9）旅游团的行李抵达后，与行李员进行核对，协助将行李送至旅游者房间<br>（10）同旅游团领队、全程导游员一起商定旅游团在当地的活动安排并及时通知每一位旅游者<br>（11）掌握领队和旅游团其他成员的房间号码，并根据旅游者的要求安排第二天的叫早服务<br>（12）带领旅游团到餐厅用好第一餐 |
| 导游讲解及生活服务阶段 | （1）在每次活动之前的 10 分钟到达预定集合地点，督促司机做好出发前的准备工作<br>（2）旅游者上车后，应及时清点人数，向旅游者报告当日的重要新闻，天气情况，当日的活动安排和午、晚餐的就餐时间及地点<br>（3）当全部旅游者到齐后，应请司机发车，并开始介绍沿途的风景、建筑物等<br>（4）抵达景点后，应介绍景点的历史背景、风格特点、地理位置和欣赏价值，并告知旅游者在景点的停留时间、集合地点和游览注意事项<br>（5）在游览过程中，应始终同旅游者在一起活动，注意旅游者的安排，随时清点人数以防旅游者走失 |

续表

| 阶　段 | 内　容 |
|---|---|
| 导游讲解及生活服务阶段 | （6）除导游讲解服务外，还必须在旅游者就餐、购物和观看文娱节目时提供相应的服务，如介绍餐馆的菜肴特色、酒水类别、餐馆设施，当地商品特色，节目内容及特点，回答旅游者的各种问题，随时解决出现的问题，等等<br>（7）旅游团结束在当地参观游览活动的前一天，应向有关部门确认交通票据和离站时间，准备好送站用的旅游车和行李车，与领队或全程导游员商定第二天叫早、出行李、用早餐和出发的时间，并提醒旅游者处理好离开饭店前的有关事项<br>（8）在旅游团离开饭店乘车前往飞机场（火车站、船舶码头）前，应主动协助饭店与旅游者结清有关账目，并与领队、全程导游员、旅行社的行李员一起清点行李，办好行李交接手续，然后招呼旅游者上车；上车后，地方导游员应清点人数并再次提醒旅游者检查有无物品或旅行证件遗忘在房间里<br>（9）当为旅游团送站的旅游车到达飞机场（火车站、船舶码头）后，应与领队、全程导游员和接待旅行社的行李员交接行李，帮助旅游者办理行李托运手续，并将交通票据和行李托运票据移交给全程导游员、领队或旅游者<br>（10）如果旅游团乘坐国内航班（火车、轮船）离开当地前往国内其他城市或地区旅游，地方导游员须等到旅游者所乘的交通工具启动后，才能离开送别地点<br>（11）如果旅游团乘坐国际航班离境，则地方导游员应在将旅游者送至海关前与旅游者告别。当旅游者进入海关后，地方导游员即可离开送别地点 |
| 结束阶段 | （1）送走旅游团后，应及时认真、妥善地处理旅游团在当地参观游览时遗留的问题<br>（2）按规定处理旅游者的委托事项<br>（3）与旅行社结清账务，归还所借物品<br>（4）做好旅游团在当地活动期间的总结工作，并填写《地方陪同日志》 |

## 四、景区（点）导游员的接待服务程序

景区（点）导游员的接待服务程序如表 1-4 所示。

**表 1-4　景区（点）导游员的接待服务程序**

| 阶　段 | 内　容 |
|---|---|
| 准备阶段 | （1）自身准备<br>自身准备包括身体准备、精神准备和情绪准备<br>（2）知识的准备<br>知识的准备包括对景区（点）的了解、对自己的了解、对游客的了解<br>（3）计划的准备<br>对景区（点）导游员来说，通常需要了解的计划信息有：<br>① 联络人的姓名和联系方式，如果是旅游团队，还需掌握旅行社的名称、团队编号等；<br>② 游客的人数、性别、年龄、职业、民族等，以及有无需要特殊照顾的游客；<br>③ 客源地、基本的旅游动机；<br>④ 游客有无特殊要求和注意事项；<br>⑤ 收费问题，有无可减免对象；<br>⑥ 游客的其他行程安排 |

续表

| 阶　段 | 内　容 |
| --- | --- |
| 准备阶段 | （4）物质准备<br>物质准备主要包括导游证、话筒、其他相关证件、景区（点）的介绍以及相关礼品（如果有）等 |
| 迎接服务阶段 | （1）致欢迎辞<br>（2）商定游览行程及线路 |
| 游览阶段 | 导游讲解：<br>① 历史背景或成因，即景区（点）何年所建、当时的历史背景是什么，对于自然景观则还需要说明其自然成因；<br>② 景区（点）用途，就是景区为什么而建或者当时的建造目的是什么，这主要针对人文景观而言；<br>③ 景区（点）的特色，包括景观上有何独特之处、景观观赏点的分布、建筑结构布局有何特点、观赏意义何在、美学价值如何等；<br>④ 景区（点）的地位，即该游览景区在世界上、全国、省内、市内处于何种地位；<br>⑤ 景点的价值，包括历史价值、文物价值、学术价值、旅游价值、美学价值、教育功能等；<br>⑥ 名人的评论，即利用“名人效应法”介绍景区（点）受人赞颂的情况<br>导游员在讲解时要灵活运用导游方法，使用生动、形象、富有表达力的导游语言 |
| 结束阶段 | （1）送别<br>主要包括以下内容：<br>① 了解每一位游客的要求和反映的情况，征询游客对导游的服务，特别是讲解服务的意见和建议；<br>② 送别时，导游员要表现出惜别之情，不可嘻嘻哈哈，送别时要尽可能真诚地说一些惜别和祝福的话，当然还要注意表达的方式和游客的习俗，注意相应的礼节；<br>③ 致欢送辞<br>（2）写好接待总结。具体内容包括：<br>① 接待游客的人数、抵离时间，若是旅游团队，还需记录团队的名称及旅行社的名称；<br>② 游客成员的基本情况，包括背景及特点；<br>③ 重点游客反映的情况，尽量引用原话，并注明游客的姓名和身份；<br>④ 游客对景区（点）景观及建设情况的感受和建议；<br>⑤ 游客对接待工作的评价；<br>⑥ 尚需办理的事情；<br>⑦ 自己的体会及对今后工作的建议；<br>⑧ 若发生重大问题，需另附专题报告 |

# 第二章 导游语言技巧及运用

**引言**

“导游是靠语言吃饭的职业”！熟练掌握并正确使用语言是导游的基本功。导游语言包括书面语、口语、态势语和副语言等，掌握导游语言并创作导游词（包括书面和口语）是导游必备的能力。

**学习目标**

了解导游语言及导游词的概念、功能和关系；掌握导游语言的基本类型、基本特点及运用原则；掌握导游词创作的程序和要领，熟练创作导游词。

**教学建议**

从理论上讲清导游语言的特点及运用原则，教学中教师示范与学生模拟相结合，利用例句进行语言表达与运用训练。从理论的高度总结导游词的概念和创作方法，可预设范围及旅游团，学生根据所学理论进行笔头及口头导游词创作。

## 第一节 导游语言概述

如果说导游员是生产者的话，那么语言就是生产工具，生产原料就是导游词。导游服务的核心在于“说”，通过讲解，引导游客“进入”景中意境。适合的语言与好口才，再加上高质量的导游技巧，可以使一棵老树、一尊怪石、一座庙宇变得不同寻常。

### 一、导游语言的概念、作用及功能

#### （一）概念

好游是人之天性，但大部分游客都不可能对旅游目的地的地理、历史、风俗、景物等进行全面了解，出游的人都希望在旅途中放松自己的同时能获得知识，包括对已有知识进行验证。随着互联网的发展，特别是新媒体、自媒体的迅猛发展，为旅游者提供信息的途径和渠道日趋多样化，内容也越来越详细，但最有针对性、最直接、最有效的方式仍然是听导游讲解。

导游向游客传达信息是通过语言来完成的。语言是人类沟通信息、表达和交流思想感情的一种重要的交际手段和工具。导游语言是一种行业语言，从导游服务的角度看，其含义可分为狭义的和广义的。狭义的导游语言是指导游员与游客交流思想、指导游览、进行讲解、传播知识的一种口头语言，其与旅游活动密切相关且表达丰富、生动形象。广义的导游语言是指导游在导游过程中必须熟练掌握和运用的所有具有一定意义并能引起互动的一种符号。这里的“所有”不仅包括口头语言，而且包括书面语言、态势语言和副语言等；“具有一定意义”是指能传递某种信息，如讲解（介绍）旅游资源及文化，引导游客去发现美、了解美和欣赏美；“引起互动”就是指信息接受者（游客）在一定的感受基础上所产生的一种交换行为；“一种符号”是指导游过程中有意义的媒介物——语言。如果说导游是生产者，那么导游语言就是生产工具，从游客的视角来看，导游语言堪称旅游中的第二道风景。

## （二）作用

1. 使信息传递畅通

导游服务过程中的信息传递不但要有“物理效应”，即准确、清晰，更应该重视信息所引起的“社会效应”。在特定语言环境中，导游语言不能机械地省略信息，要注意辅助信息的“润滑”作用。如下面两种回答方式对游客产生的效果完全不同。

游客问：“导游，距离南天门还有多远？”

导游回答 1：“快了！”

导游回答 2：“大约还有两公里，半小时就能到，您别急，慢慢走。”

2. 协调主客关系，激发游客的激情

在旅游活动中，游客和导游的关系是一种临时结成的主客关系，这一关系处理得是否得当，在很大程度上取决于对语言环境的感知、理解和决策。在旅游活动中，导游语言运用得好，可以有效地协调导游与游客的关系。

导游语言的作用之一是引起信息的互动，因此导游语言要具有激发力，以使游客产生积极、乐观、向上的内在动力。

## （三）功能

1. 社会功能

所谓社会功能，是指某一手段作用于他物的具有社会意义的有效性。语言作为导游讲解的重要工具，所传递的内容大都具有一定的社会性，有产生“社会效应”的功能。聆听导游员的讲解，可以激发国内旅游者爱山川、爱祖国的热情，培养和升华爱国主义的高尚思想和情操；可以加深海外旅游者对古老灿烂的中国文化及时代风貌的认识和了解。导游语言的社会功能具有目的性和诱导性。

导游语言必须具有针对性和灵活性，从内容上讲，就是根据旅游者的旅游动机和兴趣安排讲解内容。导游语言的实践应用中，应根据游客的实际情况，运用不同的语句、语气以及语言风格。导游讲解语言仅仅使用“那是……”“这是……”之类的陈述句式对帮助旅游者的审美感受得到深化的作用是有限的。导游讲解应循序渐进，由浅入深、由表及里地进行，这样才能真正给游客留下深刻的印象，激发游客产生深入游览或重游的动机。

2. 平衡功能

导游语言的平衡功能是指导游讲解者利用“相似性”的人际吸引，通过单向信息传递使旅游者得到心理上的满足。导游员只有把自己头脑中的信息内容转化为形象化的口头描述，才能调动和启发旅游者的思维和想象力，使旅游者产生类似“仿佛一座宏伟壮丽的古代宫殿就矗立在眼前”的感受。

## 二、导游语言的类型

导游语言作为传播旅游信息的有效工具之一，其表现形式多种多样。现代旅游者获取信息的渠道较多，但在旅游景区点，最直接获取信息的途径仍是导游的实地口语讲解，因为导游讲解是面对面的，因此游客可直接获得答案。

导游实地口语讲解传达信息的符号系统包括了声音、表情、动作等。因此，从游客获取信息的角度来看，导游语言有以下几类。

### （一）口语

口语是以听和说为主要表达形式的语言，是导游语言的主要形式，主要可以分为独白式和对话式两种。

1. 独白式

导游服务要求导游员从见到游客第一面起就开始讲解。在游览过程中，导游处于主导地位，在服务过程中，独白式口语的使用频率较高。独白式导游讲解具有目的性强、对象明确、表述充分的特点。导游的讲解或是为了介绍情况，或是为了联络感情，或是为了说明问题，独白式口语易于表明导游员的观点、态度等信息。如果没有目的性，独白的讲解就变成了呓语。导游说话的目的是吸引游客的注意力、调动游客的情绪。独白式口语的运用应在把握一般规律的前提下，让服务对象能听懂表达的内容及信息。

2. 对话式

对话式口语表达属于双向语言传递形式，信息传递明确、及时，如交谈、问答、商讨等。为了调动游客的情绪、活跃气氛，导游需要与游客进行对话交流。

对话式口语一般较为简明，即使有词语脱漏、省略等语言现象，也能达到传递信息的目的。对话对环境有较强的依赖性，由于双方共同处于同一语境中，在对话时需要有手势、表情等类语言做补充。对话要求导游员多与游客沟通，通过有效对话，了解游客的需求，真正做到有针对性地服务。同时注意，要因时、因地、因人、因事地选择对话的内容与方式。

### （二）书面语

书面语是一种文字符号形式，特点是精练、概括、具有严密的逻辑性和时空的广延性。导游需要以口语向游客提供导游讲解服务，但解说需要以书面语——导游词为基础，因此导游既要能撰写导游词，又要求能把书面导游词灵活地运用到口语中。

### （三）类语言和副语言

类语言是以人的姿态、表情和动作等来表示一定语义和进行信息传递的语言形式，类语言也称态势语言、体态语言、人体语言或动作语言等，它是一种伴随性语言或辅助性语言，是导游语言中不可或缺的一个部分。在特定环境及条件下，类语言使用得当会起到口语所不能发挥的作用。类语言分为两大类：一是表情语，即通过面部和姿态来表现思想感情、传递信息的态势语，如坐姿、立姿、服饰、发型等；二是动作语，即通过全身或身体一部分的活动来表现思想感情和传递信息的态势语，如走姿、手势、点头、目光、鼓掌等。

副语言是一种有声而无固定语意的语言，一般包括两大部分：一为声音要素，主要涉及音强、音长、音高和音色等；二为功能性发声，主要包括掌声、笑声、叹息声等。

导游讲解中要充分利用类语言和副语言，它有时能达到有声语言达不到的效果。在一些特殊的景点，类语言可发挥“此地无声胜有声”的作用；一个强音、一声叹息可以传递情感，让游客与导游产生共鸣。导游运用类语言和副语言时必须认真学习类语言和副语言的地域习俗，切记不可自以为是。

## 三、导游语言的特点

导游语言所包含的信息内容不仅包括旅游常识、景点信息，还包含语言表达者的态度和情感。导游服务的时效性特点最为突出，由于游览时间有限，加之游客的好奇心具有突发性等因素，导游在讲话时往往没有时间斟酌词句，导致导游语言与其他行业语言不同，具有“快、急、难、杂”的特点。

### （一）准确

导游语言虽然时效性强，但导游仍不应违背客观规律，无论是遣词造句还是叙事，都必须以事实为依托，准确地反映客观现实。导游口语表达的质量，在很大程度上取决于用语的准确性。不论谈古论今、议人叙事，还是讲故事、说笑话，都要以实论虚、合情合理；切忌空穴来风夸大其词，道听途说以讹传讹，胡编乱造弄虚作假。

（1）秉承科学的态度。导游讲解必须以事实为依据，准确地反映客观事实，认真对待语言中的每一个词语，使之符合语境并贴切地反映客观实际，实事求是地用恰当的语言表达正确的内容。

（2）牢固掌握相关知识。准确的知识是导游讲解的基础，导游只有具有牢固而深厚的相关知识基础，才能做到侃侃而谈、旁征博引，语言才可能流畅、优美，最终为游客接受。

（3）准确地遣词造句、搭配词组。无论是中文还是其他语言，如果用词不当、词组搭配不好，最终会导致信息的失真。导游对待讲解要有严肃认真的态度，要讲究词句的斟酌，要注意词语的组合、搭配。只有恰当的措辞、相宜的搭配，才能准确地表达意思。

### （二）凸显逻辑性

导游语言必须符合逻辑。导游的思维要有条理，语言表达要连贯，保持首尾呼应；表达要根据思维逻辑，使讲解的内容层层递进、条理清楚、脉络清晰；应根据游客的实际，理出游览讲解的脉络并运用好表达的技巧。

### （三）生动

导游语言想要打动人心，引起游客的共鸣，就要生动且有趣味性。“看景不如听景”，呆板、单调或生硬的解说会使游客兴趣索然，以致在心理上产生厌恶情绪，影响游客游览的心情和效果，甚至会影响游客对旅游目的地的印象。生动形象、灵活幽默、妙趣横生又能发人深省的导游解说，才能引人入胜，起到情景交融的作用。

讲解生动灵活要求导游在讲解过程中使用形象化的语言，以创造美的意境；通过鲜明生动的语言，增加情趣性。

对导游语言的实际运用有以下几个要求。

（1）在充分掌握资料的基础上，尽可能地发掘其中的趣味性资料，努力使情景与语言交融，最大限度地激发游客的游兴。

（2）恰当地运用比喻。生动的比喻能让游客感到亲切，对导游的讲解更易理解。

（3）灵活地运用幽默。“幽默是人际关系的润滑剂”，讲话风趣幽默能使听者欢笑、气氛活跃，提高游客的游兴。遇到问题时，幽默还可以令人稳定情绪，保持乐观，暂时忘记忧愁和烦恼。导游在运用幽默语言时必须注意幽默的品位。

### （四）有美感

旅游是一个寻找美、发现美、追求美、享受美、陶冶美的过程，导游讲解则是一个传播美的过程，富有美感的导游语言能使游客在接受导游服务和聆听解说的过程中获得美的陶冶。

导游语言的美感体现在如下五个方面。

（1）描述性语言用词的“华丽”。通过对具有形象、传神、鲜明、生动等表达效果的语言材料进行锤炼，在语音、语意、词语、句式等方面表现出独特的艺术魅力，切忌冗长、空洞。

（2）叙述性语言要流畅。无论是讲解涉及科学知识、历史文化的内容，抑或是神话传说、民间故事、历史掌故及风土人情等，导游的语言都要流畅自如、亲切动人、引人入胜。

（3）质疑方式要得体。导游语言的使用过程中可巧妙、精心地使用设置问句的形式，如设问、反问、正问、奇问等，以调节讲解的速度，营造轻松的交际气氛，同时可以使讲解中的重点、难点得到突出和强调。

（4）说话的语气要亲切。导游要尽可能地了解客源地的基本情况，利用对比的方式进行讲解。运用技巧使导游和游客、游客和观赏景物间的心理距离尽可能缩短。

（5）主题升华。针对旅游目的地及游览景点，导游要利用丰富的知识，巧妙地对讲解主题进行发掘并引申、升华与概括，使主题突出，使讲解产生亮点，给游客以启迪，最佳效果是使游客产生新的文化“顿悟”。

### （五）灵活

导游语言要根据服务对象的差异及参观游览对象的不同灵活运用，即使是相同的景物，解说也需因时、因人而异。如：面对初次来访的游客，讲解内容不能太深，概括性内容的比例要高一些；而对于重游者，导游应根据情况突出个别主题，在深度上予以加强。再如，对女性和儿童讲解时，应突出故事性，应用好“类语言”，注重情感的传递；对于大部分男性游客，导游在讲解中应注意语言的逻辑性；等等。不同个性游客的行为特征如表 2-1 所示。

### （六）现场性

导游讲解是直接面对游客的讲解，主要集中在途中讲解和景区（点）实景介绍，因此，导游语言有许多与其他行业用语不同的语言形式，归纳起来主要有表现现场的词（如“现在”“今天”“刚才”“这里”等）、现场引导语（如“各位请看”“各位随我来”“请大家猜一猜”等）、现场操作提示语和面对面的设问语等。

表 2-1　不同个性游客的行为特征表

| 内 倾 性 格 | 外 倾 性 格 |
| --- | --- |
| 喜欢熟悉的旅游目的地 | 喜欢人迹罕至的旅游目的地 |
| 喜欢老一套的旅游活动 | 喜欢获得新鲜经历，享受新的喜悦 |
| 喜欢阳光明媚的环境下的娱乐和体育活动 | 喜欢新奇的、不同寻常的旅游活动 |
| 活动量小 | 活动量大 |
| 喜欢乘车前往旅游目的地 | 喜欢坐飞机前往旅游目的地 |
| 喜欢设备齐全的膳宿设施，如家庭式餐馆、旅游商店等 | 只要求一般饭店，不一定要现代化大饭店和专为游客开放的商店 |
| 全部日程均要事先安排好 | 只求有基本的安排，要留有较大的自主性和灵活性 |
| 喜欢熟悉的气氛、熟悉的娱乐活动项目，异国情调要少 | 喜欢与不同文化背景的人会晤、交谈 |

资料来源：陶汉军．导游服务学概论[M]．北京：中国旅游出版社，2003.

## 第二节　导游口语表达技能

### 一、口语训练

口语是导游讲解中最重要的表达手段，由语句和声音两个要素构成，以声音传递信息，直接诉诸听者的听觉器官。导游口语表达要求吐字清晰，表达准确，声音清亮、圆润，语调、语速富于变化。俗话说，“一年拳，两年腿，十年才练一张嘴”，口语的训练不是一朝一夕之功，训练要从语言的基本功开始。无论是中文普通话导游、方言导游，还是外语导游，首先都要过口语关。我国导游人员资格考试中最重要的考试科目之一是模拟讲解，它的考试目的之一就是考查应试者的口语表达能力。导游资格考试对应考人员的口语表达能力有明确的要求。

口语的构成包括语音、词汇和语法，在对话中，一些构成要素常常会被人们省略，但语音和语义能使听者明白。语音即说话的声音，它是语言的物质外壳，包括音量、语调、语气和语速等要素，在口语中，它的变化能引起语义上的差异，人称“副语言”，导游员必须掌握好语音的运用及其运用场合。

#### （一）语音之音量——随语境、内容变换

音量是指说话时声音的强弱程度。导游要善于控制和运用自己的音量。

1. 根据游客人数多少和工作环境来调节音量

游客人数多时，导游应适当调高音量，反之则调低音量，音量的高低应以令每位游客

都能听清为宜。要让游客都能听清，除掌握适度的音量之外，导游员所站的位置也很重要。导游应面向游客，站在排列成半弧形的游客的圆心位置上，这样导游的声音才可直达每位游客。

工作环境包括室内（含相对封闭的交通工具空间）和室外，有嘈杂或是相对宁静两种情况。在室外或嘈杂环境中，导游的音量应适当提高，反之，在室内或环境相对宁静的地方，音量可适当低一些。

2. 根据内容调节音量

对于重要的内容、关键词及需要强调的信息，导游要提高音量，以加深游客对这些信息的印象、感受和理解。有时，为了强调，除了提高音量以外，还要拖长音节或一字一顿地慢慢说出。

3. 根据服务对象的差异调节音量

游客组成复杂多变，由于受众存在较大差异，导游讲解的音量也要有差异。游客主要由年龄较大的老年人组成时，音量应提高，但语气必须柔和；游客中孩子较多时，由于孩子的好奇心强、好动，讲解音量也需适当提高；年轻人及中年人的理解能力较强，反应也较快，因此导游的讲解音量适中即可。

### （二）语音之音色——明亮、甜美

音色又叫音质，就是声音的特色，包括音素与音素的区别及不同发音体的差别。一个人音色的好坏既有先天的因素，也与后天的训练有关。一般人经过训练，都可以使自己的音色更加纯正。

导游讲解最忌讳无力、沙哑、沉闷及没有弹性的声音，导游要训练并学会控制自己的音色，锻炼自己的嗓音，使自己的声音明亮、柔和，充满热情，使游客感到亲切自然、轻松融洽，创造和谐的交际气氛。

### （三）语音之语调——能传情达意

语调即说话的腔调，是指讲话时句子里语音高低升降的配置。语调一般分为升调、直调、降调和曲调四种。句子都有一定的语调，如陈述句用的是直调或降调，疑问句则用的是升调，它们分别表示不同的语气和情感。一般情况下，有什么样的思想感情，说话时就会有什么样的语调。

1. 升调多用于表示兴奋、激动、惊叹、疑问等情感状态

**【示范练习】**

“大家请看，对面就是巫江十二峰之冠的神女峰呀！”（表示兴奋、激动）
“你也知道陈毅用‘壮’字来描述三峡的特色？”（表示惊叹、疑问）

2. 直调多用于表示庄严、稳重、平静、冷漠等情感状态

**【示范练习】**

“故宫又叫紫禁城，是明清两个朝代皇帝的帝王之家。”（表示庄严、稳重）

“这儿的街道（厦门鼓浪屿）都是步行街。”（表示平静心态）

3. 降调多用来表示肯定、赞许、感激、期待、悲伤、厌恶等情感状态

【示范练习】

“我们今天下午两点出发。”（表示肯定）

“希望大家有机会再来河南，再来少林寺。”（表示期待）

“对你家中的不幸，我也感到很难过。”（表示同情）

4. 曲调，也叫曲折调，句调高低曲折，富于变化，往往表达各种婉约、曲折的思想感情

【示范练习】

内容：“啊，这是你干的好事！”

分析体会：如果用曲折调说出这句话，就表示一种讽刺。

语调在停顿、重音、速度、升降上的丰富变化会使人的说话声能够表达各种委婉、复杂、细致、微妙的思想感情，因此，导游要十分注意对语调的训练与运用。

5. 导游应戒除的语调和语气

如果说话者有正确的意思，但滥用了语调、语气，就会影响到信息的传递和交际效果。因此，导游员在实际工作中必须戒除下列语调。

（1）烦躁的语调。烦躁的语调会让游客扫兴甚至选择退出旅行团。一个人心情不好或过于忙碌时，就会产生急躁情绪，容易出现烦躁的语调。导游在工作中必须调整好自己的情绪，尽可能避免说话时出现烦躁的语调。

（2）嘲讽的语调。嘲笑他人是对人极不尊重的表现，往往会产生不良后果，且嘲讽的话很容易引发矛盾。

（3）傲慢的语调。傲慢的语调表现出的是傲慢和盛气凌人，这是导游服务中需要杜绝的语调。

（4）粗声粗气和流里流气的语调。

（5）反问语气和命令语气。语调除了表达意思之外，还有十分重要的表达情感的作用，所以语调往往被称为“情感的晴雨表”。导游讲解时对语调进行创造性的处理会使讲解声情并茂。导游口语修辞中，必须注意用语的礼貌性，慎用反问句，忌用命令句。

【资料链接】

语调在讲话中的重要性：一次，意大利影星罗西出席外宾主持的宴会，席上客人请他即席表演一段悲剧，只见他向服务员要了一个本夹，随后就念了起来。客人们虽然听不懂意大利语，但听到他痛苦的声音和悲伤的语调，又看到他凄楚的表情，都禁不住流下了眼泪，只有席间的一位意大利人听出来罗西朗诵的是宴会的菜谱。

### （四）语速——须与游客思维同步

语速是指说话时的语流速度。导游的语速不宜太快也不能过慢，语速过快会导致游客

的思维与导游讲解不同步，游客难留印象，甚至听后即忘；语速过慢会使游客感到厌烦，造成游客游览时间的减少；自始至终以一种恒定不变的中等语速进行讲解，会让游客感到乏味。恰到好处的语速才会对导游讲解效果起到提升作用。

比较理想的导游语速是适中、有快有慢、善于变化的。语速要根据讲解的内容和对象进行调节。讲解重要的内容时，语速要适当放慢一些，以便游客记忆，如重要景观、年代、规模、人名、素质、旅行时间、集合地点等，而对那些不太重要的内容或尽人皆知的事情，语速可适当加快；对中青年游客，语速可略快，而对老年游客，语速要适当放慢。

### （五）停顿——要有意识地进行

停顿是说话时语音上的间歇或暂时中断，这里的停顿是根据说话内容的要求而进行的停顿，而不是说话时的自然换气。口语表达中必要的、适当的停顿，不仅会使语言更加优美，还有助于提高语言的影响效果。导游讲解中的停顿，能突出说话时的节奏感，让游客感到节奏抑扬顿挫；能表达感情，产生一种情感的传递；能更好地吸引听众，优美而富于情感的语言才能吸引听者的注意力。

1. 停顿从性质上分为逻辑停顿和感情停顿两种

（1）逻辑停顿，即根据说话内容的逻辑关系所做的停顿。

**【示范练习】**

“我先把整个游湖的行程简单地介绍一下：环湖一周的景点有/一山和二堤。一山指的是/孤山，孤山景区的名胜古迹多达/30 多处。孤山之后是/白堤，起自平湖秋月，终于断桥残雪。欣赏完沿湖景色，我们再去/湖中三岛，游船最后将在/苏堤靠岸。”

（2）感情停顿，即根据说话内容中的情感需要而做的停顿，通常在表示激动、愤慨、疑问或感叹等情感时使用。

**【示范练习】**

① “我们现在进入了黄浦公园。提到这里，每个中国人都忘不了昔日外国列强挂在公园门口那块/‘华人与狗不得入内’的牌子，那块/臭名昭著的牌子，让当时的中国人蒙受了极大的/耻辱。”

② “行李刚清点过了，怎么会/少呢？”（表示疑问）

2. 停顿从说话的习惯可分为语义停顿、暗示省略停顿、等待反应停顿和强调语气停顿

（1）语义停顿，即根据词语的意义所做的停顿。一般情况下，一句话说完时要有较短的停顿，而一个意思说完时则要有相对较长的停顿。

**【示范练习】**

“我们看到的这条长廊又像一条画廊，/共绘有大小不同的苏式彩画 1.4 万余幅。//内容包括草木花卉、人物故事、山水风景等。//其中人物画面大多出自我国古典文学名著，/如《红楼梦》《西游记》《三国演义》《水浒传》《封神演义》《聊斋》等，/画师们将中华民族数千年的历史文化浓缩在这长长的廊子上。”//（颐和园导游词）

（2）暗示省略停顿，即说话人不明确表示其意思，而用含蓄的语言或示意性举动让人领会的停顿。

**【示范练习】**

“你看‘海豹山’下的这个‘石洞’，是不是‘石磨’的‘出米洞’？//磨出来的‘米’是不是养活了这只‘海豹’？//这个景就取名叫‘仙人推磨’。”//

（3）等待反应停顿，即说话说到关键之处有意停顿下来以激起听众反应的停顿，这种停顿有时采用提问式。

**【示范练习】**

“每当慈禧用膳之时，太监们总要临时搭上两个餐案，将菜品一一摆好，其数量竟达/128道之多。”

这时导游员故意停顿下来，看看游客惊疑、不可思议的神情，然后再接着说：

“她哪里能一顿吃这么多，只不过是为了炫耀其皇权和威风而已。”

（4）强调语气停顿，即说话说到重要的地方时，为加深听众内心印象所做的停顿。

**【示范练习】**

“园林专家们说，整个避暑山庄就是我国锦绣河山的缩影。专家们为什么会这样说呢？这个问题我还是请女士们、先生们游览了避暑山庄之后再来回答。不过，我这里先给大家提个醒，/这原因与避暑山庄的地形有关。”//

总之，导游语言要使游客能听清，要通过语音、语调、语速的变化和必要的停顿来加深游客的理解，使其产生较好的艺术感受。无论是讲解还是同游客交谈，导游都应力求使自己的声音强弱适度、语速快慢相宜、语调优美自然、语气起承转合顺畅，既符合语言标准又富于变化，既亲切自然又悦耳动听，只有这样才能拨动游客的心弦顺畅，对其产生感染力。从导游语言口语化的运用和要求分析，导游语言应该是一种艺术语言。

## 二、导游口语的表达

导游语言是一种行业语言，具有鲜明的行业特色，要符合导游服务的特点和宗旨。

### （一）综合要求

1. 流畅通达、措辞恰当

导游讲解的目的是让游客了解自己所要表达的思想，口语表达中要做到逻辑思维清楚、中心思想明确，所用语言应有整体性和连贯性，而不是华丽辞藻的堆砌。导游讲解要做到用词得当、语法正确、语音语调婉转传情，目的是让游客听清、听懂并能领会其用意。

2. 鲜明生动、形象传神

导游要用语言创造美的意境，拨动游客的心弦。讲解中，导游要选用丰富多彩的词语句式进行灵活多样的组合，恰如其分地运用各种修辞手段，再结合态势语，运用好“副语言”，强化语言的感染力，最终将自己所要介绍的景观讲得栩栩如生。

3. 展现美感、赏心悦目

使人赏心悦目、产生快感的语言，就是美的语言。“美感的主要特征是一种赏心悦目的快感”，实际工作中，导游要因时、因地、因人、因景而异，多谈游客感兴趣的、令人高兴愉快的事，求同存异，避其忌讳。

4. 幽默诙谐、轻松愉快

幽默是生活中的智慧之光，是人际关系的润滑剂。旅游需要轻松愉快、活泼有趣的氛围。导游语言中的幽默感，可活跃气氛、提高游兴，使听者尽情欢笑、松弛情绪。

导游讲解体现幽默感时的注意事项包括：

（1）要避免油滑和低俗的调侃，幽默是智者的风采、强者的心态，要幽默得有气质。

（2）要把握好赞美的程度，不可有讨好之嫌，不可夸大，要有绅士的气派、学者的优雅，赞美要赞美出水平来。

（3）要因人、因地、因时而异，世上没有一成不变的话题，“到什么山、唱什么歌，见什么人、说什么话”是导游员的基本功之一。

（4）要注意适度和语言品格，不要低级庸俗，更不要针对别人的不幸开玩笑。

（5）要避免滥用幽默，在使用幽默、诙谐的语言时不能伤害到游客，切忌涉及政治、宗教及民族习俗等。

5. 温文尔雅、礼节周到

温和的语言是文雅的语言，文雅是一种美，文雅的语言可以体现美。恭敬他人方能出言文雅，要以宽和、谦恭的语言待人。

## （二）内容要求

1. 正确

（1）语调、语法、用词、造句正确。中文导游应在语言运用中避免生造词句，怪腔怪调；外语导游员要避免受到家乡音和汉语语法的影响。

（2）讲解的内容必须有根据且正确无误，切忌胡编乱造、张冠李戴，即使是神话传说也应有本源，不得信口开河，而且须与游览景点有密切联系。

（3）谦语有助于传达友谊和感情，但应注意尊重对方的风俗习惯和语言习惯，还要注意匹配自己的身份。东西方的成语、谚语，名人的名言往往能起到画龙点睛的作用，还可使导游讲解的品位提高，使导游员的谈吐显得高雅，令游客产生好感，但要正确、完整、恰到好处；使用俚语要谨慎，一定要了解其正确意义及使用场合；不要乱用高级形容词。

2. 清楚

（1）口齿清晰，简洁明了，确切达意；措辞恰当，组合相宜；层次分明，逻辑性强。

（2）文物古迹的历史背景和艺术价值、自然景观的成因及特征必须交代清楚。

（3）使用通俗易懂的语言，忌用有歧义的词和生僻词；尽量口语短句化，避免冗长的书面语；不要满口空话、套话；使用我国专用的政治用语时要做适当的解释。特别是外语导游，一些专有名词必须用游客能理解的表达方式表述，避免用简称或代称。

3. 生动

（1）使用形象化的语言，以求创造美的意境。

（2）使用生动流畅的语言。语言生动流畅才能达意，给人以美感，它是保证导游讲解成功的基本条件之一。为了使导游语言生动流畅，不仅要求导游员讲话的音调正确优美、节奏适中、语法无误、用词恰当，更要求导游员的思维逻辑清晰，讲解的中心内容明确，有整体性和连贯性。

（3）在充分掌握导游资料的情况下注意趣味性，努力使情景与语言交融，激发起游客浓郁的游兴。

（4）恰当比喻。以熟喻生会使导游的讲解更易被理解，生动的比喻往往会让人感到亲切。

（5）幽默。幽默是人际关系的润滑剂，但是，如果幽默的话说不好，很容易破坏友谊。

（6）表情、动作的有机配合。在导游讲解时，导游员的神态表情、手势动作以及声音语调若能与讲解的内容、当时的气氛有机配合，和谐一致，定会产生极佳的效果。

4. 灵活

导游要灵活使用导游语言，使特定景点的讲解适应不同游客的文化修养和审美情趣，满足不同层次游客的审美要求。导游讲解内容要与游客的目光所及的景象融为一体，要使游客的注意力集中于导游讲解之中，这是衡量导游讲解成功与否的标准之一。导游员需要在较高的语言修养基础上灵活地安排讲解内容，使其深浅恰当、雅俗相宜，努力使每个游客都能获得美的享受。

## 三、态势语的训练与要求

态势语是指形体动作、表情等辅助口语传递信息的符号。态势语可直接作用于信息接收者的视觉器官。导游员与游客面对面、同处一个语境中，在讲解、交流中，态势语言显得尤为重要。

### （一）面部表情

导游的面部表情要平和、坦然，目光要自然，多微笑，不要总是皱眉，要让游客愿意接近。

### （二）服饰与发型

1. 服饰

服饰的构成要素有颜色、样式、质地等，其中颜色给人的感觉最为敏感，服饰比姿态更引人注目。导游的服饰应与职业相适应，要整洁、协调，体现风度，总体要求“得体”，另外不应过于奢华，饰物不宜过多，避免给游客以炫耀、轻浮之感。工作期间，男导游不应穿无领汗衫、短裤和赤脚穿凉鞋，女性导游员的服装应避免“瘦、透、露、皱”，即避免穿着紧身衣、透视装、露脐装、吊带和褶皱装等。

处于不同环节，面对不同的游客时，导游的着装也应有所区别。如迎接和送行阶段的着装要相对正式；在游览阶段可以休闲一些，既要便于工作，又要便于游客辨认和寻找，同时应该有地方特色，还要适合服务对象的审美需要。

2. 发型

发型同服饰一样，不仅可以起到美化容貌的作用，还表达了一定的语义和信息。导游的发型要同自己的职业、脸型、身材、气质相协调。在服饰和发型上，导游都应避免让游客用“太”字来形容，“太时髦”“太刺眼”“太懒散”“太引人注目”等都是不合适的，要注意与工作要求和工作环境相符合，严禁“风头主义”。

### （三）动作语

1. 姿态

姿态可以反映人的心理状态、传递信息符号。站姿是导游最常用的工作姿态，站立服务时，要求导游员的表情自然，双肩放平，立腰收腹，两臂下垂，两手相握置于腹前，两膝并拢或分开与肩平宽，不要两手叉腰或两手交叉于胸前，这会给游客造成一种傲慢或漫不经心的感觉。行走也是导游服务的常用姿态。导游的走姿要轻巧、稳重、自然、大方，走路时保持上身的自然挺拔，立腰收腹，身体的重心随着步伐前移，脚步要从容轻快、干净利落，目光要平稳，用眼睛的余光（必要时可转身扭头）观察游客是否跟得上。行走时，不要把手插在裤兜里。坐姿也常出现在导游工作中，坐姿分为正坐和侧坐。正坐要求上体自然挺直，男性一般可张开双腿，以显示其自信、豁达；女性一般两膝并拢，以显示其庄重、矜持。切忌坐得歪七扭八或跷起二郎腿。导游的坐姿要能体现出对客人的尊重，要给游客一种谦恭、彬彬有礼的感觉。

2. 首语

首语是通过头部活动来表达语义和传递信息的一种态势语言，它分为点头和摇头等。点头的含义很多，它可以表示肯定、同意、承认、认可、满意、理解、顺从、感谢等，而摇头则表示否定、不同意、不满意、不承认、不理解等。

世界上大多数国家包括我国均以点头表示肯定，而以摇头表示否定，但也有一些国家或民族不这样，如在印度，同意对方意见不是用点头来表示，而是用头向左摇动来表示，不同意时则点头。导游员只有在充分了解不同首语的前提下，在实际工作中配合其他类语言灵活运用，才能起到特殊的效果。

3. 目光

目光是通过视线接触来传递信息的一种态势语言。“眼睛是心灵的窗户”，一个人的眼神是对其心理情感的反映。导游的目光应正视，即视线平行接触游客，表示理性、平等，给游客自信、坦诚、认真、和蔼可亲之感，目光和眼神所要表达的整体信息应是亲切、友好的。导游的视线与游客接触的时间不宜过长，否则会变成逼视或盯视，容易引起游客的误解或反感。在导游讲解时，导游员的目光还需环视，以观察游客的动向和反应。

4. 手势

手势是通过手的挥动和手指动作来表达语义和传递信息的一种态势语言，它是一种语义比较复杂的伴随语言，在双方理解的情况下，可以起到有效的信息传递和相互沟通的作用，有强化口语的作用，有时还能表达口语中难以表述的内容。手势语有地域特点，不同国家和地区的人们有不同的特色手势语，在不同的国家、不同的民族中，由于文化传统和生活习俗的不同，同样的手势动作可能表示不同的或相反的语义，同时有些手势还有时代性。

总之，导游在应用类语言时，一要恰当，要符合游客的民族文化和生活习俗；二要自然，不要矫揉造作；三要把几种语言结合起来运用以增强语义，强化信息的传递。优秀的导游员要努力使自己的每一个动作（如每一次点头以及身体的转动等）与口头语言和谐地融为一体，使之富有意义，从而使导游语言更具张力。

导游服务中，导游要避免使用以下手势：

（1）用手指着谈话伙伴——这意味着破坏了谈话双方的距离，是对对方的挑衅。

（2）手掌心向下——表示贬低对方。

（3）攥紧拳头——表示进攻、自卫或愤怒。

（4）手掌贴在额头上——表示对谈话对象的侮辱。

（5）背着手——表示消极等待和闲散。

（6）把手贴在嘴上——表示无把握。

（7）摸头发或抓耳挠腮——表示没有把握。

（8）把手插进衣兜里——表示瞧不起对方，有时还包含着某种意图或威胁。

（9）用手摸脸——表示拒绝与疲惫。

#### （四）界域语

界域语是交际者之间以空间距离所传递的信息，是导游语言中一个很重要的语言符号。每个人都有自己心理上的个体空间，它像一个无形而可变的气泡，如果别人未经允许而突破这个“气泡”（空间），人就会感到不自在或不安全，同时会做出相应的反应。

界域语可分为3类：① 亲热界域语，指接触性界域语，如拥抱、亲吻、挽手等。② 个人界域语，指接近性界域语，界域距离一般为75厘米，语意为“亲切、友好”，如促膝长谈、握手等。③ 社交界域语，即交际性界域语，一般距离为210厘米，语意为“严肃、庄重”，如商谈、导游讲解等。导游在为游客提供服务时常用的是个人界域语和社交界域语，切记不可滥用亲热界域语。

#### （五）副语言

副语言也称辅助语言，它包括发声系统的各个要素：音质、音幅、音调、音色等。语言有真有假，副语言（如语调、面容等）作为思想感情的表达却较为真实，因为后者往往是不自觉的。笑声、掌声等是导游服务中常用的副语言。笑声可能负载正信息，也可能负载负信息，是导游交际语言中必不可少的辅助语言，导游员要善于运用笑声承载正信息，用舒心、有感染力的笑声改善自己的交际环境。掌声在交际中表示高兴、赞成、欢迎、祝贺、致谢等语意，导游在讲解及与游客交往中，可适时运用。

## 第三节　导游词及导游词创作

### 一、导游词概述

#### （一）概念的理解

导游词是导游员引导游客观光游览时的讲解词，是导游员与游客交流思想、向游客传播文化知识的基础资料和工具，是吸引和招揽游客的重要手段。导游词从形式上有书面导游词和现场口语导游词之分。通常意义上人们所说的导游词创作主要指书面导游词。

书面导游词是根据游览线路、为了对景点和重要景物进行介绍而创作的引导游客游览和了解知识的一种文体和文本，是口语讲解的基础与脚本。掌握书面导游词的基本内容，根据游客的实际情况临场发挥，即成为口语导游词。导游与导游词（书面）的关系就如同演员与剧本的关系，剧本提供给演员一个基本的框架、一个表演的脚本，书面导游词提供给导游一些基本的数据、知识及方法，但游客是多样的，不能以不变应万变地对所有的游客都背诵同一篇导游词。导游要根据服务游客的年龄、身份、职业、修养、地区等的不同而变换讲解的重点与方法，提供游客需要的知识与信息，这样才能做到有的放矢，满足游客了解旅游目的地的需求。

### （二）基本特点

1. 临场性

导游词是循游览线路层层展开的，而且为增加现场感，多以第一人称的方式写作，在修辞方面，多用设问、反问等手法，仿佛游客就在眼前，产生很强烈的临场效果。

2. 实用性

导游词对每一个景点都会提供翔实的资料，并从各个方面加以讲述。导游词的写作目的主要有两个：一是作为导游讲解的参考，二是作为游客了解旅游目的地和景点的资料。

3. 综合性

一篇优秀的导游词往往涉及多个学科门类，如自然科学中的地质学、地理学、地貌学、动植物学等，社会科学中的宗教、哲学、美学、文学、民族学以及建筑、园林、书法、绘画等，力求多角度、多层面地对景点加以叙述，给阅读者提供全方位的信息。

4. 规范性

口语导游词虽强调应变性和口语化，但也应遵循一定的规范，不能信口开河。书面导游词的规范性要求高于口语导游，写作中要避免口语化的表达方法，避免地方方言，等等，即便为了增加幽默感而需要运用地方方言，也应该加以解释，让全国各地的游客都能读懂。规范的用语反映了创作者良好的中文修养与造诣。

5. 文学性

为了增强导游词的感染力，撰写导游词时应在尊重客观景物（点）的基础上，恰当地借用抒情、描写和议论等文学写作手法，突出知识性、文学性、礼节性，使其内容引人入胜，为口语导游奠定基础。

### （三）功能

1. 引导游客游览与鉴赏

鉴赏时，导游词的宗旨是通过对旅游景观的介绍、指点、评说，帮助旅游者欣赏景观，以达到游览的最佳效果。

2. 传播科学文化

向游客介绍有关旅游胜地的科学成因、历史典故、地理风貌、风土人情、传说故事、民族习俗、古迹名胜、风景特色，使游客增长知识。

3. 陶冶游客情操

导游词应为游客勾勒出一幅幅立体的图画，构成生动的视觉形象，把旅游者引入特定的意境，以达到陶冶情操的目的。

4. 帮助游客了解旅游产品及当地物产

导游词应能帮助导游和游客全面了解旅游目的地及旅游产品，同时对当地风物，特别是丰富的物产进行介绍，为导游和游客在旅游目的地游览及购物提供参考。

### （四）表述方法

导游词应体现语言艺术，应生动、有趣和适度口语化，给人以亲切感；语言应诙谐、幽默，具有诗歌和音乐的美感。表述中，应灵活运用各种修辞和表达方法，以达到导游词应有的效果。

1. 渲染激情

使用短句，整散结合，为了造出气势可用排比句、反问句等抒情色彩较浓的句式。

2. 妙喻显趣

运用比喻，可以把抽象复杂的事物介绍得具体生动、浅显易懂，把陌生的事物解释得形象清晰、简明通俗，易于认识和了解。

（1）将抽象实物形象化的比喻。例如，“这儿的姑娘们都爱唱歌，她们的歌声就像百灵鸟的声音一样清脆动听”，“歌声”是抽象的，而“百灵鸟的声音”是形象化的。

（2）使自然景观生动化的比喻。

（3）突出人物个性的比喻。

（4）让复杂的表达简洁化的比喻。如把起伏的松涛比喻为“绿色的海洋”，将“冬雪覆盖的大地”比喻为“广寒仙境”，这样可以省略大量的形容词，使导游词显得简洁、精练。

（5）激发游客想象力的比喻。游客游览景点的时间是有限的，导游需要通过具有激发游客想象力的导游词，结合生动的解说，让游客具有身临其境之感，同时引起游客的无限遐想。

（6）其他方法。如借用文学创作中的明喻、借喻、暗喻等方法。

3. 烘托类比

烘托类比俗称“映衬”，即在介绍眼前景物时，先简叙同类景物，以引起游客的联想，唤起游过该地的游客的美好回忆，同时通过对眼前景物的烘托映衬，激起游客的游览兴趣和游览欲望。

4. 巧用幽默

幽默是人们表达思想感情的一种手段，是一种机智、风趣、凝练的语言，是借助了多种修辞手法的一种艺术表达。在运用幽默创作导游词时应体现“四要、四不要”：要高雅，不要粗俗；要服务主题，不要哗众取宠；要有真智慧，不要附庸风雅；要有余韵，不要肤浅。

幽默的语言应具有的特征包括：① 表现力强，即在导游词的创作中，常借助象征、比喻、夸张、双关、谐音、谐意、反语等修辞方法增强表现力；② 感染力强，即具有强烈的感染力，能引起听众的会心一笑，甚至大笑；③ 耐人寻味，即语言调侃、圆巧，但不轻浮、浅薄。幽默语言往往在轻松中蕴含深沉。

5. 夸张修饰

夸张是为了激发游客的想象力，具有加强语言的力量。夸张是用夸大的词句来形容事物的修辞手法。在导游词中夸张修饰，既可以唤起游客的想象力，又能较好地抒发导游员的情感，增强导游词和导游语言的感染力。夸张修饰要注意运用色彩词，同时要注意以客观实际为基础，使夸张修饰具有真实感，语言要简明，让游客一听就明白。

6. 巧设悬念

在开头或中间提出问题、造成悬念、摆出矛盾，引起游人关注。讲到关键的地方时故意抛出使游客感兴趣的问题，吊人胃口。其特点是先将疑问悬在那里，然后“顾左右而言他”，故意不予理会，或做出种种猜想，蕴蓄较长时间后，再解悬念，回答游客提出的问题。

7. 其他方法

如陈述法、引申法、故事法、典故法、情景法、问答法、点线面结合法、虚实结合法等。

## 二、导游词创作

### （一）导游词的组成

1. 引言及惯用语

每一篇导游词或每一次导游的开始或结束，都应该有框架式的引言和结束语，如游览前的“欢迎辞”、游览结束时的“欢送辞”等。引言中常见的内容有问候、介绍及要求，结束语中通常有总结、回顾、感谢和美好祝愿。

2. 整体介绍

首先对所参观游览的目的地的整体内容用精练的词句做整体介绍，让游客对景物具有初步了解，知道如何游览；其次是对行进路线做介绍，不能漏掉精品景点和景物，避免在游览中发生游客走失等事故；最后对游览时间做出安排，有助于游客合理调配体力，保持游兴。

3. 重点讲解

每一个游览目的地的景观要素组合都较为复杂，但都存在主次之分。导游词中，要舍得“放弃”一些非主流景观，集中精力，利用有限的时间重点讲解介绍景区中最具有代表性的景点和景物，即对主要游览内容进行详细讲述，这是导游词最重要、最精彩的组成部分。当一个景点同时具有多个重点时，导游的“重点”讲解内容应与游客的需要一致，必须充分考虑游客的旅游动机和文化层次。对于景区重点景观和景物的取舍，一是要遵循常规的重点，二是必须考虑游客的需要，不能仅凭导游的主观意志做决定。导游员认为的重点，并不一定就是游客心目中的重点。

### （二）书面导游词创作

1. 创作程序

导游词是提供导游员讲解内容、引导游客游览观光的基础材料。每一名导游都应该能自己创作导游词，创作导游词的程序是：收集资料和信息→实地调研、资料整理→文学创作→实践中修改→丰富和完善。

2. 创作原则

（1）科学性与个性化并重。导游词的创作要不断创新，符合时代气息，内容应有深度。创作中要深入探讨景区（点）内涵，挖掘实物后的“故事”，讲深讲透。

导游词的内容必须准确无误、令人信服，特别是进行科普导游时，必须严格按科学规律写作，切忌胡编乱造，更不能人造“假科学”；要有特色、新颖并深刻，不能只满足于一般性介绍，还要注重深层次的内容，要根据游客的现实需要，结合景区、景物的分析来创作，可借助同类事物的鉴赏、有关诗词的点缀、名家的评论等，以提高导游词的档次水准。

（2）适度口语化。书面导游词为现场口语导游和游客自助游览提供参考资料，导游词的创作过程中要注意多用口语表达形式和浅显易懂的书面语表达形式；要避免难懂、冗长的书面语表达形式和音节拗口的表达形式；减少刻意的主观煽情；多用短句，减少华丽的书面文学辞藻的堆砌；适度体现口语化，体现导游词的品位。

（3）趣味性。可以编织与景观密切相连、健康积极的故事情节以激起游客的兴趣和好奇心；使用生动形象的语言和丰富多变的词将游客导入意境，给他们留下深刻的印象；恰当地运用修辞方法，如比喻、比拟、夸张、象征等使静止的景观深化为生动鲜活的画面，揭示出事物的内在美，使游客沉浸、陶醉其间；幽默风趣的语言可以锦上添花，营造轻松的气氛；文明、友好和富有人情味的语言，可以让游客倍感亲切温暖；注意随机应变，临场发挥。

（4）重点突出。每个景区（点）都有代表性的景观，每个景观都从不同角度反映出了它的特色内容。导游词必须在照顾全面的情况下突出重点和主题，以一到两条主线贯穿整个讲解过程，给游客留下鲜明的印象，抓住游客的心，使他们从游览活动中获得知识并留下美好、深刻的记忆。

导游词的写作公式为：正确和明确的主题思想+景区（点）深刻的内涵+贯穿全篇统一的相关知识+优美生动、风趣幽默的言辞。

（5）针对性。导游词必须从实际出发，因人、因时而异，要有的放矢。口语运用时要根据不同的游客以及当时的情绪和周围的环境进行讲解。导游词创作应有预设的服务对象，要根据游客的差别来创作。

（6）重视品位。导游词应凸显思想品位和文学品位，体现“玩”的品位。旅游活动本身是有层次的，游览一个景点也是循序渐进的，导游词要紧扣中心思想，写作的内容需要“渐入佳境”，层层深入、扣人心弦。在知识的选取和“传授”上，要注意寓教于乐，在“玩”中传播知识与文化。作为书面导游词，在创作中要有必要的描绘和抒情。

（7）“缩距”原则。“缩距”是一种通过调遣各种语言和非语言因素来缩短导游与游客以及游客与被游览客体之间心理距离的方法。要缩短导游与游客之间的心理距离，除了要充分发挥导游员自身的各种积极因素之外，还要精心创作导游词，在讲解中全方位地调动口语、类语言及副语言等因素，在导游服务中营造一种亲切、融洽的气氛。

在充分分析游客情况（具体包括国籍或居住地、籍贯、民族、年龄、职业、文化程度、社会地位、兴趣好恶等社会心理文化背景，以及旅游的动机等——这些资料可从旅游接待计划中获得）后，灵活编排或适当调整导游词，使导游讲解或通俗易懂，或广博深入，或平铺直叙，或跌宕起伏，或大力渲染，或一带而过，或委婉含蓄，或直接鲜明，从而引起游客的共鸣。综合来说，导游词要运用生动、活泼的语言，用词要准确，最好能与体态语及副语言配套。在创作导游词时，要设身处地为游客着想，引导游客融入景致当中，注意运用巧设悬念法并引导游客参与。

## 本章小结

导游语言是做好模拟导游和实际导游服务的基础和条件，导游词的创作是一个难点。作为导游，要全面了解导游语言的基本情况，学会创作导游词。口语的训练是模拟导游教学的重点，它需要有相当深厚的语言功底，训练贯穿全课程。本章是本书的基础章，要求学生主要把握基本原理、程序和要求。

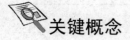

## 关键概念

导游语言　口语表达　导游词创作

## 课堂讨论题

1. 导游口语技能训练的途径和方法有哪些？
2. 谈谈态势语在导游语言中的地位和作用。
3. 口头和书面导游词创作的异同分析。
4. 导游词表述方法。

## 复习思考题

1. 什么是导游语言？它是怎么分类的？有哪些功能和特点？
2. 导游词创作的基本方法有哪些？
3. 创作导游词的注意事项。
4. 什么是口语的“停顿”？“停顿”在口语表达中有何作用？

## 实训

1. 教师利用相关资料，分组对学生进行普通话或不同语种的语音、语法、音量、音色、语调、停顿运用等训练。实施方案：教师示范—分小组训练—典型模拟—评议。

2. 通过观看图像资料或实地踏勘一个景点，预设服务对象，指导学生创作导游词。

# 第三章　服务艺术与导游讲解

**引言**

导游服务属于非生产劳动，它是一项集知识、语言、技能为一体的、极具艺术性的服务，其艺术性主要体现在讲解艺术、人际交往方面。导游讲解的前提是对服务对象的全面了解，讲解的基础是知识，而讲解质量的高低关键在于讲解艺术。导游想要完成引导游客观景审美的任务、满足游客的需要，需要掌握高超的服务艺术。导游艺术与讲解技巧是导游服务的基本功。

**学习目标**

1. 熟悉导游服务质量的构成、内容及评判要求，掌握服务艺术和讲解技巧。
2. 掌握并熟练自我管理、建立良好人际关系及为特殊游客服务的导游服务艺术。
3. 熟悉导游讲解服务应遵循的基本原则，掌握欢迎辞、途中导游、景点实地导游及欢送辞的讲解方法和技巧。

**教学建议**

1. 从理论上讲清导游服务质量与服务艺术的相关知识，通过案例分析，引导、训练学生掌握自我管理、建立良好人际关系及特殊游客接待的服务技巧与艺术。
2. 采用案例教学，引导学生分析和掌握特殊游客的接待艺术与技巧，从理论上讲清不同导游讲解方法的特点及运用要求。
3. 引导学生把导游讲解方法融入导游词创作中。

## 第一节　导游服务质量与服务艺术

游客对自己选择的旅游产品及活动是否满意，首先取决于代表旅游目的地、承担导游服务的导游员的服务质量。令游客满意是旅游业的经营目标和一切工作的归宿。旅游业各项服务载体是通过导游服务使其产品进入消费领域而实现其价值的，导游服务是核心任务之一，目的就是解决旅游需求与旅游供给之间的矛盾。高超的导游服务艺术与技能、较强的事务处理能力、精通专业知识，是导游必备的素质。

### 一、导游服务质量概述

服务质量是服务行业的生命线。从理论方面分析，导游服务质量包括两个部分：一是国家或各省、自治区、直辖市旅游行政管理部门规定的服务质量标准；二是游客感知的服务质量。导游服务属于服务产品的范畴，具有生产与消费不可分离及异质性的特点，对其要求也不同于实体产品。

导游服务质量最终由游客评判，其质量的高低以游客的看法和理解做转移。导游服务质量的核心就是游客所理解或感知的质量，游客的感知具有很强的主观性，导游服务质量在很大程度上是游客的一种主观判断。

### （一）游客感知的导游服务质量

1. 感知层次

（1）技术方面。按照国家或行业标准（规范）规定的服务规范和服务质量要求向游客提供的服务（包括导游讲解服务、旅行生活服务等）构成了导游技术服务质量。

（2）职能或过程方面。导游在传递技术服务质量内容时所用的方式、方法（包括言谈举止、服务态度、办事效率、讲解技能、传授知识及内涵、所提供的个性化服务等）构成导游服务职能质量。

2. 感知因素

（1）规范服务规定的内容及程序。

（2）服务技能的运用，包括知识、语言、解决问题和处理事故的能力等方面。

（3）态度和行为。不同环境下的协调能力。

（4）可靠性。导游要成为游客的依靠。

（5）职业的忠诚感。诚实守信，尽力维护游客的利益。

（6）自我管理和自我改进能力。

（7）因时、因地、因人而异，灵活地调整服务方式、方法。

### （二）服务质量与服务艺术

尽管游客对职能质量的衡量较为主观，但职能质量仍为企业竞争优势的基点，在游客可感知质量的形式上，职能质量成为较技术质量更为关键的因素。旅游产品是一种以服务为核心的产品，游客从旅行社购买的“产品”是一种服务承诺，这一承诺的实现过程是由导游具体负责完成的。由于旅游产品的购买与消费的同步性，游客旅游活动结束也意味着产品的消费基本完成，因此旅游产品难以实施“三包”售后服务，代表旅行社实现“产品承诺”过程中，导游服务只能成功，任何的失误都会导致游客对旅游产品的失望和旅游活动的失败，即“100-1=0”。

导游服务质量直接影响到游客对服务质量的感知及判断，要提高服务质量，从导游角度分析，在严格按照国家、各级相关部门规定的程序和质量标准提供服务的同时，要强化服务意识，提高服务技能、技巧，使导游服务艺术化。

## 二、服务艺术概述

### （一）基本概念

从本质上讲，艺术是事物内在的一些规律，是科学；方法技巧是掌握事物的一些形式，是经验（当然有些经验也包含科学的成分）。方法和经验告诉人们的是如何做、怎样做。艺术规律是指导人们如何去创造积累更好的方法和技巧。服务技术包括基本服务技能和服务艺术两部分，基本服务技能是从事某一职业的人员必须掌握的基本技能，其内容可以用条文形式予以规定，是衡量从业人员合格与否的标准。服务艺术是在基本服务技能之上的锦上添花、精益求精、永无止境。基本服务技能和服务艺术密不可分，前者是后者的基础，后者是前者的发展，但这两种服务产生的效应和造成的后果是有很大差异的。导游服务艺术是导游服务工作中所表现出来的导游方法和导游技巧的多样性、灵活性及创造性有机结合的综合体现。

随着社会经济的发展，游客的旅游需求日趋多样化、个性化，游客不仅要听、要看，更希望参与体验。最新知识点，要知其然，更要知其所以然。导游服务需紧跟形势，做到因人、因景、因时而异，从思维到观念、从内容到方式、从服务技能到服务艺术都有创新发展。

### （二）内容及要求

1. 内容

导游服务艺术是对导游服务客观规律的总结。从服务的角度分析，导游服务艺术包括导游自身形象塑造的艺术、导游语言及讲解艺术、专业化服务艺术、处理与游客关系的艺术、促销艺术等。导游服务的每个环节都体现着艺术性，为导游在执行规范服务的基础上发挥个人智慧、创新服务艺术、成为导游艺术家提供了空间。

2. 要求

（1）要不断开阔视野，成为“杂家+专家型”导游。

（2）掌握并执行国家及行业的有关规定，全面提升导游服务的基本技能。

（3）发挥主观能动性，不断地总结、提高，形成个性化的服务艺术。

（4）服务中要体现较高的思想性，提供富有人情味的服务，提高服务情商。

### （三）导游服务艺术实践

导游艺术不是空洞的概念，它是对导游实践活动中一些规律所进行的艺术总结，它的法则是具体且可实践操作的。

1. 树立并保持始终良好的“第一印象”

1）关于“第一印象”

“第一印象”也称首次效应或成见效应，是指先出现的线索或资料对一个人总印象的形成有较大的影响作用。“第一印象”易形成心理定势，一旦形成以后很难改变。因此，导游员给游客的第一印象对导游服务来说极为重要。

在游客心中，导游是旅游目的地的代表和象征，是游客在旅游目的地时最信赖的人，是游客开启知识宝库的金钥匙，是游客与旅游目的地人员交往和交流思想情感的桥梁，是游客辨别方向的指南针……当游客第一次见到导游员时，既可能产生依赖感，也可能产生怀疑，他们会用敏锐的眼光审视导游，会进行一番“鉴貌辨色”，此时导游的形象被摄入形成游客对导游及旅游目的地的“第一印象”。社会心理学研究证明，第一印象良好会产生一种优先效应，也就是所谓的“先入为主”。游客对导游有了最好的第一印象，在以后的相处过程中，他们就倾向于对导游员的各种行为做出好的评价和解释，甚至把他工作中出现的一些小差错也解释为出于无意，这有利于导游与游客之间的交往和合作。导游要给游客留下良好的第一印象，不仅需要善于“表现”，更需要体现出爱心和善解人意。由于导游与游客的交往一般都是“短”而“浅”的，所以游客良好的第一印象多来源于导游员“溢于言表”的友好表现。

2）树立“第一印象”的主要途径

（1）重视仪容仪表，体现形象美。使人们形成深刻印象的各种刺激中，视觉印象占75%，谈吐印象占16%，味觉印象占3%，嗅觉和触觉印象各占3%。仪容仪表是形成视觉印象的主体，为此，导游员应做到仪表仪容的“美化”、得体，即服饰干净整洁、妆容适度修饰、饰物适当，讲求形象美。

（2）讲究礼节礼貌，体现行为美。做到诚信待人，礼貌服务。

（3）语言表达精练，讲求语言美。通过语言表达来表示对游客的关心和尊重，尤其要注意和游客说好第一句话。

2. 微笑

微笑是自信的象征，是友谊的表现，是和睦相处、合作愉快的反映。微笑能使人感到真诚、坦然，最能拨动人的心弦。微笑是一种重要的交际手段，“微笑是永恒的介绍信”，微笑是信赖之本。导游应微笑着服务，要笑得自然，笑得恰到好处，通过微笑体现自己真心实意为游客服务的真情。真心实意为游客提供服务时才能笑得自然，笑得真诚可爱。

3. 把握游客的心理和行为，向游客提供适时的“心理服务”

导游要善于把握游客的心理和行为，向游客提供有针对性的、有效的服务，这样才能提高游客对导游服务的感知效果，让游客感受到高质量的服务。导游需要在有限的时间内通过有效途径把握游客的需求。

（1）认真阅读接待计划，通过国籍、职业、年龄、性别等信息了解游客。俗话说，“一方水土养育一方人”，各个国家和民族都有自己的传统文化和民风习俗，甚至有独特的性格和思维方式。游客所属的社会阶层、职业、性别和年龄不同，其心理特征、生活情趣也会有差异。导游要通过各种途径了解游客，为游客提供有针对性的服务。导游可通过接待计划，认真研究客源地的地理、历史、地域与民族文化以及政治、风土人情、风俗习惯等，以把握游客的心理特征。

（2）通过分析旅游动机了解游客。了解游客的旅游动机是提高服务质量的有效途径之一。动机是需要的表现形式，一个人有什么样的需要，就会为了满足这种需要，以相应的动机表现出来。游客常见的旅游动机包括追新猎奇、求知、求发展、变换生活环境、调节身心节律以及寻求尊重和自我实现等。导游可通过领队、全陪、分析游客购买的旅游产品，以及与游客的沟通交流等了解、掌握游客的出游动机。

（3）通过分析旅游活动各阶段游客心理的变化了解游客。由于生活环境和生活节奏的变化，在旅游的不同阶段，游客的心理活动也会随之发生变化。旅游者在出游各阶段的旅游动机、心理表现及服务要求如表 3-1 所示。

（4）通过“察言观色”了解游客。人的言谈举止、面部表情往往是其心理活动的外部表现。人们说话时的表达方式、讲话速度、发音、用词、“行话”的使用，以及讲话时带有的“乡音”等都透露出了说话者的文化修养、性格、职业、身份、情绪、需求等信息。透露个人信息的因素还有五官及面部表情、体型、服饰（如服装的样式、品牌、饰品搭配、服装的色彩和质地等）、行为姿态（如行、坐、站立的姿势，动作的敏捷和协调程度，等等），外出携带行李情况等。导游要善于察言观色，学会“看相”，通过游客的外表、言谈、行为等直观因素，分析游客的性格特征。

表 3-1　旅游者在出游各阶段的旅游动机、心理表现及服务要求

| 游客旅游活动的阶段 | 动　机 | 常见心理及行为表现 | 导游服务要求 |
|---|---|---|---|
| 抵达初期 | 安全求新 | 不安、焦急、求新、寻求依靠 | 让游客有信任感和认同感；组织轻松愉快的游览活动；进行生动精彩的讲解，耐心回答问题 |
| 游览期间 | 自由求全 | 懒散、挑剔、求知、求尊重、求得自我实现 | 注意力必须高度集中，对任何事情都不能掉以轻心 |
| 旅游活动结束前（即将离开） | 理解满足 | 忙于个人事务，需要导游给予及时有效的帮助，解决矛盾 | 耐心地解答问题，帮助解决矛盾 |

（5）从对重大事件的反应，分析了解游客的心理。

4. 换位思考，处理好公共关系，善于和不同的人打交道

导游应多换位思考，尽量站在游客的立场考虑和处理问题，以“假如我是一个游客”的立场来提醒自己该做什么，多提供一些超常服务项目，体现“细微之处见真情”的服务理念。处理好与游客的关系，尽可能地为每位游客提供有针对性的服务。

5. 观摩、学习、借鉴、创新

导游服务要多观摩、多学习，善于从相关表演艺术中吸取养分以充实自己，同时要向优秀的同行学习，发现每个人的优点，并为自己所用。导游在承担文化传播与交流职责的同时，也是游客的审美担当，导游服务应积极借鉴、学习其他艺术家，如学习“导演”的组织技能，学习“指挥家”的领导技能，学习“演员”的表演技能。

## 三、导游的自我管理艺术

导游服务的独立性强，因此自我管理极为重要。自我管理艺术是导游艺术的重要组成部分。

### （一）遵循导游服务礼仪规范

导游代表旅行社为游客提供服务，对游客要尽到主人的责任，服务要稳重、规范、不失态，态度要平静、热情而有分寸；语言要得体、有分量；论理处事要有理有节；应熟悉业务范围内的文明礼貌和现代社交礼节；掌握服务对象的文化背景、生活习俗；交往要讲究文明礼貌，为游客营造舒适愉快的旅行环境。在酒店、餐厅等服务场所，导游要转换“角色”，代表游客成为消费者的代言人。服务中不能淡漠了主人意识，应适时引导游客与其他人员，特别是与旅游目的地居民友好相处。

### （二）整体形象塑造

在游客的心目中，导游不仅是代表旅行社提供旅游产品消费服务的对象，还是旅游目的地国家（地区）的代表，是游人之师、游客之友，是“万事通”的导游艺术家。游客希

望导游是可信赖、善解人意的朋友，希望导游精通业务、学识渊博、导游技艺精湛。游客会通过导游来评价旅游目的地的旅游服务水平及旅游服务质量，所以导游员要根据职业要求和工作性质，从外到内全面调整自己，从外形、服饰、语言、心理素质、知识、应变能力等方面，担当起“民间大使”“文化传播者”“审美引导者”之责。

### （三）自我调节

#### 1. 情绪调节

情绪是由客观事物引起的主观体验，通过意志的努力，不良情绪是完全可以被控制的。人出现不良情绪时多会有所表现，如面部涨红、紧张、拘谨、声音异常、目光呆滞等，如果不加以有效控制会造成行为的失控。引起导游不良情绪的客观事物有很多种，如行程不顺利、游客不配合、其他服务环节出问题等。导游如果情绪不佳，不仅会影响自己的工作，还会影响到游客的游兴，进而影响到游客对服务质量的感知。实践证明，情绪会“传染”，导游的情绪会“传染”给游客，最终影响游客的整体旅游活动，因此一名优秀的导游需要学会自我情绪的调节。

（1）角色控制。导游要随时提醒自己，在游客面前自己是服务提供者，扮演的角色是“导游员”，面对不同的服务对象时，导游角色应该有所延伸。

（2）转移注意力。导游应学会通过意志力，迫使自己的注意力转移到现实中，这种方法比较有效，它可以在很短的时间内减轻外界刺激对自己心理上造成的压力。

（3）自我安慰。真正的情绪只有自己清楚，因此适时进行自我安慰十分必要。

（4）排除刺激。导游服务时经常会受到外界客观事物的刺激（如个别游客对讲解不感兴趣，或走开或小声讲话等），这些刺激会对情绪产生影响。面对这些刺激，导游要学会接受和改变，最大限度地使自己的心理与客观外界环境达到和谐与平衡，排除无关刺激的影响。

#### 2. 自我暗示调节

心理学家分析统计的结果表明，积极想象及相同愿望会抑制和去掉消极的态度，在改变态度上，导游可以通过自我暗示使自己对游客的态度变得积极起来。

**提示**

导游自我暗示的内容：我是一个富有同情心、开朗、乐于助人的人……谁见了我都愉快，我友好、亲切……我乐意倾听别人的陈述，并可以做到微笑对待……我有同情心，我聪明……我愿意而且一定能做到让游客理解我、喜欢我……游客很亲切……他们很高兴，充满着旅游的欢乐情绪；导游工作很有意思，游客赞赏我的工作，给了我表现的机会……游客为旅游花了很多钱，他们维持着我的工作岗位。有人参加旅游活动是好事，没有旅游者、没有游客我就必须去干别的工作，我喜欢旅游，我愿意干导游工作……

### （四）定位管理

#### 1. 角色定位

导游员是多个角色的统一体，在家是家庭中的一分子；在企业（旅行社）是一名企业员工；而在游客面前则是旅行社的代表，是一名服务人员，是一名知识与文化的传播者；在带领游客游览观光的时候，导游员又作为游客与旅行社双重代表的身份与有关服务部门、企业接洽，导游应分清不同角色的作用并适时地完成角色的转换。

要想带好一个旅游团，导游员要分清导游员和“我”的关系，随时注意变更自己的角色，这样才能提供高质量的导游服务。根据需要，导游在工作中还可能要扮演姐姐、朋友、商务经理、社交家、心理学家、国际主义者和教师、学者等多种角色。

2. 作用定位

导游要明确自己在整个旅游服务工作中的地位，过分夸大或贬低自己的地位和作用都是不可取的。在不同的“环境”下，导游都必须清醒地认识到自己的作用与地位。

3. 形象定位

导游服务是旅游行业的一线工作，导游要根据工作环境、服务对象、服务程序、活动空间及自身条件、性格等因素设计定位自己的形象。

4. 性格定位

导游不仅要恪守职责，更要有幽默感，要通过服务让游客感到愉快，因此，导游在行使“领导权”的同时，更要保持热情，让游客乐于接近，增加他们的信任感和依赖感，保证整个旅程轻松自在。

### （五）政治思想与业务提高

1. 更新观念，创新提高

导游要与时俱进，不能墨守成规，要不断丰富自己的学识，学习新思想、新观念、新技术；要树立诚信观、市场观、国际观、质量观、游客主导观等；要创新，善于学习提高；在知识与服务艺术方面做到人无我有、人有我新、人新我特、人特我精，要在战略上高人一筹，在战术上招招领先。

2. 刻苦不断，嘴皮常练

“江山之美，全靠导游之嘴”“看景不如听景”，这是对导游“嘴功夫”的赞美之言。“导游一张嘴，调动游客两条腿”，导游要通过“嘴”引导游客去探索美、发现美、享受美。“嘴”是导游的“生产工具”，导游要多“练嘴”，如通过广播、电视模仿，经常朗读，练绕口令等方式练口才。

3. 全面发展，口笔并重

“嘴皮子”是展示导游水平的方式，而“笔杆子”则是导游基本修养的功底，没有深厚的文字水平、文学水平，导游“嘴功夫”的提高是缺乏基础的。

4. 善于总结，汲取教训

真正成功的导游应当有这样的信念：同样一个问题，不允许自己有两次都答不出来；同样一个接待工作的疏忽，不允许自己发生两次。唯有如此，才能天天向上。

5. 注重细节，学会自查

在西方导游界里流传着这样几句话，“小事是重要的事”“小事是漂亮的事”“小事办不好，麻烦就不少”“导游无小事”，导游要重视每个环节并学会自查。

6. 做到“五勤”，全面提高

导游提高服务艺术时要做到勤动腿、勤动口、勤动眼、勤动手、勤动脑，将收集到的信息、知识、经验、好句子加以分析、研究，形成个性化的导游艺术风格。

## 四、建立良好人际关系的艺术

导游服务是旅游服务的核心和焦点，导游员处在以旅游活动为核心的人际关系网的中心位置。导游应时刻记住从“我”做起，让“我”去适应他人。在与游客交往的过程中，要注意区分是与“人”交往还是与这个人所扮演的“角色”交往。人际交往中要坚持“尊重”“平等”和“多赢”的原则。

### （一）与游客建立良好关系的艺术

导游与游客建立良好的人际关系，不仅能够赢得游客的支持，更能为游客提供优质的心理服务。

1. 尊重游客，自觉为游客提供“心理服务”

心理服务是导游员为调节游客的心理状态，在心理上对游客施加影响，使游客保持愉快的心情而提供的服务，所以也称情绪型服务。尊重一个人会使他表现出他最好的行为，贬低一个人只会使他表现出他最坏的行为。当游客生活在热情友好的气氛中，在自我尊重的需要得到最大满足时，为他提供的各种服务才有可能发挥作用。导游服务应注意“扬长隐短”，扬长是为了增加客人的自豪感，隐短是为了避免触动客人的自卑感。导游在服务中尊重游客就是向游客提供了“心理服务”。

2. 保持微笑，多使用柔性语言，与游客建立伙伴关系

微笑是重要的交际手段之一，是信赖之本。导游与游客近距离接触时，游客对导游的细微表情极为在意，因此，导游要学会以自然的微笑面对所有游客。

柔性语言表现为语气亲切、语调柔和、措辞委婉、说理自然，常用商讨的口吻与人说话，这样的语言能使人愉悦亲切，有较强的征服力，往往能达到以柔克刚的交际效果。导游不仅要让自己的有声语言给游客以好印象，还要让自己的无声语言（即身体语言）给游客以好印象。

导游要尊重游客，与他们保持平行性交往，力戒交锋性交往，要努力与游客建立融洽无间的伙伴关系，要与游客交朋友，使游客对导游产生信任感。

3. 提供个性化服务

不同的游客都有一个共同的心理：希望服务人员不对自己另眼相看，同时又希望服务人员能对自己另眼相看。这两种心理要求看似矛盾，实际所指不同。前者是指服务人员不能歧视、怠慢客人，对所有的客人应一视同仁，提供标准化的服务；后者是指服务人员应了解每一个客人的独特个性与需求，将每位客人与其他客人区分开来、突显出来，使客人有受到特别优待的感觉。

为了让每个游客都得到自己所希望并满意的服务，导游须根据每个游客的个性特点，确定合适的服务方式，提供适宜的个性服务内容。日本导游专家大道寺正子从事导游工作二十余年，在其所著的《日本导游工作》一书中，他从客人的个性角度切入，提出了具体的待客方式（见表 3-2）。

表 3-2 游客类型及其导游接待方式

| 客人类型 | 特征 | 导游接待方式 |
| --- | --- | --- |
| 老好人型 | 常用温和语气说话 | 有礼貌 |
| 猜疑型 | 不相信没有根据和证明的事 | 讲话要有根据，不用模棱两可的语言 |
| 傲慢型 | 瞧不起人 | 让其充分亮相后，以谦虚态度耐心说服 |
| 腼腆型 | 性格内向，说话声音小 | 亲切相待，忌用粗鲁语言 |
| 难伺候型 | 爱挑剔，板着脸 | 避免陷入争论 |
| 唠叨型 | 说话啰唆，不得要领 | 在不伤害客人感情的前提下，耐心说服 |
| 急性子型 | 不稳重，稍有不如意就发脾气 | 以沉着温和的态度相待 |
| 嘲弄型 | 不认真听讲，爱开玩笑 | 不要被缠住，不要理睬 |
| 沉默寡言型 | 不健谈 | 主动打招呼说话 |
| 散漫型 | 不遵守时间，自由散漫 | 有礼貌地耐心说服 |

### （二）导游员之间建立良好的合作关系

从业务范围划分，可以把导游员划分为领队、全陪、地陪及景点导游等类型，他们的具体职责有一定差异，导游员之间要建立起良好的合作关系，才能圆满完成导游服务，令游客满意。

1. 人格上相互尊重，工作中相互支持

“尊重”是人际关系的基本原则之一。组成导游团队的每名导游之间要相互尊重他人的意见和建议，适当遮掩各自的特长，把机会让给其他人；要分清职责，遇事多磋商；要在工作中加强信任感，加强各方的合作。

2. 避免正面冲突

不同业务范围的导游员在合作中对某些事情意见相左是正常现象。工作中出现意见分歧时，要主动沟通，尽力避免分歧扩大，依据“合同”合理处理分歧，及早消除误解。

### （三）与司机的合作

导游与旅行车司机的合作是能否圆满完成导游服务的重要影响要素。导游是旅游计划的执行者，有监督司机服务质量的责任。导游应与司机密切配合，支持司机的工作；要尊重他们，理解他们工作的辛苦（特别是长途旅行）；凡涉及交通方面的问题，应多听取司机的意见和建议。

### （四）与旅游接待单位的合作

导游服务涉及的部门和企业较多。在与相关部门合作的过程中，导游要尊重对方，要有合作精神，要善于做好服务的弥补工作；要监督相关部门的服务水平和质量，做好提醒工作。

### （五）与旅行社其他工作人员的合作

旅游产品的销售、促销，交通票据、住房、用车的预订等需要旅行社销售、计调、采购、票务等多部门人员的合作，导游要注意与相关人员保持联系，做好协作，共同提高服务质量，以保证和扩大客源与市场份额。

## 五、“特殊”游客的接待艺术

这里所指的特殊游客是指在和其他游客相比某一方面的特征突出，已成为区别于其他游客的主要标志，需要导游对其特别关照的旅游者，如高龄游客、儿童、宗教界人士、社会地位特殊的人、残疾人等。

### （一）高龄游客的接待

旅游已成为现代人生活的一部分，是人们的基本需求。随着社会经济及各种社会保障条件的提高，老年人参与旅游活动的数量和频率不断提高，其中包括年龄在 80 岁以上的高龄旅游者。服务 80 岁以上的高龄旅游者时，有一些特殊的注意事项。

1. 正确的称呼

面对高龄游客，导游应该视他们为自己的长辈，可称呼为“姓+爷爷/奶奶”，这样很容易拉近和老人之间的心理距离，使得老人能很快地接受导游员。

高龄游客一般都有一个特点，就是喜欢拉家常，导游员在不影响其他游客的前提下，可多与老人聊天，这能让高龄游客从心理上把导游员当成一家人，方便导游开展工作。

2. 双慢，即行进慢、讲话慢

（1）适当放慢行走的速度。

（2）应适当放慢语速、提高音量，吐字清楚，必要时多重复几遍。

3. 耐心解答问题

高龄旅游者喜欢提问题，再加上年纪大、记忆力不好，同一个问题经常会重复问。遇到这种情况，导游员不应表示反感，要耐心、不厌其烦地给予解答。

4. 多做提醒工作

高龄旅游者年龄大，记忆力减退，动作较迟缓，导游要不厌其烦地做好提醒工作，如行程、时间、地点、零用钱等。

5. 预防走失

（1）进入游览景点之前要反复强调上车地点。每到一个景点，要反复多次地告诉高龄旅游者旅游路线及旅游车的停车地点，特别是不在同一地点上下车的景点，必要时可为老人留下便条，进行必要的提醒。

（2）提前嘱咐。老年人，特别是高龄老年人最担心找不到团队，一旦走失，他们孤独无助的感觉会比一般旅游者更强烈。因此要告诉他们，一旦找不到团队，千万不要着急，要在原地等待，不要到处乱走，导游会顺原路来找。同时要把导游、司机，或旅行社的联系电话留给老人，以备不时之需。

6. 采取多种措施以保存和尽快恢复高龄旅游者的体力

（1）适当增加休息的时间。参观游览时，上、下午尽量安排中间休息一次；如果条件允许，在晚餐和晚上看节目或活动之前，安排游客回酒店休息一会儿，晚间活动不要回酒店太晚。

（2）劳逸结合，灵活安排日程。导游要考虑老年人的生理特点和身体情况，针对高龄游客的活动日程一定不要安排得太紧，活动量不宜过大，项目不宜过密。在不减少项目的情况下，要选择便捷路线和有代表性的景观，做到少而精，并以细看、慢讲为宜。带高龄旅游者时千万不能用激将法和诱导法，以免大量消耗其体力，发生危险。

（3）选择安全的停车地点。晚间用晚餐和看节目或活动时，提醒司机将车停在有灯光、没有台阶和障碍物的地方，以免发生摔伤等意外情况。

### （二）儿童的接待

1. 重视儿童安全

儿童，尤其是2～6岁的儿童，天真好动，好奇心强，在旅游过程中，导游应特别注意他们的安全。服务对象中有儿童在场，讲解时可酌情讲一些有趣的童话、小故事、谜语、儿歌等吸引他们，这既能活跃气氛，又能避免他们乱跑，保证安全。

2. 多关照儿童

（1）儿童表现方面的关照。适当的时候可以让儿童表演一些节目，这既能活跃旅游团的气氛，又让孩子有自我表现的机会，小孩子表演得好，其父母的脸上也增光，一举多得。

（2）用餐方面的关照。小孩子使用筷子有一定难度，导游应根据具体情况通知餐厅为小孩子准备安全易用的餐具，保证孩子的用餐。

（3）生活上的关心。注意儿童的饮食起居，天气变化时，要及时提醒家长给孩子增减衣服；天气干燥时要提醒家长多让孩子喝水；等等。

3. “四不宜”

（1）不宜因突出了儿童而冷落了其他旅游者。

（2）不宜给儿童买食物、玩具。

（3）即使家长同意也不宜单独把儿童带出活动。

（4）儿童生病，应及时建议家长请医生诊治，而不宜建议其给孩子服药，绝不能将自己随身携带的药品给儿童服用。

4. 注意儿童的接待标准

儿童的旅游收费（如机票、船票、车费、住房、用餐、景点门票等）根据年龄、身高有不同的费用标准和规定。

### （三）宗教界人士的接待

1. 学习了解我国的宗教政策，掌握有关信息

在我国宗教信仰自由，但不经我国宗教团体邀请和允许，旅游者不得在我国从事宗教活动，如布道、主持宗教活动等，不得在非完备活动场合散发宗教宣传品。

2. 提前做好准备工作

（1）认真分析接待计划，了解接待对象的宗教信仰及其职位。对接待对象的宗教教义、教规等情况要有所了解和准备，以免在接待中发生差错。

（2）了解教堂（寺院或道观等）的位置和开放的时间。接到接待宗教团体的计划后，要弄明白此团在旅游期间是否有宗教活动，如有则要记住相关信息，若宗教旅游团要参观

宗教场所，应提前了解所参观场所的位置和开放时间，最好提前联系，方便参观地提前准备，做好接待工作。

3. 满足特殊要求

一般宗教界人士在生活上都有特殊的要求和禁忌，导游应合理地兑现，设法给予满足。如果饮食方面有禁忌和要求，一定要提前通知酒店、餐厅做好准备，并认真落实。

4. 尊重旅游者的宗教信仰及习惯

在接待宗教界人士时，要特别注意尊重其宗教信仰和习惯。导游应避免涉及有关宗教问题的讨论，更不要把宗教、政治、国家之间的问题混为一谈，随意评论。

### （四）特殊身份和地位人士、政务人员的接待

有特殊身份和地位的旅游者是指外国在职或曾经任职的政府高级官员，对华友好的官方或民间组织团体的负责人，社会名流或在国际、国内有一定影响力的各界知名人士，某些国家的皇室或贵族成员，国际或某一国著名的政治家、社会活动家、大企业家等。这些旅游者除游览外，往往还有其他任务或使命。政务接待主要是为公务交往所提供的导游服务，接待对象主要为政务人员。做好这些人的接待工作，对扩大我国对外影响，加强我国人民与世界各国人民之间的友好往来，具有十分重要的意义，具体做法包括以下几个方面。

1. 做好充分的准备工作

（1）“知己”。身份和地位特殊的旅游者一般素质较高，知识面也较广。导游要提前做好相关的知识准备，如专用术语、行业知识等，尽可能拓宽到社会的各个方面，以便能选择交流的话题，并能流利地回答他们提出的问题。

（2）“知彼”。从各方面了解所接待客人的特殊背景、旅游动机、所属的社会阶层和特定的职务。通过客源地分析，了解其信仰、习俗、礼仪等，做到接待有针对性。

2. 要有自信心

不要因为对方地位较高而胆怯，导游心理压力过大会影响到自身能力的发挥，反而效果不好。通常身份地位越高的人越懂得尊重别人，待人接物也会非常友好、客气，十分尊重他人的人格和劳动。

3. 注意相关的礼仪

（1）着装。男士应穿西服，打领带；女士着装要端庄，并且根据需要化淡妆，以示对对方的尊重。

（2）说话。应注意和对方说话的态度、说话的立场、说话的方式等。

（3）服务。注意服务一定要仔细，而且在提供服务时态度应不卑不亢，既要表现出中国人“有朋自远方来，不亦乐乎”的热情好客，又要表现出我国人民相应的民族气节。

4. 多请示、汇报，按照有关规定接待

特殊身份人士经常会有领导接见、会谈，因此游览日程、时间的变化较大，导游一定要灵活掌握，随时向有关部门请示、汇报，协助安排接见、会见的时间。

### （五）残疾人的接待

在旅游团队中有时会有截瘫、视力障碍者（盲人）、聋哑人等残疾旅游者。接待这些残

疾旅游者时，导游员要特别注意方式方法，既要满腔热情、细心周到，尽可能地为他们提供方便，又不能给他们造成压力或伤害到他们的自尊心。在任何时候、任何场合都不得讥笑和歧视残疾人，对待他们要尊重友好。面对残疾人的导游服务，准备工作要细致，要给予适时、恰当的关心和照顾（残疾人的自尊心较强，他们认为自己既然能来旅游，生活就能自理，不愿成为累赘，如果过多地当众关心照顾，会使残疾人游客反感）；要时刻关注残疾旅游者，在安排活动时，要考虑到他们的生理条件和特殊需要，如选择路线时应尽量不走或少走台阶，提前告诉他们洗手间的位置，通知餐厅安排在一层餐厅就餐；等等。

1. 对截瘫旅游者的服务

根据计划内容分析旅游者是否需要轮椅，如有需要应打电话向酒店或有关部门联系借用事宜；与计调或有关部门联系，最好派有行李箱的车，以便放轮椅或其他物品；进机场接旅游者时，要提前到达机场办理有关手续，进残疾人专用通道迎接旅游者。

2. 对聋哑旅游者的服务

接待聋哑旅游者时，要安排他们在车上的前排就座，因为他们需要通过读口型来获取信息，也就是通过导游员讲解时的口型来了解讲解的内容，同时导游的讲解语速要放慢。

3. 对视力障碍旅游者的服务

地陪应尽最大努力争取使讲解的内容细致形象。讲解时可主动站在其身旁，上车时安排其前排就座，能用手触摸到的地方、物品则应尽量让他们触摸。向他们介绍当地有盲道和有特殊设施的地方。

# 第二节 导游讲解

## 一、导游讲解概述

### （一）基本概念

导游讲解是导游以丰富多彩的社会生活、璀璨壮丽的自然美景、悠久的历史文化、多彩的民族民俗等为题材，以兴趣爱好不同、审美情趣各异的游客为对象，对自己掌握的各类知识进行整理、加工，用简洁明快的语言进行的一种意境的再创造。游览活动是游客旅游活动的中心环节，要想让游客在游览、参观及行进途中获得知识和审美的享受，真正领略游览的乐趣，导游必须做好导游讲解服务工作。

### （二）讲解服务的基础

（1）要熟，即对讲解内容和游览目的地、参观的景观和景物了如指掌。

（2）要爱，导游要热爱祖国、热爱家乡、热爱自己的工作、爱游客，有了爱，导游才会主动地去探索相关事物每一点资讯、每一点故事、每一点惊人之处，并热情、眉飞色舞地讲出来，这样讲解就已成功了一半。

（3）要令自己也惊叹于讲解内容，如果导游员心里对讲解内容都不以为意，那么讲出来的内容一定也不会让游客觉得惊异。

（4）要掌握讲解艺术，目的是“眉飞色舞地给游客讲你知道而他们不知道的事情”。

### （三）场景分类

1. 旅途中的导游讲解

旅途导游讲解主要是指在游客乘坐交通运载工具（旅游车、游船以及飞机、火车等）时导游提供的讲解服务。具体又分较长距离转移途中导游、迎接（机场到酒店或景区）和去往景点途中（从下榻酒店到参观游览景点）导游。由于旅游车空间有限，又在行进途中，受到车窗外部景观变化快、汽车颠簸等影响，途中讲解有一定难度。导游要根据游客的旅程时间、游客的精神状态、车子的行进速度、车外景物的变化情况、旅程的长短等因素灵活调整讲解内容和方法，突出趣味性、幽默感，以调整游客的情绪。

2. 景区（点）导游讲解

景区（点）是游客的游览目的地，是导游提供讲解服务的主要场所。讲解内容及方法要根据景区特点、景物在景区中的地位、游客需要的游览时间，突出重点，灵活选择讲解内容和知识要点，把讲解与引导游览有机结合，给游客留出体验及拍照的时间。

3. 特殊参观游览地的导游讲解

除A级景区外，旅游目的地会根据当地的文化旅游资源情况，提供如红色文化教育基地、爱国主义教育基地、特色街区、各类博物馆、文化馆、特色村落、农庄与美丽乡村、特色建筑、以历史事件遗址地等作为参观游览地供游客参观、学习、游览。这些区域文化厚重且内涵丰富，教育、学习赋能明显。游客参观游览这样的区域时，导游的引导与讲解更显重要。这些区域的导游讲解一定要突出主题，内容突出教育性、学习性和文化性，保证用词用句的准确。游览参观时要提醒游客注意事项，协助工作人员安排好参观游览的时序，综合利用各种导游方法。

## 二、导游讲解原则

### （一）科学性，以客观事实为依托

导游讲解要突出科学性，科学性是导游知识的基础，科学讲解要以客观事实为依托。客观事实是指独立于人的意识之外，又能为人的意识所反映的客观存在，它包括自然界的万事万物和人类社会的各种事物，其中有的是有形的，如名山大川、文物古迹等，有的则是无形的，如社会制度、旅游目的地居民对游客的态度等，这些都是客观存在的。导游讲解的内容、方法或技巧要以客观存在为依据，即必须以自然界或人类社会的某种客观现实为基础，切忌无中生有、胡编乱造，要让游客从导游讲解中品读出导游的人格魅力。

### （二）计划性

计划是有序、有效工作的前提。导游服务的重要依据是旅游合同、接待计划及产品线路等，导游应根据相关依据、游客构成及需求等因素提前做好接待服务及具体讲解计划。针对不同景点的特点，结合自己所掌握的游客资料和景区（点）的资料与信息，灵活运用方法技巧做好每一次讲解。

### （三）针对性

导游讲解要抓住游客的注意力。导游每次接待的游客不同，游客的兴趣点也有差异，因此，导游要想办法弄清楚游客想听什么、他们的文化背景及知识储备的大概情况；要根据游客的具体情况，在接待方式、服务形式、讲解内容及方式方法、语言运用等方面体现出差异，进行量体裁衣式的信息传递，做到有针对性。

> **提示**
>
> 针对性讲解对导游员的要求包括：了解游客的家乡、工作经历；从不同的途径寻找相关的资料，可以看书、查资料，向师长请教，询问其他导游员；通过互联网学习，随时注意知识的收集和积累，避免出现知识盲区。

### （四）灵活性

导游讲解贵在灵活，妙在变化。灵活就是讲解要因人、因时、因地（环境条件）、因景而异。导游讲解的内容应可深可浅、可长可短、可断可续，一切须视具体情况而定，切忌千篇一律，墨守成规。

### （五）平等待人

导游所接待的每一位游客都是平等的，在讲解中要一视同仁，不能以貌取人、以“财”取人，更不能“缩水”，规范性服务对每一名游客都是相同的。

## 三、旅途中的讲解艺术

### （一）提前计划

1. 熟悉行进路线，掌握途中景物的分布和景观的变化规律

在旅途中，游客所处的是一个动态的场所，因此导游要注意尽量做到翔实而准确地指点与说明，对途中每一个可能看到的景物的信息要烂熟于心，指点景物时一定要提前提醒游客在什么方位可能看到某物或某景。

2. 明确讲解重点

途中讲解的内容要明确，切勿让游客左顾右盼、莫衷一是，重点要突出，景物要实在，重点讲优势，适当掩饰缺陷。导游要善于借景抒情、借景宣传、借景传文、借景交友，把握游客的心理需求，扩大讲解的延伸效应。在不同的行进时段，路线讲解的重点要有差异。例如，在从机场到下榻饭店的途中，导游要做好热情洋溢的欢迎辞，接着为了更好地消除游客的紧张和不安心理，就要延伸到介绍当地的气候、饮食等。

3. 注意“点”“线”“面”的结合

途中旅行以线为主，但周围的景物分布则是点状的，讲解的衍生，特别是风俗介绍等是面上的。因此，导游员在为游客提供途中导游服务时，要根据实际情况（如游客的身体、情绪，旅行的速度，周边景观的变化等）有机组织好自己的口语导游讲解内容，吸引游客的注意力，展示自己的导游风采，获得游客的信任和依赖。

## （二）讲解方法

1. 聊天法

聊天是交流思想感情和进行沟通的一种良好形式，它能增进友谊、促进团结、活跃团队的气氛。聊天具有随意性和不确定性，在机场候机厅、车站、码头，茶余饭后都可以聊天，导游和游客可把自己的想法、要求、感受等毫无保留地“聊”出来，从而使导游获得较多的有效信息，对症下药，做好各项导游服务工作。

（1）参与游客聊天，主动寻找话题。“聊天”不分次序，没有时间限制，有话则长、无话则短。导游不仅要经常找机会参与游客之间的聊天，而且要善于寻找话题活跃游客的思路。如面对老年游客，可以聊养生之道、经验之谈；面对年轻人，可以谈经历、学习、工作及爱好等；面对女士，可以说说服饰与化妆品等。

（2）把握内容和分寸。导游要善于调节话题，把握分寸，随时掌握话题的进程，及时意识到话题可能会产生的“后果”。聊天的话题必须符合导游员职业道德和行为规范的要求，不可为了迎合个别游客的低级趣味，聊一些不健康、不文明的内容。

（3）注重语言艺术。在与游客聊天时，导游员要切实转换角色，注意自己的语言艺术，善于运用幽默风趣的语言让游客感到轻松与愉快。

2. 适度“玩笑”法

游客在旅途中，特别是长途旅行时很容易疲劳，此时导游员若能讲讲笑话、猜个谜语、玩个脑筋急转弯等，定会给游客的旅途生活带来无穷的欢乐。为了调节团队的气氛，可以以适度的“玩笑”令游客开怀舒心，达到消除游客疲劳、增添乐趣的目的，同时为接下来的景点游览做好情绪的准备，具体要求有以下几点。

（1）精心准备。有针对性地准备一些有意义的笑话和关于旅游的奇闻轶事，注意在日常生活中多积累一些有益智作用，同时又充满幽默感的笑话，花工夫去背，面对游客时才能运用自如。

（2）遵守职业道德。在选择“玩笑”时，把握“度”非常重要，不能讲低级趣味内容，不能涉及政治问题，不能拿游客的缺陷开玩笑。

（3）讲话技巧。要抓时机，把握节奏，引导游客产生心理期待，特别要注意“抖包袱”的时刻。在故事引人入胜时，要掌握速度和节奏，注意观察游客心里期待的变化情况，运用语言艺术，如制造悬念时的停顿时间、语速变化可和风细雨也可疾风骤雨，可适度夸张模仿，以引起游客的共鸣。磕磕巴巴、语无伦次，或使用陈腐、粗俗、浮躁、油滑、尖刻的语言进行讲述，只能使人苦笑。才思敏捷、妙语连珠、滔滔不绝，才能使语言表达有魅力。讲笑话的简练程度能体现一个人的幽默能力。

3. 灵活转移话题

转移话题时要做到求同存异、因势利导。途中，导游可以与游客探讨一些问题，让游客也有机会发表一些自己的论点和对某些事物的看法。由于途中讲解涉及范围较广，有时难免出现导游观点或游客之间观点的差异，这往往由文化差异、生活环境的不同及游客对旅游活动的期望值与实际接待之间的差异等原因造成，导游应避免争执，在交谈讨论中转移话题，使交谈气氛融洽，感情得到增加，关系得到改善，达到“峰回路转”“柳暗花明又一村”的目的。需要转移话题时，导游要注意观察游客的表情，倾听游客的叙述，利用机会“打岔”，在缓和游客情绪后再引入其他话题。

4. 适时宣传

途中讲解中，不仅要讲好目的地的旅游资源、风土民情，还应适时宣传国家政策，传播社会主义中国的伟大成就，宣传家乡的建设成果。导游宣传讲解应遵循以下原则：① 有鲜明的政治立场，在关键问题上要和国家保持一致；② 积极主动、因势利导；③ 实事求是、保守秘密；④ 不卑不亢、一视同仁；⑤ 寓宣传于日常讲解、交谈和娱乐中。

在旅途中，游客常对外部景物发生兴趣，导游也可借助外部景物进行相应的拓展讲解。导游引导游客观赏时要注意与车子的行进速度同步，避免景物已从游客视线中消失了才开始讲解。导游可以依托借景，挖掘景物背后的故事，做好延伸宣传。

## （三）发挥欢迎辞与欢送辞的作用

1. 欢迎辞

欢迎辞是构成导游"第一印象"的重要组成部分，是导游与游客沟通感情、取得游客信任的关键环节之一，也是导游向游客展示自己知识素养、语言能力、风度气质、服务态度等的重要机会。欢迎辞类似一场戏的序幕、一篇文章的序言、一场演讲的开场白。

（1）基本内容（以地陪导游服务为例）。

① 向游客表示问候。首先要选择好称谓，一般的旅游团可称"团友"（有的称"先生们、女士们"等），具体由游客的组成情况而定。其次是问候语，问候语的选择要合乎礼节，既要让游客感觉受到尊重，又要用风趣诙谐的问候增进彼此间的友谊，让氛围变得轻松愉快。也可选择表达好客之意的谚语和格言，如"有朋自远方来，不亦乐乎""有缘千里来相会"等，让游客领略到导游的语言功底。

② 代表旅行社、自己和司机对游客的到来表示欢迎。

③ 自我介绍、介绍自己所属的旅行社、介绍司机。

自我介绍应做到热诚待客，体现真情；审时度势，繁简适度；把握分寸，赢得信任；适当幽默，缩短距离。必要时可以小玩笑的方式让游客记住导游的名字，要告诉游客怎样称呼导游员，但是在开玩笑时要注意不可贬低自己。

介绍旅行社，要让游客记住旅行社的名称，了解旅行社在当地的地位及服务信誉。

介绍司机时，除介绍司机的姓名外，要突出司机的驾驶技术，让游客感到安全。例如，"此次为我们驾车的师傅姓张，大家叫他张师傅就可以，他是我们机车公司的安全服务标兵。"

④ 表明工作态度。愿意尽心尽力地为游客服务，满足游客合理而可能的要求。在表达自己提供服务的真诚愿望时，态度要真诚，语气要诚恳，不能讲空话、套话，说话要留有余地。

⑤ 祝愿语。预祝旅游活动顺利，并希望得到游客的合作，等等。

以上 5 点是致欢迎辞时的基本要求。成功的欢迎辞往往是具有个性的，在服务实践中，欢迎辞的内容要根据所接待游客的国籍、团体组成、时间、地点、成员身份等的不同而有所区别，不应千篇一律。

（2）致欢迎辞的艺术与技巧。致欢迎辞时要把握语言的运用技巧，注意游客心理需求的变化，与首次沿途导游相结合。主要体现温暖和关爱，让游客有安全感，对导游产生信任感，缓解紧张心理。讲解要清晰，内容选择要让游客对即将开展的旅游活动有向往期待之情，语言应表现出风趣和幽默，体现“缩距”效应，表达要有感情，要营造轻松愉快的气氛。切记：过度的热情与慷慨激昂会给人以虚假造作之感。

【欢迎辞范例】

## 地陪欢迎辞

各位团友：

大家好！

我代表我们云南×××旅行社热情欢迎诸位来到神奇的云南、美丽的春城。我姓张，张学友的“张”，我的歌喉也可与天王相媲美，路上我一定会给大家表演一番。大家该如何叫我呢？告诉你们，我最喜欢人家称呼我“张导”，怎么样？听着都像张艺谋来了，多爽！我朋友说，还好我不姓夏，不然就要变成“瞎导”了。为我们驾车的师傅姓安，安全的“安”，安师傅是我们公司车队的质量安全标兵，这次大家在昆明的旅游就由我和安师傅为大家服务。我非常高兴能为各位导游，我将竭尽全力为大家服务，并尽我所能地把云南、昆明的基本情况和最美的景观介绍给各位。各位在云南期间有什么需要我帮忙的，有什么要了解的，请不要客气，尽管提出来，我一定尽力去办。在此我也预祝大家在云南昆明度过一段舒心、愉快的美好时光，交上更多的朋友。祝愿各位“满载而归”，心想事成。

各位在来云南之前是否了解过云南？对云南这样一个神奇的地方，一百个人有一百种想象！

2. 欢送辞

欢送辞与欢迎辞一样是导游服务中必不可少的部分。导游服务要善始善终，辞别时草草了事，有时会造成功亏一篑的结果。欢迎辞要给游客留下良好的第一印象，欢送辞则要给游客留下永久的怀念和美好的回忆。

1）基本要求

（1）表达友情和惜别之情。为凸显欢送辞的感情内涵，可引用一些名言、诗句或歌词表达惜别之情，如唐代诗人王维的《渭城曲》、著名的歌曲《友谊地久天长》《何日君再来》等。

（2）感谢合作。旅游活动的主体是游客，导游员能顺利地完成导游服务工作与游客的合作是分不开的。欢送辞要表达出成功的旅游活动是游客与导游员精诚合作的结果之意，要对游客的配合、理解表示感谢，让游客怀念此行，从内心感谢导游的辛苦付出。

（3）回顾行程及活动。导游要对此次游览活动做一次小结，进一步加深游客的印象，这是符合人类记忆规律的。回顾行程目的是让游客留下深刻印象以成为回头客。

（4）征求意见。旅游活动是一项综合性活动，涉及部门、人员多，行程中难免有不尽如人意之处。旅游活动结束前，导游员要真诚征求游客对整个旅游活动的安排及导游服务的意见和建议。如有不尽如人意之处，地陪可借机向旅游者表示歉意，让游客把不满情绪发泄出来。若游客把不满和怨气带回家，对旅游地及旅行社的形象和声誉都是不利的。如果旅行社或旅游行政管理部门需要填写意见表（包括导游服务质量调查表等），应在导游向游客征求意见并做出相应处理之后。游客批评意见对旅游目的地的发展有积极作用。

（5）期盼相逢与美好祝愿。向游客表达出期待重逢的愿望，相遇、相识是一种缘分，旅程即将结束，但友谊长存。导游要应用具有“文采”的语言，表达愿意再次相逢的心愿。在用语选择上，要表示“再见”，而不是“告辞”。最后还要送上真诚、让人高兴和难忘的祝福。

2）致欢送辞的艺术

（1）道出依依惜别之情。一段感人、煽情的欢送辞会给游客留下深刻的印象，会令游客对已游览过的景点和一起相处过的导游员倍感留恋。

**提示**

致欢送辞的技巧：致欢送辞的过程中，导游要留下“伏笔”或“包袱”，如唱一首歌或表演一段口技等，在中途戛然而止，然后以“车站就要到了，没有表演完的节目等下次各位来时再接着表演吧”等语言结尾，直接进入对游客的祝福、致谢等项目。

（2）庄重谨慎与风趣幽默结合，让游客带着回忆笑着踏上回家的路。

（3）抒发真情实感。

**【欢送辞范例】**

各位朋友：

虽然舍不得，但还是不得不说再见了，感谢大家几天来对我工作的配合和给予我的支持和帮助，我自问是一个有责任心的人，但是在这次旅游过程中，还是有很多地方做得不到位……不用一一枚举了，大家不但理解我而且还十分支持我的工作，就是这些点点滴滴的小事情使我感动。也许我不是最好的导游，但是大家却是我遇见的最好的客人，能和最好的客人一起度过这难忘的几天也是我导游生涯中最大的收获。

作为一个导游，虽然走的都是一些自己已经熟得不能再熟的景点，不过每次带不同的客人却能让我有不同的感受，在和大家初次见面的时候我曾说相识是缘，我们能同车而行是修来的缘分，而现在我觉得，这不仅仅是所谓的缘了，而是一种幸运，能为最好的游客做导游是我的幸运。

我由衷地感谢大家对我的支持和配合。其实，能和大家达成这种默契真的很不容易，大家出来旅游，收获的是开心和快乐；而我作为导游带团，收获的则是友情和经历。我想这次我们都可以说是收获颇丰吧。也许大家登上飞机后，我们以后很难会有再见面的机会，不过我希望大家回去以后和自己的亲朋好友回忆自己此次游览的感受时，除了向他们介绍各位所游览过的景点外，别忘了告诉他们：有一个导游小刘，那是我的朋友！

最后，预祝大家旅途愉快，以后若有机会，再来这里会一会您的朋友！

## 四、景区（点）导游讲解

### （一）注意事项

1. 景物介绍与知识讲解相配合

景点游览是旅游者的主要目的。导游要控制好时间，突出重点，讲出新意；要根据服务对象的需求、文化层次，结合景点资料有针对性地选择内容（可长、可短，可深、可浅，可雅、可俗）、方法和技巧。

在景区（点）游览讲解时，导游要选择好服务位置，景点的空间距离跨越得不要过大，不宜靠游客太近，也不要距离游客太远，注意人际交往的“界阈”。语音高低根据当时的环境而定，讲解的手势幅度不要过大。

2. 观察游客的反应，适时与游客沟通

景点讲解时，导游不能只顾“背书”，要随时注意游客的反应，如果发现游客对讲解内容无兴趣、不在意时，导游要控制自己的情绪，分析原因，对症下药。游客不听讲解的原因较多，如疲劳、对讲解内容不感兴趣或听不清、忙于自己的事情或在考虑问题等。如果发现游客疲劳，导游要精简讲解内容，给游客留出休息时间；若是游客对导游讲解不感兴趣，要及时调整讲解内容，突出重点，努力讲出新意和特色，激发游客的联想和兴趣；若是游客缺乏交流，导游可调整节奏，留出让游客交流的时间；若游客正在忙于个人事务或考虑自己的问题时，不建议导游打扰游客，如游客需要可适时提供帮助。

3. 受到游客干扰时要冷静

旅游团中个别喜欢在众人面前炫耀学问的游客会打断导游讲解，少数游客对内容持有不同意见和观点时也会打断导游讲解，也存在游客因为知道的内容要比导游讲的多且更丰富而插嘴等情况，遇到游客干扰时，导游应冷静分析原因，可采用“先人后己”的办法，如可先让游客充当一下“讲解员”，等游客讲完后导游再给予补充，当然，要尽量肯定和赞赏游客。如果游客的讲解确实精彩，导游员就要放下架子好好学习；若是游客对导游员所讲内容持有不同意见和观点，导游员在非原则问题上可求同存异，与游客个别地、友好地交流、探讨，取长补短。切记：旅游团队的核心和灵魂是导游员，如果导游失去了应有的作用，那旅游团队也就失去了实际上的意义。导游切忌让游客反客为主，要牢牢把握住整个旅游团队的主动权，让游客临时讲解的目的是缓和尴尬的场面，而不是被个别游客牵着鼻子走，更不能让他来控制整个团队。

4. 导、游、讲结合

旅游是一种综合性审美活动。游客可以通过导游讲解得到从研究资料中见不到的东西，但导游员的讲解不能取代游客的观赏与体验，不是讲得越多越好。景点游览有时要娓娓道来，有时则应让游客有陶醉的时间。景点游览要做到讲景为主、赏景为辅，有导、有游、有讲。

景点讲解要有张有弛、有缓有急、有松有紧、有取有舍，讲解要有节奏；讲解不能应付了事，不能为了赶时间而匆忙讲解，也不能为了打发时间故意拖慢节奏，让游客感到无聊。要做到行路时少讲些、讲快些，观赏时多讲些、讲慢些。至于何处该快，何处该慢，要根据游览景点的具体环境而定。

景点讲解的时间、地点、内容、方式及技巧要有计划、有选择，要根据季节、气候的变化灵活掌握，边看边讲，使游客的印象更为深刻。时机与地点把握得好，能提高游客的观赏意识，增强游兴，获得较好的审美效果。

### （二）实地导游讲解的技巧及方法

每个景区（点）都有自身的特点和重点，有与众不同之处，景区讲解应根据景区（点）的主题及核心内容，结合游客的兴趣动机、游览时的环境等要素，以“正确、简练、清楚、生动、灵活”为原则来讲解。

1. 突出知识性

（1）围绕主题由此及彼。对于景区主题要详细叙述，目的是让游客详细了解景点中的某些专业知识。由此及彼是对涉及主题的内容，特别是专业知识点进行说明举例，使导游讲解由单一的平面画转变为一幅立体的画卷。

（2）专题讲授。专题讲授是指在游客参观游览景点前或游览结束后，导游选择合适的场所，就游客感兴趣的内容为游客做详细、系统的说明介绍，条件允许时还可准备一些声像辅助资料。时间允许的条件下，可在景区景物现场进行专题讲授。

（3）观点阐述。游览中遇到疑难问题或存在多种答案的问题时，导游可以提出自己的见解，进行观点阐述。进行观点阐述的对象通常面对的是专业性旅游团，导游需具备丰富的专业知识，以科学的态度，分析和讲出自己对这些内容和问题的见解，以"我认为……""我的看法是……"等用语去讲解。遇到有多种可能的答案时，导游应该把各种可能的答案都向游客加以介绍，表明自己的观点，也可与游客探讨，不要轻易下结论，这样不仅会引起游客参观学习的浓厚兴趣，同时也会赢得游客对导游员的尊敬和信赖，从而加深游客与导游的感情。

（4）借花献佛。讲解学术性、技术性较强的内容时，导游可借用部分游客的力量辅助讲解。前提是导游需对游客的专业情况和声望有较深入的了解，并事先打好招呼，切忌安排不当，引起其他游客的不满。

2. 体现艺术性

（1）细微描述。运用具体形象和富有文采的语言对景物进行描绘，使细微之处显现于游客眼前。导游要发挥创造能力和丰富的想象力，语言要简洁明了、生动。游览参观景物时，如果没有导游指点和讲解，普通游客很难发现一些细节美及景区背后的故事，以唤起美的感受。例如，游客在昆明大观楼参观时，如果没有导游的指点，很难领略"东镶神骏，西翥灵仪，北走蜿蜒，南翔缟素"的美景。

（2）对比衬托。用游客熟知的、知名度较高的事物、景点来对比讲解现实游览的景点，以突出它的地位和影响，说明其存在的重要性及安排游客参观的必要性。对比衬托需尽可能地熟悉并运用游客所熟知或其家乡的谚语、俗语、俚语、格言等进行介绍，这样既增强了语言的生动性，又活跃了气氛，使游客感到亲切，易于接受。

3. 虚实结合增加趣味性

虚实结合，将典故、传说与景物介绍有机结合，编织故事情节。景点讲解故事化，可产生艺术感染力，使气氛变得轻松愉快。虚实结合的"实"是指景物的实体、实物、史实、艺术价值等，"虚"指的是与景点有关的民间传说、神话故事、趣闻轶事等。"虚"与"实"必须有机结合，以"实"为主，以"虚"为辅，并以"虚"加深"实"的存在。在我国，几乎每一个景点背后都有一个美丽的传说，如杭州西湖有"西湖明珠自天降，龙飞凤舞到钱塘"的传说。导游讲解时，虚实结合运用得好可以增添游客的游兴。虚实结合切忌胡编乱造、无中生有，典故、传说的运用必须以客观存在的事物为依托，以增强可信程度。

4. 幽默讲解

（1）语义交叉。语义交叉就是用巧妙的比喻、比拟等手法使表面意义和其所暗示的带有一定双关性的内在意义构成交叉，使人在领悟真正含义后发出会心的微笑。如"……明天你们就要回家了，在离别之前，我将带各位去上海外滩拍个纪念照，和上海亲吻一下，不知各位意下如何？"用"亲吻"一词将上海人格化，把这种人与人之间的亲密行为用在这里，也就有了几分幽默感。

（2）移花接木。把某种场合中显得十分自然的词语移至另一种迥然不同的场合中，使之与新环境构成超过人们正常设想和合理预想的种种矛盾，从而产生幽默效果。

【案例示范】

有导游员带游客参观四川丰都“鬼城”时这样讲解道：“亡魂进入鬼国幽都必须持有‘护照’，国籍、身份不明的亡魂是不准入境的。不过，‘护照’是阳间的叫法，在阴间则叫‘路引’，以保证在黄泉路上畅通无阻……”这里将“护照”“入境”这些现代名词移植进来，从而增添了讲解的幽默情趣。

（3）正题歪解。正题歪解是以一种轻松、调侃的态度，故意对一个问题进行主观臆断或歪曲的解释。值得注意的是，导游在讲解时，对游客的提问，首先用“歪解”调剂一下气氛是可以的，但不能用它作为正式回答客人提问的方法，不然就易因油滑而显得敷衍，使游客不悦。

【讲解案例】

一批游客在游览云南香格里拉碧塔海时，见到沿途参天大树的树枝上挂有许多绿色的植物，就问导游那是什么。导游员幽默地说道：“树老了，那些是树的胡须。”过一会儿才说：“那些是寄生植物——山上特有的草，也是制作云南白药的原料之一。”

（4）一语双关。利用词语的谐音和多义性条件，有意使话语构成双重意义，使字面含义和实际含义产生不协调效果。双关又分谐音双关和语义双关。谐音双关是利用词语的同音或近音条件构成双重意义，使字面意义和实际意义产生不协调。语义双关是利用词语的多义性（本义和转义），使语句所表达的内容出现两种不同的解释，彼此之间互为双关。

【讲解案例】

一位导游在陪同一批台湾客人去工艺品商店购物的途中，风趣地对客人们说：“那里有许多古代美人的画。如果哪位先生看中了‘西施’‘杨贵妃’或‘林黛玉’，就大胆地说，不要不好意思，她们都会毫不犹豫地‘嫁’给你。不过，已经有夫人的可要谨慎一点儿呀！”“嫁”是语义双关，表面语义是“嫁”，其实质意义是“卖”。导游员故意将双重意义混在一起，使人忍俊不禁。

（5）借题发挥。借题发挥指为了活跃气氛、增加情趣，故意把正经话说成俏皮话。

【服务案例】

一位导游员在提醒即将离境的日本游客勿忘物品时说：“请大家不要忘记所携带的行李物品，如果忘了，我得拎着送到日本去，不需感谢，只要你报销交通费就行了。交通费多贵啊！”客人大笑之余，也会格外注意。

（6）自我解嘲。自我解嘲指在遇到无可奈何的情况时，以乐观的态度进行自我解嘲，使人获得精神上的满足。如当旅行车在一段坑坑洼洼的道路上行驶时，游客中有人抱怨，这时，导游员可以说：“请大家稍微放松一下，我们的汽车正在给大家做身体按摩运动，按摩时间大约为 10 分钟，不另收费。”这定会引得游客哄然大笑。

（7）仿拟套用。仿拟套用指将现成的词语改动个别词或字，制造一种新的词语，以造成不协调的矛盾感。

【服务案例】

一位导游员在接待一批港澳游客时说："前几天，我接待了一批日本客人，他们说我是'民间外交家'，今天，我接待的你们都是中国人，看来我又成了'民间内交家'了。"

（8）颠倒语句。针对游客熟悉的某句格言、口号、定理或概念，用词序颠倒的反常手法创造出耐人寻味的幽默意味。

（9）故意夸饰。故意夸饰指以事实为基础，为了抒发情感，故意言过其实，使人得到鲜明的印象，而又感到真切。

【讲解案例】

一个旅行团即将结束在青岛的旅游时，导游员说："你们即将离开青岛，青岛留给你们一样难忘的东西，它不在你的拎包里和口袋中，而在你们身上。请想一想，它是什么？"导游员停顿了一下后，接着说："它就是你们被青岛的阳光晒黑了的皮肤，你们留下了友情，而把青岛的夏天带走了！"话音刚落，他就赢得了热烈的笑声和掌声。

导游讲解时运用幽默法的禁忌：① 切勿取笑他人，导游员可以主动把自己作为调笑的对象，"最可靠无误的幽默是把笑的目标对准自己"；② 要合时宜，"出门观天色，进门看脸色"，相同内容在不同时间、地点，面对不同的游客时，效果差异是很大的；③ 幽默不要反复，俗话说"话说三遍狗也嫌"，相同的幽默不应重复；④ 自己不可先笑，在运用幽默法时，导游员自己要摆出一副庄重的样子，切忌边讲边笑；⑤ 不可预先交底，有的导游员在讲笑话前喜欢说"现在我给大家讲个笑话，大家听了一定会笑得肚子疼的……"等，有了事先的交底，效果会减半的；⑥ 不要当喜剧演员，导游讲解中的幽默要真实、自然，不耸人听闻，也不哗众取宠，更不能作戏；⑦ 要牢记坚决杜绝"黄色幽默"和"黑色幽默"。

5. 故事吸引

要更吸引人，讲故事不失为一种妙法。导游在进行实地导游讲解时，特别在讲解文物古迹时，可采用说史的形式，使导游内容更为生动和丰富。

### （三）综合环节导游服务与讲解方法

1. 触景生情

触景生情是见物生情、借题发挥的一种导游讲解方法。触景生情法的第一层含义是导游员不能就事论事地介绍景物，而是要借题发挥，利用所见景物使游客产生联想；第二层含义是导游讲解的内容要与所见景物和谐统一，使情景交融。触景生情讲解贵在发挥，导游要自然、正确、切题地发挥，做到见景说景、借景抒情、情景交融、寓理于景、寓教于景、制造联想。

2. 点、线、面结合

所谓点，就是景点；所谓线，就是游览线路；所谓面，就是导游能就某一方面的问题，以党的方针为依据，用自己的语言及游客所能接受的方式进行宣传。由于游客的旅游时间是有限的，而他们希望对旅游目的地有更多的了解。导游在带领游客参观游览过程中，可以借助所参观的点、行进的线，进一步引申讲解游客感兴趣的内容。

### 3. 问答法

讲解中，导游应根据不同的情况，有意识地创造一些情境、提出一些问题，以引起游客的注意。有意识地创造一些情境，激起游客欲知某事怎样的强烈愿望，使游客由被动地听变成主动地问，使被讲解之景物在游客脑海中留下清晰而深刻的印象，同时也可使讲解过程生动活泼，融洽导游和游客的关系。

问答法主要有 4 种形式。

（1）自问自答。导游自己提出问题并适当停顿，让游客猜想，但并不期待他们回答，这样只是为了吸引游客的注意力，促使游客思考，激起游客的兴趣，然后导游才做简洁明了的回答或生动形象的介绍，给游客留下深刻印象。这种方法通常适用于较难的、客人回答不出来的问题。导游使用这种方法是为了吸引游客的注意，接下来要讲解的内容才是比较重要或关键的。

（2）我问客答。我问客答法要求导游员善于提问题，对于导游所提的问题，游客不会一无所知，但会有不同的答案。通常要回答的内容不会很难，只要导游稍加提示，游客就可以回答出来，所以导游要诱导游客回答，但不要强迫其回答，以免尴尬。游客的回答不论对错，导游员都不应打断，要给予鼓励，最后由导游员讲解。

（3）客问我答。导游要鼓励游客提问，当游客提出某一问题时，表示他们对某一景物产生了兴趣。游客提出的问题即使是幼稚的、可笑的，导游也不能笑话他们，更不能显得不耐烦，而是要有选择地将提问和讲解有机地结合起来。注意，这时导游要掌握主动权，不要让游客的提问干扰了自己的讲解，打乱了讲解的安排，不能游客问什么就答什么，一般只回答一些与景点相关的问题。

（4）客问客答。即当游客提出某一问题时，导游不立即做出回答，而是把这个问题转给其他的游客，让其他的游客来回答，这样能调动游客的积极性。导游应鼓励游客参与讨论，活跃气氛，这时导游员充当的是导演的角色。

### 4. 制造悬念法

导游讲解时常提出某些令人感兴趣的话题，但又故意引而不发，激起游客想知道答案的欲望，这种使讲解内容产生悬念的方法即制造悬念法。通常是导游先提出问题但不告知下文或暂不回答，让游客去思考、琢磨、判断，最后导游才讲出答案。制造悬念的方法有很多，如问答法、引而不发法、引人入胜法、分段讲解法等都可以产生制造悬念的效果。但是要注意的一点是，制造悬念法不能运用得过多，否则效果反而不好。

### 5. 引而不发

"引而不发，跃如也"指的是教人射箭的要领。"引"就是指点要领、引入门径，使游客入门，"不发"就是在导游讲解中不全盘托出，不一吐为快地说尽，而是给游客留有思索、回味、体味、欣赏的余地，启发游客，让他们自己寻找答案，自找余兴。导游讲解不应表现为纯粹的单方面灌输知识，而应让游客也参与进来，让游客积极地思考、领悟，这样才能深层次地激发游客探索的兴趣。

### 6. 类比法

类比法以熟喻生，是可达到类比旁通的导游手法。用游客熟悉的事物与眼前的景物相比较，定会使游客感到亲切和便于理解，达到事半功倍的导游效果。

类比法分为以下 4 种。

（1）同类相似类比。将相似的两物进行比较，如将北京的王府井大街比作日本东京的银座、美国纽约的第五大街、法国巴黎的香榭丽舍大街；把上海的城隍庙比作日本东京的浅草；参观苏州时，可将其比作“东方威尼斯”（马可·波罗将苏州称为“东方威尼斯”）；讲到梁山伯与祝英台或《白蛇传》中的许仙和白娘子的故事时，可将其比作中国的罗密欧与朱丽叶。

（2）同类相异类比。对比两种风物在规模、质量、风格、水平、价值等方面的不同，如在规模上可将唐代的长安城与东罗马帝国的首都君士坦丁堡相比，在价值上可将秦始皇皇陵地宫宝藏同古埃及第十八朝法老图坦卡蒙陵墓的宝藏相比；在宫殿建筑和皇家园林风格和艺术上，可将北京的故宫和巴黎附近的凡尔赛宫相比，还可将颐和园与凡尔赛宫花园相比。对于两种景物，如果要比较的是相同之处，则可以选择同类相似类比法；如要比较的是不同之处，则可选择同类相异类比法。这两种方法也可以同时使用，互相并不矛盾。

（3）时代之比。导游讲解时，可进行时代之比。以故宫的建设年代为例，第一种介绍说故宫建成于明永乐十八年，外国游客听了之后根本不知道这究竟是哪一年。第二种介绍说故宫建成于 1420 年，讲解的效果比第一种好一些，这样说起码给了一个通用的时间概念，但仍给人一种历史久远的印象。第三种介绍说在哥伦布发现新大陆前 72 年、莎士比亚诞生前 144 年，中国人就建成了面前的宏伟建筑群，这种说法的讲解效果最佳。第三种介绍不仅便于外国游客记住故宫的修建年代，留下深刻印象，还会使外国游客产生“中国人了不起”“中华文明历史悠久”的感觉。

（4）换算。换算就是将抽象的数字换算成具体的事物，这样方便游客理解。使用类比法，切忌做不相宜的比较，这样会惹游客耻笑。

**【讲解案例】**

导游在介绍故宫的时候如果直接说故宫的房间有九千九百九十九间半，就会因这个数字太过于抽象，令人不太好理解，可以这样来做一个换算：“如果让一个婴儿从出生的第一天开始每天晚上住一间的话，等全部房间都住完的话他已经 27 岁多了。”这样游客就会由衷地发出感叹。

7. 概述与画龙点睛

要对总体情况进行简明扼要的概述性介绍，对独特之处用凝练的、能给游客留下突出印象的语句重点介绍，游客边听导游员讲解边观赏景物，既看到了“林”，又欣赏了“树”。在使用该法时要注意不能为了突出特点而信口开河、胡编乱造、夸大其词，所讲内容要有根据，有权威性。

**【服务案例】**

上海的导游员曾用“大、洋、挤、全”四个字作为点睛之笔；云南的导游员用“美丽、富饶、古老、神奇”来赞美云南风光；对南京则可用“古、大、重、绿”四字来描述其风光特点。

8. 分段讲解与突出重点

分段讲解是将一处大的景点分为前后衔接的若干部分来讲解。在前往景点的途中或在景点入口处的示意图前，导游用概述法介绍景点，如历史变革、占地面积、欣赏价值等，并介绍主要景观的名称，使游客对即将游览的景点有一个初步的印象，达到“见树先见林”的效果，使之有“一睹为快”的要求，到现场后再按次序参观。讲解某一景区时，内容不要过多地涉及下一景区的景物，在快要到达时，适当提示下一个景区，目的是引起游客对下一景区的兴趣，并使导游讲解一环扣一环，环环扣人心弦。

讲解内容不可能面面俱到，导游讲解时应有的放矢，做到轻重搭配、详略得当、重点突出。针对景点，应突出讲解的内容有：有代表性的景物、与众不同之处、“……之最”、游客感兴趣的内容。

**【讲解案例】**

面对某一景点，导游可根据实际情况介绍“这是世界（中国、某省、某市、某地）最大（最长、最古老、最高、最小）的……”。例如，介绍洛阳的白马寺是我国最早的佛教寺院等。有时第二、第三也值得一提，如长江是世界第三大河……但一定要注意划定“之最”的范围，千万不能弄巧成拙。有时范围划定不同，比较的结果也不一样。如云南的抚仙湖是云南省第一大深水湖，也是我国第二大深水湖。

导游讲解的方法及技巧很多，各种方法并不是独立的，而是相互渗透和联系的，既可以独立使用又可以结合在一起使用。导游员在学习众家之长的同时，应结合自己的特点融会贯通，在实践中形成自己的导游风格，这样才能获得不同凡响的导游效果。

**【知识延伸】**

**导游讲解水平、技巧、艺术自测建议①**

1. 声音的可闻度，即导游的声音，无论在车上，或在景区、景点，大家是否都能听见。
2. 语音、语调有无变化，即声音有无节奏感，是否有抑、扬、顿、挫，有无美感。
3. 讲话用词是否准确。
4. 持麦克风的方式是否得当，声音经麦克风传播后是否失真，是否清晰。
5. 出发时是否清点人数，清点方式是否得当；能否将当日要游览的项目和注意事项预告给游客。
6. 导游所提供的材料，特别是数据，是否准确可靠，有无出处。
7. 衣着是否整洁，证件、标志是否展示；能否给游客一种“训练有素”“专业人员”之感。
8. 市容导游选择的讲解点是否得当，选“景”和讲“情”是否有内在联系。
9. 对景点的文化内涵、育人作用，揭示得是否恰到好处。
10. 用语可接受程度。是否用游客经常用的、容易理解的，而又喜闻乐见的语言。
11. 游览车上所讲内容和车外所见景物有无内在的逻辑关系。
12. 导游讲解时，是否一直面对游客，并适度地运用体态语言。
13. 导游讲解时，是否面带笑容、声音悦耳，使游客产生愉快之感。

---

① 王连义. 导游技巧与艺术. 北京：旅游教育出版社，2002.

14. 导游时是否运用导游的语言艺术，游客听后有无美感，语言是否具有生动、形象、富有表现力、口头语言这四大特色。

15. 导游所用知识和信息是否平衡，即旅游团内各成员（涉及各专业）所关心的知识和信息是否都有所提供。

16. 导游能否引起游客兴趣，言谈有无游客可接受的幽默感，讲解时，游客是否都在听。

17. 导游语言艺术是否达到“言之有理”“言之有据”“言之有物”“言之有情”“言之有趣”“言之有神”“言之有礼”和“言之有喻”。

18. 导游词是否有“针对性”，导游艺术和方法能否“运用而又无形”。

19. 外语讲解是否清楚、准确、流畅，“达”“雅”是否有时代感，海外导游内容能否同国内情况对比进行。

20. 每接一团是否发“征求意见表”，游客满意率可否达 90%以上。

这 20 条可分为三部分，前 7 条是讲规范的，着重检查导游的基本水平；中间 6 条是导游技巧；最后 7 条是讲导游艺术全面提高的。

## 本章小结

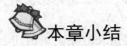

在游客的心目中，导游员是国家的代表、游客的朋友、“万事通”的导游艺术家，导游员应据此进行自我管理，掌握在各工作环节中处理人际关系的技巧，这样才能真正做好导游服务工作，令游客满意。导游讲解方法与技巧的掌握及运用是导游员的必修课。艺术和技巧仅从书本上是不能完全学到的，只有将书本知识和实践结合、和创新相结合，不断学习、磨炼，才能学会、掌握导游技巧和艺术。

## 关键词

服务　艺术　讲解　技巧

## 课堂讨论题

1. 服务艺术的内涵。
2. 途中导游的方法。
3. 讲解方法及技巧的运用。
4. 导游员自我心理调节的意义和途径。

## 复习思考题

1. 分析途中导游的注意事项。
2. 导游该如何给客人留下美好的“第一印象”？
3. 在旅途中运用“聊天”法时有哪几个注意事项？

4. 在导游讲解中，常用的幽默方法有哪些？

5. 什么是突出重点法，如何运用？

6. 导游服务过程中，有时会因意外情况的发生而影响导游的情绪，导游员应该如何进行情绪的调节和控制？

## 实训

1. 模拟训练口头欢迎辞和欢送辞。

2. 指导学生有意识地收集笑话。

# 第四章 “六要素”导游服务及讲解

**引言**

旅游活动主要涉及吃、住、行、游、购、娱六要素。“吃”是游客的重要旅游动机之一，是旅游活动的前提和保障；“住”是旅游活动的保障，没有舒适的住宿条件，旅游活动难以顺利进行；“行”是路径，没有“行”就没有位移，旅游活动的异地性就难以实现；“游”是核心，是游客出行的主要目的；“购”是游中乐趣；“娱”是游中的休闲，娱乐好休息好，才能使旅游更完美、更有生气。导游是整个旅游接待中最积极、最活跃、最典型并起着决定性作用的具有代表性的工作人员，在六大要素中，导游服务是不可或缺的。

**学习目标**

1. 了解六要素在游客旅游活动过程中的地位及服务安排要求。
2. 熟练运用相关知识和资料讲解六要素。
3. 掌握六要素讲解的技巧、途径和方法。

**教学建议**

1. 本章涉及旅游活动的基本要素，在教学中需要与其他相关课程有机结合。
2. 从理论上分析六大要素的地位及作用，引申服务能力分析。
3. 指导学生学习、拓展和积累知识。
4. 用案例及实证分析训练学生的服务及讲解技巧。
5. 设计教学场景，引导学生灵活、有机地选取知识，创作涉及六要素服务的导游词。

## 第一节 “吃”的服务与讲解

我国著名美学家刘纲纪说过：“在人类历史发展的过程中，饮食越来越成为一种文化现象。特别是当它同人与人之间的社会感情交流，同祭祀、庆典、亲友聚会等结合在一起的时候，饮食就更具有超越生理情感的审美意义了。”美食对游客极为重要，吃饱才有足够的体力完成游程，才有愉悦的心情“游山玩水”。旅程中在保证卫生安全的前提下要让游客吃饱、吃好，有条件的还应让游客吃出文化、吃出品位。品尝美食是一项重要的旅游活动，美食不仅是重要的旅游资源，更是旅游目的地重要的文化表现形式。

## 一、“吃”环节的导游服务

### （一）协调与监督保障

游客购买的旅游产品中包括餐饮服务时，由导游根据游客与旅行社之间签订的合同中所规定的内容和标准以及旅游接待计划的要求具体落实相关服务。旅途中导游代表旅行社、游客与餐厅协商、沟通，负责对餐厅的服务，包括用餐环境、饭菜质量、餐标、卫生状况等进行监督，保障游客的权利与利益不受到侵害。

### （二）介绍与讲解

饮食文化的背后都是有故事的，有的还包含一定的哲理，通过导游的讲解介绍，游客能更全面地了解我国博大精深的饮食文化，获得丰富的营养和烹饪知识，激发食欲。通过品尝美食了解旅游目的地，体验与领略旅游的乐趣。若要把吃从生理享受上升到文化体验和精神享受层面，导游介绍和讲解是最主要的渠道。

## 二、服务环节及要求

从人类的需求层次分析，吃贯穿于人类所有的需求层次，“人是铁，饭是钢，一顿不吃饿得慌”，人要生存就必须要“吃”。旅游活动中，让游客在保证安全卫生的前提下吃好，游程才能顺利愉快。游客不仅希望在旅游目的地吃饱、吃好，更希望能吃到当地特色风味与小吃。“吃”在经历千百年的发展后出现了鲜明的地方特色，与当地自然环境、居民有密切的关系。饮食不仅自身成为一种文化，同时它又涉及多种文化及相当广泛的自然及社会科学，饮食文化是地域文化中最容易被游客“发现”并能直接“体验”的一种文化，因此导游一定要做好细心安排。

### （一）餐厅的选择及订餐服务

导游接到接团通知后，要认真阅读接待计划，分析了解旅游者的客源地、民族、宗教信仰、年龄、身体条件等因素，按照旅行社与游客签订的合同或约定的内容和标准，根据旅游产品中的线路及时间安排，配合旅行社计调为旅游者选择最适合的餐厅并提前订餐。订餐时要向餐厅说明相关事项，如旅行社名称、旅游团团号、客源地、用餐的时间、人数、标准、形式及有无饮食禁忌等，提醒餐厅注意将地方风味与游客的饮食习惯有机搭配。游客出门旅游都希望能品尝当地的风味，导游员要不失时机地向游客介绍当地的美食。导游要根据游客的情趣需要，向游客介绍旅游目的地的特色餐食并突出文化内涵。导游员向游客介绍美食时，要注意中国菜中所包含的文化内涵，从色、香、味、形、器、意、名等方面讲解，引导游客正确欣赏和品尝中国美食。如果游客希望品尝风味，导游要提前跟游客交代清楚，并提醒用餐的注意事项，风味虽然有特色，却不一定符合游客的口味。

对于各种当地的特色风味，导游可选择在去餐厅的路上，或在游览中涉及相关饮食问题时，适时地向游客介绍。在餐厅品尝特色风味时，导游一定要讲清吃法和吃的程序，让游客真正体验到特色美食之“美味”，避免出现意外，让游客受到伤害。

### （二）用餐服务

抵达餐厅前，导游要向游客介绍用餐餐厅，提醒相关注意事项，如餐费所包含内容，哪些需要游客现付，等等。如果有特色风味，需要介绍吃法等信息，以免造成不必要的麻烦。

到达餐厅时，导游向引座员通报订餐信息，把主管服务员介绍给领队或全陪，并协助餐厅服务员安排游客入座。其间再次介绍餐厅服务设施，约定出发时间。离开前告知领队自己的用餐地点。

用餐期间，导游应到游客用餐区“巡视”一到两次以观察游客用餐情况，并适时向游客介绍菜品，同时监督餐厅服务及菜肴质量。

游客用餐结束后，导游应及时与餐厅结账，按计划约定的时间带领游客离开餐厅。

### （三）注意事项

（1）建议在旅途中不要过多地改变游客平日的饮食习惯，坚持荤素搭配，提醒游客多喝水、多吃水果。

（2）牢记“安全第一”的服务宗旨，注意饮食卫生。选择旅行社协议餐厅或正规餐厅用餐，避免到非正规餐厅用餐，防止“病从口入”。发现餐厅及厨房存在卫生问题及安全隐患时，要立即向餐厅提出，必要时报告旅行社更换餐厅。

（3）精心选择及安排用餐地点和内容，注意饮食平衡及多样性，以增强游客的食欲，保证饮食就是保证体力。

（4）安排品尝风味食品时，要注意游客的日常饮食习惯和消化能力，提醒餐厅特色配料（如辣椒等）的用量，同时提醒游客不宜过量食用，也不要勉强吃自己不喜欢吃的东西。虽然有人主张“舍命吃名品”，但如果有些食品的原料就是游客一向忌口的，切记不可勉强，记住英国的一句谚语——“你的佳肴，他人的毒药（One man’s meat is another man’s poison）”。各地都有风味小吃，特别是特产瓜果、生猛海鲜等，这些当地人吃得津津有味的东西，游客并不一定能享受，导游应提醒游客特别注意。

### （四）乘机前的饮食安排

人体处在 5 000 米高空中时，会由于高度、气温、气压等因素的改变，消耗较多热量，所以，导游最好安排游客在上飞机前 1～1.5 小时完成用餐。饮食安排忌多纤维和容易产生气体的食物，忌食太油腻和含有大量动物蛋白质的食物，提醒游客不要吃得过饱，注意高热量食物的摄取。

## 三、美食讲解

我国地域广阔，各地地理环境、资源条件（特别是食材）以及历史文化、生活习俗等都存在差异，饮食地域性特征明显，由此形成了不同的菜系。每个菜系的食材原料、烹饪工艺和口味自成体系，同时其内部还存在区域内的地域派别。美食文化是游客了解旅游目的地文化的重要路径，导游讲解中要善于抓住典型特征，将理论分析与实证相结合，适当结合传说故事把饮食文化与地方民俗介绍结合起来，可与客源地进行比较。

不同地区、不同年龄段的游客，口味差别较大，导游在介绍当地特色美食时要有针对性，要兼顾游客的宗教信仰等对饮食的要求。讲解要绘声绘色，让游客有津津有味之感。特别是吃风味餐或出席宴会时，要提前介绍注意事项，讲清“吃”的过程及习俗，引导游客体验美食的综合美。

### （一）综合讲解

我国菜系众多，具体菜式特色各异，但菜肴的审美和体验是有共性的。为使游客获得美的感受，导游员讲解菜肴时，应让游客从听菜名开始，从观色、赏器、看型、闻香，到尝味、品质，最后引导游客获得全方位的综合体验和享受，具体讲解内容如下。

（1）“色”，饱眼福，让游客的眼睛先“吃”。配色协调，如同绿叶附“红花”。中国菜对颜色的选择，主要依靠原料本色，也可利用天然食材染色，导游不仅要从视觉角度介绍，还应介绍其用料及色彩内涵。如讲解什锦拼盘：鲜红的番茄，嫩绿的生菜，乳白的芦笋，配上生脆的黄瓜，撒上一层生洋葱丝，犹如一幅素净的田园风景画，给人以柔和、舒适的雅趣。讲解“鳜鱼戏水”：金黄色的鱼身高高地竖起，上面淋上用虾红、青豆、番茄调制成的沙司，色彩丰富，形象逼真，简直让你不忍动它。

（2）“香”，饱鼻福，让游客的鼻子得到“熏陶”。好看的菜没有香气就不可称为佳肴，香气能最大限度地激发人的食欲。中国菜的香味各异，各种天然食用香料种类繁多，有的不仅是调味品，还具有一定的食疗价值。导游要多学习相关知识，并灵活应用于讲解实践中，引导游客体验并激发游客的食欲。

（3）“味”，饱口福，让游客的嘴得到享受。味与香联系紧密，“五味调和百味香”这句俗语道出了味与香的内在统一关系。中国“五味”与阴阳五行说有哲理上的内在联系。五味指酸、甜、苦、辣、咸，而事实上，在饮食中，单一的味一般是不存在的，绝大部分是复合味，即以某种味的倾向性为主，同时具有各种味感。例如，甜菜以甜为主，往往微带酸味、苦味（以百合、莲子、橘瓣烧成的甜菜即如此）；四川苦瓜以苦为主，苦中带咸；扬州红烧鱼可谓最讲究者，其佐料有二十多种：葱、姜、糖、油、酒、盐、醋、酱等，无所不包，其丰富的口感达到了一般菜难以企及的程度，细细品味，方感奇妙无穷。

（4）“型”，饱眼福，体会寓意。中国菜十分讲究造型，其工艺性表现在刀工和火候的掌握上。如拼盘中的“四拼”“八拼”“孔雀”，热菜中的“龙凤呈祥”“龙虎斗”“金鱼”“彩蝶”，还有萝卜雕花、西瓜盅，以及各种糕点等，都首先给人以栩栩如生的美妙形象。

（5）“质”，饱口福，品尝质感。“饮食之道，所尚在质”是古人对美食的亲身感受，这里所谓的质，即质地，其内涵是以触感，也即口感为对象的松、软、脆、嫩、酥、滑、爽等，还包括营养、卫生质量、烹调技术因素等。

（6）“器”，美食与美器的和谐统一是我国传统烹饪艺术的一个重要组成部分。中国菜不仅讲究菜肴本身的色、香、味，一道可口的菜肴还要能满足人们的整体视觉享受需求。菜肴的“型”必须有相应的“器”搭配才能使其保持完美，器皿对菜肴的色也能起到补充作用，有些器皿对菜肴“味”的形成与保存也起到了关键的作用。餐具是菜点造型的有机组成部分。餐具的使用，不仅要求与菜肴的形式和内容协调一致，还应尽可能地与进食者的审美心理、宴会主题、宴会环境以及服务人员的服饰风格协调。我国常见的菜食器皿有：单色盘、几何形纹盘、象形盘等，美食与美器的搭配有相应的要求：菜肴与器皿在色彩纹饰上要和谐；菜肴与器皿在形态上要和谐；菜肴和器皿在空间上要和谐；菜肴掌故与器皿图案要和谐；一席菜食在器皿上的搭配要和谐。例如，椭圆形盘用以装鱼，盆用以盛汤，粉彩瓷器用以配富丽堂皇的菜点造型，青花瓷器用以配清淡幽雅的菜点造型，云纹配龙形，水纹配鱼形，等等。

（7）"名"，饱耳福，是对菜的深层认知。我国饮食文化中，除讲究菜的用料、刀工、火候等技术外，菜也有名称。这些菜名有的直接讲出了菜肴的味，如"鱼香肉丝"；有的既包含传说，又间接说明了制作方法，如"叫花鸡"；还有的让人琢磨不透，如"佛跳墙"等。导游讲解时应灵活地借用特色鲜明的菜名向游客介绍历史悠久的中国饮食文化。

要品味和欣赏中国菜，必须具备较为全面的文化素养，方能深入地体味其中无穷的意味。导游员要指导旅游者成为美食家，同时也要启发他们成为饮食文化的欣赏者。

### （二）具体菜肴讲解

1. 讲原料

食材是美食的基础，选料是我国厨师的首要技能，是做好菜的第一步。讲解一道菜，首先要介绍原料。我国烹饪原料十分丰富，按作用可分为主料、配料、辅料和调料等。孔子说"食不厌精、脍不厌细"，我国烹饪选料的指导思想是"精""细"二字，要考虑原料的品种、产地、季节和生长期，以鲜嫩、质优为佳，并注意选料的部位。

2. 讲刀工和火候

刀工是制作菜肴的一个重要环节，刀工的好坏直接影响到菜肴的色、型、味。火候最重要，是形成菜肴风味特色的关键之一，掌握火候是厨师的一门绝技。火候掌握得恰当适宜是保证菜肴色、香、味、型、营养等的关键。

3. 讲烹饪方法

烹饪方法是我国烹饪技艺的核心，其实质主要是对热能的运用。火力的大小、强弱、时间的长短及不同的运用方法产生了许多不同的加热效果，从而形成了丰富的烹饪方法，如炸、炒、熘、爆、炖、烹、煸、煮、焖、烤、烧、烩、煎、涮、蒸、煲、煨等，同时也包括用于凉菜制作的卤、腌、拌、炝等。

4. 讲调味、讲营养

调味是烹调的重要技巧，"五味调和百味香"。中国菜的调味手法有基本调味、定型调味和辅助调味三种，不同的菜系有不同的调味体系。中国菜在菜肴的选料和搭配上十分讲究菜肴的营养，讲究通过食疗调理身体。不同的季节和不同身体条件的人食用的菜肴有所不同，即使是同一原料，季节不同、地域不同，烹制的方法也有较大的差异。

### （三）讲美食中的民俗——"风味里面有风情"

俗话说，"民以食为天，食以味为先"，由于各地物产、气候、习俗和传统不同，不同地方的口味有很大的差异，也形成了各自的特色。出门旅游，游客十分关心当地食物的地方风味。所谓风味，就是按照地缘地域或以当地传统工艺及土特产品为原料制作的菜点，形成了独具特色的风味流派。风味来自民间，把当地与风味有关的风俗民情介绍给游客，会使"风味"更有"风味"。

"食风味，识风情"是导游引导游客把单纯的"吃"提高到"文化艺术的欣赏"层次应做的努力。导游介绍风味时，还可借用文学艺术手段，如吟诗、对联，乃至弹唱，将风味餐饮引向更高的水平，把“食美”和“神美”的双重美好印象深深印在旅游者的记忆中。

**（四）宴席服务与讲解**

一场宴会是一曲美妙的乐章。宴席或风味餐在旅游节目表上是个重要的节目，食者是观众，供食者是演员，我国菜点千变万化，因此宴席主题与意境形形色色。上菜程序没有绝对的程式，以下从不固定程式中抽出一般程式，从中窥探我国宴席菜点品尝中的时空节奏和充满韵律的艺术之美。

第一道：品尝冷菜。从口味上讲，冷菜的特点是冷，可供长时间品尝，口味不变；从生理即腹胃承受力上讲，一开始也不宜猛烈刺激。因此，冷菜便于慢慢品尝，相当于音乐戏剧的序曲部分，节奏缓慢。这一阶段，在大型宴会上，可安排宾主致辞；小型便宴，参与者可利用这段时间交流感情。

第二道：品尝热炒。热菜不宜冷吃，品尝速度应加快，上热菜意味着宴席高潮的开始。热菜又分炒菜、烧菜等，炒菜作为热菜中的先锋，口味也由冷菜的以淡为主渐而入浓。

第三道：品尝烧菜。烧菜口味更浓，宴席节奏也应加快，宴席进入小高潮。

第四道：品尝头菜。头菜又称主菜，是宴席中最重要的菜。头菜的品种皆根据宴席主题或宾客需要等具体情况而定，或烧或烩，或蒸或扒，常见的有烧鸭、什锦火锅、海参蹄筋等，头菜上来后，宴会达到最高潮。

第五道：品甜菜、清汤、果点。此时，宴席进入尾声，口味甜淡平和，余味无穷。

如果将这一套程序用音乐来表示，可大致相当于这样的节奏程式：冷菜（序曲）—热菜（渐入高潮）—烧菜（小高潮）—主菜（高潮）—甜菜、清汤、果点（尾声）。在这样的节奏中，配上适当的音乐、礼仪、游戏（如传统宴席中的酒曲、酒令、击鼓传花）等，再加上服务员的服务手法，主旋律之外又有副旋律的和声，就形成了一首优美动听的民族乐章。

## 第二节 “住”的服务与讲解

“住”是睡眠的保障，睡不好觉，休息不好，就不可能“游”好。人类从古至今，对居住的场所都极为重视。饭店对游客来说虽只是暂时的居所，对游客的影响却较大。饭店是旅游业三大组成企业群，是一个国家、地区旅游业发展水平和接待能力的重要标志，现代旅游饭店有自己的“拳头产品”——受游客欢迎的特色服务项目及体现人文关怀的贴心服务。饭店是游客下榻休息睡觉的地方，也是娱乐和社交的重要场所。

### 一、“住”的服务

**（一）选择饭店与预订**

游客在旅游目的地下榻饭店的选择与预订是由旅行社计调部门根据旅游合同规定的等

级及要求，结合旅游线路安排进行选择预订的。普通观光旅游团对下榻饭店的核心需求是卫生、安全、安静、舒适，设备不一定要齐全豪华，但一定要舒适，能让游客睡个好觉。有一部分旅游者会在购买旅游产品时对住宿饭店提出特殊要求，旅行社应根据游客合理而可能的要求为其预订。

预订时要向饭店通报相关信息：旅行社名称、团号、人数及名单、性别、房间的数量、规格、特殊要求（如住单间或套房、自然单间、房间朝向及楼层、房间是否需要提供果盘等）、入住时间、退房时间、早餐安排、导游姓名、结算方式等。

### （二）入住服务

1. 核实并了解下榻饭店

在接到接团任务后，导游应与旅行社计调人员及时联系，了解团队的订房情况，核对接待计划，保证旅行社所预订的饭店能满足游客的要求。掌握团队下榻饭店的基本情况，如周边环境、有无毗邻的公园和商场等；交通条件；房间数目、建筑年代、服务项目及服务设施（如商务中心、外币兑换处、医务室、商店等）；娱乐设施及分布；餐厅的位置及餐食特色。注意客房数量，若出现自然单间要及时与旅行社联系，做好相应的准备，保证游客抵达后有合乎合同标准又能满足游客特殊需要的住房。

2. 入住服务

旅游团抵达饭店后，地方导游员要协助领队（或全陪、游客）办理入住手续，协助分发“店徽”或饭店“名片”，介绍饭店的基本情况、住宿设备及客房提供商品的付费情况等；提醒游客注意阅读客房内的服务指南、安全注意事项、个人贵重物品的保管等。导游要记住领队或全陪、重点游客的房间号，协助酒店安排游客尽快进入房间。

3. 处理纠纷

协助处理游客与饭店之间出现的问题和纠纷，维护游客的合法权益，注意维护旅游业的声誉和利益。

## 二、导游讲解

### （一）介绍饭店

导游向游客介绍下榻饭店时，要根据游客的知识水平和兴趣，根据游客所关心的内容来介绍。导游要收集下榻酒店的相关信息资料，特别是酒店位置、星级标准、酒店文化、特色服务、质量口碑等，并在旅游团入住前向游客讲解介绍。具体讲解内容包括饭店名称及来历、星级与服务、规模与设施、饭店位置、周边交通、商业及娱乐等公共服务设施等。重点突出饭店特色服务，要让游客感到下榻该饭店是旅行社为他们精心准备的，他们所享受的是同级标准中最好的服务，是当地同等档次中最有特色的饭店。

### （二）特色服务介绍

同样的星级饭店在服务过程中都会有自己特色的服务，这也是饭店业在发展竞争中所必需的。通常情况下，旅游饭店的特色主要表现在建筑装饰、周边环境、客房布局与装饰、特色餐饮、服务水平与质量、娱乐项目、企业文化特色等方面，导游应根据游客的具体情况有选择地向游客介绍饭店，让游客全面了解整个饭店，相应地提高游客对整个旅游产品质量的感知程度，进而加深游客对旅游目的地的印象。

### （三）饭店讲解要点提示

（1）老饭店讲解重点建议：历史悠久，牌子响亮，服务规范，是身份的象征。

（2）新建饭店讲解建议：设备齐全，装潢考究，虽不知名但住起来实惠、舒适。

（3）地处闹市区酒店的优势为交通方便，商铺集中，夜生活丰富，自由活动选择多。

（4）位置僻静区酒店的特点是闹中取静，环境幽雅，空气清新，是休闲度假的最好选择。

其他，如早餐品种丰富、有异国情调、有民族风格、依山傍水、风景独特等都可以算是饭店的优越条件。接内宾团时，甚至连电视频道较多都可以作为讲解要点。

导游服务的任务之一是宣传。旅游饭店的建设数量和服务质量是当地旅游业发展的标志之一，导游可通过对下榻饭店的介绍，运用对比、联想等讲解方法介绍当地旅游业的发展，从心理上满足游客对旅游目的地求新、求安全的心理需要，对维护旅游目的地的形象和旅游想象促销起到催化剂的作用。

### （四）注重对饭店人文之美的介绍，使游客获得身心双重享受

我国许多旅游城市和旅游区的饭店都引入了当地民居建筑的风格，在装饰上体现地方特色和民族特色，使饭店本身成为审美对象，满足游客猎奇的心理。建筑是凝固的音乐，不同地方的特色饭店都会在建筑形式、建筑构件、周边环境的响应等方面凸显地方特色。导游要对即将下榻的饭店的建筑格局及符号语言进行充分了解，把建筑语言活化，凸显地方文化特色。

**【讲解示范】**

**抵达饭店前的讲解**

各位游客：

为了让大家在此次旅游活动中愉快舒心，我们旅行社特地为大家安排了我们这里最有特色的、服务最好的一家饭店供各位下榻休息。

我们将要下榻的饭店叫××饭店，各位一定听说过了吧，该饭店是四星级酒店，有着科学的管理、先进的设施和优质的服务，是莅临我们城市的客人的首选饭店。酒店坐落在×××，地处市中心的繁华地带，交通十分便利。酒店内的设施配备齐全，中、西餐厅24小时营业，大堂前厅设有商务中心、外汇兑换处及酒吧。酒店的每个房间都配有自费消费物品，如您在酒店内产生消费后，请在离开酒店前，主动去前台结账，酒店受理运通、长城、银联信用卡，也可通过支付宝和微信付款。

大家进入酒店房间后，请认真检查房间中所提供的必需物品，看是不是齐全，设备是不是处于完好状态，如果有什么问题，请及时与我联络，我就在酒店的大堂等候大家。

好，酒店到了，请大家带上自己的物品，下车后在大堂里稍微等候一下，我和领队先生去办理一下手续……

# 第三节 “行”的服务与讲解

旅游是旅游者离开惯常居住地所产生的各种关系的总和。通过“行”才能完成从居住地到旅游目的地、目的地之间、旅游景点之间的空间位移。“行”很具体，需要借助各种交通工具及其相关设施才能实现。旅游者购买及消费的旅游产品中，交通是重要的要素之一，是旅游活动顺利开展的关键因素。

## 一、“行”与导游服务

与“行”相关的服务是导游服务的重要环节，“安全第一、注意礼让”是最基本的服务准则。根据国际惯例，无论乘坐何种交通工具，导游都要第一个下、最后一个上，这样便于照顾好游客，提供与“行”相关的服务。

### （一）乘飞机的服务

（1）拿到机票（含电子客票）信息后，要认真核对票面信息，如机场名称、游客姓名、身份证件号码、航班号、起飞时间、座位信息等。协助游客选座时，全陪可选择坐在团员中间靠走道的位置，以便在飞机上协助空乘人员照料团员。

（2）按照中国民航及各机场的具体规定，在规定时间内把游客送到机场。

（3）到机场后，地陪导游员要协助全陪或领队办理登机手续，做好提醒工作：提醒游客托运行李的注意事项、提醒游客带好身份证和登机牌、提醒游客过安检时的注意事项等。

（4）为确保全团成员都顺利登机，全陪或领队带领团队乘坐飞机时通常最后登机。登机后要听从并协助空乘人员安排游客放好行李并及时入座，请游客仔细听空乘人员介绍乘机安全知识。游客在飞机上有任何问题，导游都要及时与乘务员联系，并协助处理。

（5）飞机抵达目的地后，通行全陪要提醒游客听从空乘人员安排，携带好随身行李按顺序下飞机；带领游客提取托运行李，如果行李出现损坏现象，要按相关规定和程序处理。尽快与前来迎接的地陪联系，协助地陪导游引导游客上旅游车。

### （二）乘高铁、动车、火车及轮船的服务

1. 乘高铁、动车、火车的服务

高铁、动车、火车都属于轨道交通工具，游客乘坐高铁、动车、火车旅游可以欣赏途中景色。随着我国高铁发展及高铁网络密度的加大，越来越多的游客选择乘坐高铁出游。

（1）导游拿到火车票后，要检查车票，核实游客姓名及身份证件号码、乘车地点、车次及发车时间等；按铁路部门的规定带领游客准时抵达车站，根据车站的提示，带领游客找到候车点，提醒游客准备好身份证或车票，注意听广播和服务员的召唤，及时排队检票乘车。

（2）上车后，导游要协助游客找到座位并妥善安放行李，遇到困难可请乘务员协助；提醒游客遵守国家相关规定，注意安全，如禁止在高铁上抽烟，保管好自己的行李物品，等等。旅行中，导游可抓住机会与游客多交流，建立良好的关系；途经风光秀美的地区时，

适时地指导游客观赏并做简要的介绍；抵达前，导游要注意车上广播，关照大家提前做好下车准备。

（3）列车抵达后要提醒游客携带好行李抓紧时间下车；带领游客按顺序出站，并提前联系前来迎接的地陪导游员，协助地陪带游客上旅游车。

2. 乘轮船的服务

受到自然条件的限制，选择乘轮船旅行的情况较为少见，在我国主要为长江航线和沿海航线。乘船旅行速度慢，导游要安排好包房或铺位，组织好旅行途中的娱乐活动。沿江旅行时注意引导讲解沿途的风光（如长江三峡，乘坐游船本身就是重要的旅游项目），提醒游客避免晕船，注意安全。

### （三）乘坐旅游车的导游服务

在旅游目的地，游客主要是乘坐旅游车前往各个游览参观点，在旅游车上为游客提供服务的主要是地方陪同导游员。

（1）导游应站在靠近车头的车门一侧，迎接和协助游客上车，随时通过“察言观色”了解游客的需求，及时提供服务。

（2）根据旅游团的实际情况，协助领队或全陪安排座位，及时礼貌地清点人数。

（3）向游客问候（若是第一天接到游客，要致欢迎辞；若是入境第一站，要提醒游客调整时差）。

（4）途中导游讲解。

（5）根据需要注意调节游客的情绪，保持游客的最佳状态，提高旅游的兴趣。

（6）注意与司机的合作，协助司机做好安全行车工作。

（7）与全培、领队相互协作，共同做好旅游团的服务工作。

（8）下车前提醒游客相关注意事项。

### （四）乘坐其他特殊交通工具的服务

部分景区（点）为方便游客、减少游客体力消耗会向游客提供景区内特殊的交通工具，有些是旅游项目的组成部分。旅游景区的特殊交通工具主要有：缆车、索道、电瓶车、滑竿及各种畜力交通工具（如马车、牛车等）。

若是接待计划中已有的项目，导游要不折不扣地执行，但一定要提前向游客交代相关的注意事项，切记“安全第一”。若是计划中没有的项目，而游客坚持要乘坐，导游则需要向客人说清楚相关费用问题，对有安全隐患的交通工具要阻止游客乘坐。

## 二、旅途中的导游服务与讲解

导游带领游客搭乘不同交通工具时，讲解形式及内容上也有差异。乘坐飞机、轨道交通（高铁、动车、火车等）、轮船进行长途旅行时，导游服务的主要内容以保障安全及生活服务为主。由于长途旅行的交通时间长、交通工具空间小，导游可择机与游客交谈，发挥“聊天”的“缩距”作用。途中的导游讲解主要在旅游目的地的短途交通工具（即旅游车）上。

### （一）对导游的要求

1. 熟知沿途情况，根据旅行速度及游客需要进行讲解

初次抵达旅游目的地的游客好奇心较强，对任何事物都感兴趣，因此导游员讲解时既要突出重点，也要做到见什么讲什么，哪怕是一花一树、一幢建筑物、一个街心花园、一个自由市场，都应加以简短介绍，但又不能显得过于散乱。

2. 利用网络，用好手机 App

随着网络的普及，特别是 5G 技术的运用，手机的功能越来越强大，成为人们主要的交流工具和获取信息的重要手段，大量与旅游相关的 App 不断向游客推送旅游信息，游客可以通过手机查信息、查攻略，旅游目的地的基本常识也都能查到，对此导游要充分利用互联网完善知识体系，提高储备量，做到及时更新，提高讲解技巧。要充分利用互联网和手机，合理利用微信、QQ 等工具作为讲解的辅助和补充，提高服务质量。

### （二）往返景区途中的服务与讲解

1. 前往景点途中的服务与讲解

（1）迎候游客上车，核实清点人数后向游客问候，预报天气，提醒游客注意事项，如穿戴适宜的衣物、鞋袜，带雨具，多饮水，等等。

（2）重申当日的活动安排，向游客预报将要参观景点的名称、位置，途中所需时间，用餐安排，等等。对当天所要游览景点作概述性讲解，引发游客的游兴，但不需讲解得太深，利用制造悬念法引起兴趣即可。

（3）“新闻联播”，根据游客的实际情况和游览期间的情况灵活选择不同层级的重要新闻向游客做简要介绍。

（4）途中风光讲解。根据旅游车的行进路线、速度，选择车窗外的景物引导游客观赏，根据需要进行延伸讲解，如介绍当地自然地理、风土民情、历史典故等内容，加深游客对旅游目的地的了解，也为景点的参观游览做知识的铺垫。游客在旅游车上时，注意力容易集中，讲解效果较好，这时是进行宣传介绍的最佳机会。导游可灵活运用讲解方法吸引游客的注意力，根据游客的兴趣、爱好、情绪选择讲解内容。

（5）调节氛围，激发游客游兴。游客在车上容易疲劳，导游服务要注意劳逸结合，在讲解中穿插一些有趣的故事和典故，组织游客开展娱乐活动，如教游客讲方言、唱民歌、做游戏、猜谜等，还可以发挥互联网的作用，利用手机开展活动，这样既可避免讲解的单调，激发游兴，还能减少导游员的体力消耗，把精力投入实地游览阶段。

（6）即将抵达景点前，根据前面对景点的讲解，进行呼应；介绍游览景区的重点和要点、游览线路，提醒游客游览注意事项。

2. 返程途中的服务与讲解

（1）回顾当天的活动，回答游客的问题，对景点做相应的补充介绍，运用画龙点睛的方法适时总结，为游客留下深刻印象。

（2）风光导游。

（3）根据沿途的情况和路途的长短，可适当安排游客休息。

（4）宣布次日活动安排。

（5）提醒回饭店后的注意事项。

# 第四节 “游”的服务与讲解

旅游从本质上看是寻求美、探索美、欣赏美、享受美的综合审美过程，是领悟大自然、接受人文信息的过程。“游”是游客外出旅游的最终目的，是旅游活动的核心，是导游讲解服务的核心。游客希望通过“游”获取知识，领略异地他乡风情，感受异域的文化，等等。游客游览景点不仅是“看热闹”，更需要“看门道”。

## 一、“游”的导游服务

### （一）掌握相关知识体系

景区科学成因包括发展沿革、功能特征、审美要素、地位与价值（在国内、省内、市内所处地位，如是否为世界遗产、国家公园、自然保护区、A 级景区或文保级别等。价值包括历史价值、文物价值、旅游价值、欣赏价值、网络价值（打卡景区）等）、景物背后的故事及所承载人文情怀、景物与众不同之处，或具有垄断性质的独到之处，等等。

人文类景区（点）的重点知识有建筑的历史背景，如为何而建，社会经济条件、功能如何，有何用途，等等，环境资源与条件，相关事件及影响，名人轶事，建筑结构、布局有何特点；自然景观的奇趣；等等。导游讲解要能引导游客探索中华古老文化之博大精深，探索自然，寻历史之谜，发思古之幽情。

### （二）把控游览节奏，调节游客的体力

每个人的身体素质和精神状态都不一样，有适应自己的行路经验和方法，每个旅游者身上都有一部“发动机”，导游要及时提醒他们像机车善于控制油门一样来控制自己的能量。旅游对体能有要求，游程中要做到紧张、放松、运动、休息和睡眠相结合，导游要注意调节游客的体能和心理，让游客保持充沛的体力，保证游览活动顺利进行。

（1）合理安排餐食。导游要指导游客合理使用和补充能量，保持心理和精神上的活力。

（2）张弛有度的游览节奏。“走路不看景、看景不走路”，要做到慢步赏境，停步观景。游览占地面积较大的景区时可以放慢脚步，对一些重要景物就需停下脚步，让游客仔细赏析，但停步时间不宜过长，否则就像“发动机”熄火后再发动一样，既困难又会造成较大的内耗。

（3）游览山岳型景区时要留意石阶的高度，徒步登山时，导游可带领游客走“S”路线，把陡坡变成缓坡；下山时应前脚掌先着地，走成横斜步，防止滑跌坠倒。登山或较长途的步行时，导游要指导游客快慢适度，要注意观察游客的情况，及时对行进速度进行调整和控制，将速度稳定在轻松自如的节奏上，保证游客有足够的体力和精力观景审美。

### （三）选择适合的工作位置

导游服务是“面子”工作，需要直接面对游客服务，选择适合的工作位置很重要。

1. 游览行进的服务位置

景区游览地陪导游的工作位置在团队的最前面，引导游览并讲解；如果有全陪，全陪的服务位置应在队伍的末尾，方便照顾游客，防止游客走失；入境旅游团领队可居于团队中部，“承前启后”地照顾游客。

地陪导游要熟悉景区各景物的观赏方位和角度，讲解时选择好服务站位（说话时面对所有游客、为游客指示景物时不遮挡游客的视线）。有些景物观看的角度不用，景观形态也会有差异，导游引导游客游览要选择最佳的观景位置。

2. 参观、会见、座谈时的服务位置

旅游团在旅游目的地期间会参加一些参观、会见、座谈活动。通常情况下，在参加这些活动时，主人是接待参观单位出面接待的负责人，客人是旅游者。导游要明确自己的角色，根据活动的要求明确自己的作用及地位，不能喧宾夺主；掌握必备的知识，协调主客间的关系，促进交流。

### （四）给游客留出摄影时间

游客出门旅游时都希望拍照留念，把喜欢的景观保存到自己的“相册”中。导游带游客游览景区（点）时，要做到引导审美与讲解的有机结合，让游客获得知识与娱乐的享受，还要留出足够时间让游客拍照，以摄影家的眼光指导游客拍照留念，还要提醒游客，不能因拍照而影响了正常的游览活动。对个别的摄影爱好者，导游一定要多加注意，避免他们长时间逗留而影响整个旅游团队的行程。导游应适当掌握一些摄影常识，必要时充当摄影师的角色，为游客拍照留念。

### （五）引导游客正确观景审美

游客总希望在短短的旅游期间获得最多的收获，希望借助导游的知识和经验得到所期望的审美目的，导游讲解应尽可能地满足不同层次需求的游客的审美追求。

1. 有针对性地传递审美信息

信息是现代最时髦的术语之一。作为旅游审美对象的自然景观与人文景观，也可以被视为一种信息、一种具有实际观赏效果的审美信息。导游要学会用服务对象的眼光去看待景观，也要教会游客用“主人”的审美观去看待事物。

在旅游审美活动中，由于个人在文化修养、审美能力以及经验阅历等方面的差异，游客想要获得高层次的审美感受，就需要借助导游传递的信息来充分理解、感悟景物的奥妙和精髓。作为旅游审美信息的传递者，导游必须知道景物的美之所在，要善于通过讲解向游客正确传递审美信息，帮助他们获得更多审美享受。

由于地理环境、历史文化、社会意识形态及游客年龄、受教育程度等方面的差异，来自不同地区游客的审美观有相同的部分，也存在一些差异。研究证实，人的审美情趣和审美素养是可以改变的，它随着人的年龄、受教育程度、见识及生活环境等因素的变化而产生变化。导游要深入学习、研究客源地的文化及人们审美感知的共性特征，更要熟知旅游目的地的审美文化，对二者进行对比分析研究，把学习研究的结果用于导游服务实践，指导现场讲解，传递有针对性的旅游审美信息，提高讲解质量和效果。

### 2. 激发游客的想象思维

想象思维是审美感受的枢纽，旅游审美包含着想象过程，如山水等自然景物原本是无意义的物质的组合，却因为人的想象而变得有意义、有美感。没有人类想象的参与，山、水、草木都会失去文化和旅游价值。

导游讲解中可通过以下几个路径来激发游客的想象思维。

1）了解游客的想象形式

有了想象的参与，旅游就不再是浮光掠影、走马观花。通过想象，游客能够深刻理解游览的意义和内容。

想象是认知过程中的高级阶段，是指人类运用大脑中已有的表象形成或创造新事物新形象的过程。游客是带着想象游览的，其想象形式主要有相似想象（即由事物之间在属性上的相似点而产生的想象，它分为外部特征相似想象和内在性质相似想象，如“磨盘山”“乌龟石”等属于前者，而看到竹子产生高风亮节的想象、看到长城联想到豪杰好汉等属于后者）和对比想象（形状上或性质上相对的事物放到一起对比也会引起人们的审美想象，如高与低、大与小、动与静、刚与柔、繁与简、阴与阳、美与丑的对比，我国古典园林艺术、桂林山水等的美都与山水相济的对比有关），因此导游应了解旅游审美想象的过程及形式。

2）掌握激发游客审美想象的方法

（1）利用原型激发想象。如三峡边的“神女峰”、黄山的“猴子观海”、“迎客松”等都是利用原型开展联想的结果。

（2）增加想象内容。历史史实、野史传奇或神话故事等都会激发人们的想象，如陕西武则天无字碑、云南石林阿诗玛等景点借助历史传说吸引了众多游人。

（3）增加神秘性内容。地球上还有许多未解之谜，如古代文明金字塔、玛雅古文化、原始地带等都因其神秘性而激发了旅游者丰富的想象。

（4）满足游客的多样性需要。旅游者产生旅游动机时就会产生旅游想象，每位游客抵达目的地前对即将游览的地方都会有预想。导游服务特别是导游讲解，就是帮助游客体验想象的过程，其间既要满足游客的想象，又要超越其预想，如果在正能量方面超越想象，游客对旅游目的地的满意度将会大大提高，甚至成为旅居常客。

### 3. 调节游客情绪

对景观的评价与观赏者的情绪有直接关系。旅游期间，游客处于既兴奋又紧张的状态，紧张感容易使人疲劳、影响游兴，兴奋感能激发游客探求、寻觅美的欲望。调节游客的情绪，保持、提高他们的游兴是导游的任务。提高服务质量需要掌握调节游客情绪的方法。

1）善于观察游客情绪

游客的积极情绪是导游服务成功的标志之一。导游要善于从言谈、举止、表情的变化中了解和观察游客的情绪变化。面对面的服务让人感到亲切，也有助于及时观察和发现游客的情绪变化。如果导游观察到游客有焦急、不安、烦躁、不满等情绪时，要及时找出原因，采取措施来消除或调整其情绪。常见措施包括调整讲解内容、改变讲解方式等。

2）消除消极情绪

要消除游客的消极情绪，首先要了解消极情绪产生的原因，分析是主观原因还是客观原因，对产生消极情绪的相关因素了解得越详细、越透彻，就越容易解决问题。综合分析游客产生消极情绪的原因，总结消除游客消极情绪的方法包括以下 3 种。

（1）补偿法。从物质上或精神上给予补偿，可消除或弱化游客因未达到预想期望而产生的消极情绪。物质补偿法包括：物质补偿住宿、饮食、游览项目等方面，若不符合协议书上注明的标准，导游应给予补偿，而且替代物一般应高于原标准；精神补偿，如果因某种原因无法满足游客的合理要求，导致他们不满时，导游应诚恳地道歉，以求得游客的谅解，从而消除游客的消极情绪。在无可奈何的情况下，可让游客将不满情绪发泄出来之后，再设法向游客解释。

（2）转移注意力。有意识地去调节游客的注意力，促使他们的注意力从一个对象转移到另一个对象。但某一事物或现象导致旅游团出现消极情绪时，导游应立即调整内容和方发，如设法用新的、有趣的活动，新的事物或者幽默、风趣的语言，诱人的故事去吸引游客，转移他们的注意力，让他们忘掉或暂时忘掉不愉快的事，恢复愉快的心情。

（3）口头分析法。对游客讲清楚造成其消极情绪的事物原委，实事求是地分析事物的两面性及得失关系。这种方法有时能消除游客的不满情绪，但如果导游的表达方法和语气不当，也会带来不利后果。因此，采用口头分析法往往是不得已之举，不能滥用。

4. 激发游客的游兴

兴趣具有能动的特点，会发生转移和变化，也会消失。人们对某种事物的兴趣会受某些内外因素影响而转移到另一种事物上，兴趣程度可增可减，会产生也会消失。导游在讲解过程中要随时注意并解决以下三个问题。

（1）如何使游客从无兴趣、兴趣低转变为兴趣高，尽可能增加游客的兴趣强度？

（2）如何保持游客游兴的稳定和持久，并不断产生新的游兴？

（3）如何防止游客的游兴突然消失？

5. 掌握观景审美方法

导游员既要根据游客的审美情趣和时空条件做生动精彩的导游讲解，还要帮助游客用正确的方式方法去欣赏美景。

1）动静结合

任何风景都不是单一、孤立和不变的，景观是活泼、生动、多变、连续的整体。随着观赏者的移动，空间形象美会逐渐展现在眼前。游客漫步于景物之中，步移景换，获得空间进程的流动美。在特定空间，利用停留并通过联想来欣赏美、体验美，这是静态观赏，这种观赏形式需要一定的时间，但感受较为深刻，能获得特殊享受。例如，浙江海宁县观看钱塘江大潮、泰山观日出等，静态观赏会让人遐想，令人陶醉。

何时动态观赏，何时静态观赏，应视具体情况而定，导游要根据不同的景观和不同的时空条件，灵活运用动静结合的观景方法，使游客最大限度地获得美的享受。

2）选择最适宜的观赏距离和角度

自然美景千姿百态、变幻无穷，奇景往往需要在特定的距离和角度才能看到，初来的游客不经指点难以领略。要想带游客体验奥妙无穷的景观，导游必须全面掌握所游览景区中各类景观景物的奇妙所在，引导游客在最佳距离、最佳角度，以最佳方法观赏体验。例如，观赏昆明睡美人山，若在民族村、海埂观赏，睡美人山高大雄伟，但美人特征不明显；若从龙门村逐级攀登，抬头仰望，只见山之险峻而不见“美人”；到滇池东岸，看到的才是仰卧于滇池之滨的睡美人。

3）把握观赏时机

风景会随季节、时间和气象而变化，大自然中的色彩、线条、形象、声音等随着光照、时令、气候的变化以不同的方式呈现。例如，佛光、海市蜃楼等，可供观赏的时间只有几分钟，稍有疏忽就可能错失良机，让人后悔莫及。因此，导游想要带游客赏奇景必须把握好最佳时机。

4）调节观赏节奏

观赏节奏需根据观赏内容、游客构成（如年龄、体质、审美情趣、当时的情绪和体力等）以及时空条件来确定并随机调整。旅游审美的目标是悦耳悦目、悦心悦意，如果游览活动的时间安排得太紧，速度太快，会导致游客疲劳而影响审美效果，严重的还会损害游客的健康，影响旅游活动的顺利进行。因此，导游安排旅游活动时要注意调节观赏节奏，做到劳逸结合、有张有弛、缓急相宜。

### （六）游客提出增加新项目时的服务

对于已确定行程的旅游团队，导游员不得擅自更改行程和改变既定游览项目。即使是由领队代表旅游团提出增加游览项目，导游也必须向旅行社汇报，同时通知组团旅行社，经领导同意后方可增加。

现代旅游者在旅游中都希望能有更多的自主选择权，有些游客抵达旅游目的地前，往往只有一个意向性的游览意见，在抵达目的地后的自由活动时间，他们会向导游提出增加有意义的项目和景点的要求，并请导游推荐。遇到这样的情况，导游必须向全体团员说明，获得游客同意、经领队或全陪同意后向旅行社报告。

向游客推荐景点和项目时要注意的问题包括：不健康的项目不推荐；不能影响特别是不能减少合同上的参观游览景点、项目和时间；如实介绍项目或景点的情况；注意劳逸结合；注意景点的安全性，有安全隐患的项目坚决不能推荐；不能夸大事实欺骗游客，更不能给游客设陷阱，要推荐真正有价值的项目；要征得所有游客的同意；要把费用情况如实告诉游客；不得强迫游客参加；不能借推荐新项目而谋取私利；对于新增加的项目，导游员同样必须提供优质的服务。

## 二、“游”的讲解艺术

### （一）突出景区（点）包含的文化内涵

在我国，无论是自然景观还是人文景观，都包含着博大精深的文化内涵。古人把自己的思想、感情、观念等融入名山大川，把古代发明成果及不同时期的文化精髓用建筑形式承载下来，通过节日庆典再现传承的古老文明……人们游览景点时通常用自己的眼睛去看、去发现，用身心去体验，但要想真正领略其中的奥秘，最有效的途径就是聆听导游员生动的现场讲解。

### （二）发挥景观资源的育人作用

“子曰：仁者乐山、智者乐水”，我国历史上许多政治家、思想家、诗人、作家、艺术家等都曾以山水为师，这充分体现了我国山水的育人作用，许多景点都被列为“青少年爱国主义教育基地”。导游讲解时要充分挖掘景区（点）的育人内涵，在向游客提供“游”的导游服务时，要充分发挥景点的育人功能，对游客进行爱国主义、国际主义教育。

### （三）展示中华文化，传递我国正能量

一直以来，我国几千年来形成的哲学观、价值观都在通过众多有形或无形的文化旅游资源展示给世人。蕴藏在景物中博大精深的中华文化以史书、诗词歌赋等文字形式留传下来并通过建筑、文物等直观地向世人传递着古老的信息。观赏古建筑或古文物常常会给游客带来某种启示，以我国古建筑为例，它所传递的信息是取之不尽、用之不竭的。导游讲解服务既要讲直观的景物及可视信息，更要通过学习深挖景物背后深厚的文化信息，向游客展示深厚的中华文化，传递我国正能量。

### （四）讲解途径

（1）通过诠释景名导出景点、景物的特色与内涵。
（2）从不同的角度介绍景点之胜。
（3）从艺术的规律讲解景点、景物之妙。
（4）借用文学素材讲解景点、景物之神。
（5）借用历史（含史实、典故、人物、事件等）讲解景点、景物之意。

# 第五节 “购”的服务与讲解

## 一、“购”与旅游

“购”是一种消费方式，是旅游活动六要素之一。游客每到一地，在参观游览景点、品尝特色风味外，还希望购买一点儿当地的特色商品，或自已用、或留作纪念、或回家后馈赠亲友。游客的购物行为只是一项附带活动，也有少数游客是以购物为主要旅游动机，此类游客多见于出境旅游者中。

购物是旅游过程的延伸，它对丰富旅游内容、提高旅游目的地形象、增加旅游目的地旅游收入、扩大社会效益都有积极的作用。一些旅游业发达的国家，如新加坡、法国等，其旅游收入中近 1/3 来自游客购物消费。旅游商品的设计、生产可提高旅游目的地的资源综合利用，促进文化创意产业的发展，推动区域产业结构的调整。重视游客购物开发和市场的开拓，对于促进国内、国际旅游的发展，加速旅游目的地地区的经济发展都有重要意义。

## 二、“购”与导游服务要求

### （一）遵循服务原则，正确引导游客购物

导游员在工作中要正确处理好参观游览活动与购物之间的关系，不能因购物而影响游客的正常游览活动，要遵守《旅游法》规定，严格执行旅游合同及旅游行程计划，坚决杜

绝强迫游客购物行为的发生。导游服务中可根据游客需要适时地介绍当地的特产风物。如果游客主动要求购物，导游可为游客介绍，但必须让游客购物后称心满意。

### （二）当顾问，不当推销员

游客对异国他乡的土特产（包括农特产品、特色食品等）、民间手工艺品（特别是非遗产品）、特色文创产品以及当地一些品牌商品都会有认知甚至产生购买的兴趣，而旅游目的地的这些产品和商品也是地方文化的载体之一，具有传播文化的功能，游客购买土特产及非遗工艺品也能促进当地文创产业的发展。

游客通过不同途径得知旅游目的地有某些领域的特产及特色产品，但限于专业与时间等因素，掌握的信息是有限的，当他们想购买时就希望有“当地人”给予参考意见，导游在游客眼中就是这个“当地人”。当好旅游者的购物顾问，也是导游的职责。我们强调“当顾问，不当推销员”，就是要求导游要客观介绍地方产品，对游客感兴趣而又有疑问的地方要讲清楚，突出纪念性、艺术性、实用性，不参与游客的购买行为。

导游不得为推销商品而讲解。讲解当地特产时要凸显文化内涵、育人作用、信息含量、美妙程度等内容，要能引人联想，发挥旅游纪念品作为旅游目的地“代言”的作用。不仅要介绍特色和优点，还应讲清商品的缺陷，为游客自主决策提供充分的信息。若遇海外游客提出要购买古玩或仿古艺术品时，导游要提醒游客到正规的文物商店购买，同时携带文物古玩出境，需向中国海关递交中国文物管理部门的鉴定证明，否则不允许携带出境，游客购物后务必保存好发票，不要将物品上的火漆印去掉（如果有的话），以便海关检查。

**【资料链接】**

#### 文物与文物保护

文物是对社会历史发展进程中遗留于社会上或埋藏于地下的、由人类创造或与人类活动有关的一切有价值的物质遗存的总称。由于它是人类历史的物质遗存，所以它是历史的残迹，不能再生。“文物”一词在我国古代文献中早已出现，但它作为历史文化遗存的专称统一使用并载于法典还是在中华人民共和国成立后的事情。

《中华人民共和国文物保护法》规定，在中华人民共和国境内，下列具有历史、艺术、科学价值的文物受国家保护。

（1）具有历史、艺术、科学价值的古文化遗址、古墓葬、古建筑、石窟寺和石刻、壁画。

（2）与重大历史事件、革命运动或者著名人物有关的以及具有重要纪念意义、教育意义或者史料价值的近代现代重要史迹、实物、代表性建筑。

（3）历史上各时代珍贵的艺术品、工艺美术品。

（4）历史上各时代重要的文献资料以及具有历史、艺术、科学价值的手稿和图书资料等。

（5）反映历史上各时代、各民族社会制度、社会生产、社会生活的代表性实物。

此外，具有科学价值的古脊椎动物化石和古人类化石也同文物一样受国家保护。

为研究和保存的方便，文物工作者对品类庞杂、内容广泛的文物资源进行分类，常用的分类方法有：时代分类法、存在形态分类法、质地分类法、使用功能分类法、属性分类法、来源分类法和价值分类法等。

### （三）当顾问，也当监督员

随着旅游业的发展，旅游市场不断扩大，旅游商品市场也日益活跃，但也存在价格混乱及伪劣商品鱼目混珠等弊病和现象，在少数旅游区，以高物价和以假乱真的商品来欺骗旅游者的现象时有发生。导游与售卖伪劣高价商品的商家同流合污坑蒙旅游者是违规、违法的行为，必须坚决杜绝。导游要当好购物监督员，避免游客上当受骗，建议游客无论买什么东西，都要“主意自己拿”，购买自己喜欢的物品，不要“从众”；买东西一定要商家开“发票”或“购物凭证”；贵重物品要有“保单”。

## 三、导游讲解

我国地大物博，物产丰富，各地有不同的特产风物。作为一个历史悠久、民族众多的国家，在漫长的历史长河中，我们的祖先创造了悠久的历史与文化，也创造了极具民族和地方文化特色的风物特产。导游介绍风物特产时，首先要了解游客的旅游动机和购物需求，同时全面了解旅游目的地的名、优品牌商品，查看相关资料，多向专家请教。

（1）产品名称、产地、特征及生产要求，若是知名品牌，还应了解品牌内涵及生产企业的基本情况。

（2）文化承载与传说故事。我国各地的传统特色物产几乎都有其历史传承，附载有传说故事，承载着不同地方、不同时期人们的生活印迹和地方文化特色，典型的有陶瓷制品、丝绸刺绣、茶叶等。

（3）特色商品的生产流程、工艺特色。如我国传统的风筝、工夫茶、普洱茶、火腿、点心等都有独特的原料、生产、流程。

（4）特色文创产品的设计理念、文化传承与内涵、工艺流程等。

（5）掌握区别商品品质的方法，了解商品的保存方法和技巧。

**【知识链接】**

**中国传统旅游商品类型及分布**

1. 工艺品类

典型的有扇子、景泰蓝、陶器、瓷器、玉雕、石雕、民间工艺品（剪纸、泥人、风筝等）、文房四宝（湖笔、徽墨、宣纸、端砚）等。

2. 主要旅游城市的工艺纪念品

北京：翡翠、景泰蓝、字画、古董、皮革、金石印章等；

上海：丝织品、茶具、珠宝、刺绣、地毯、中药等；

天津：地毯、泥塑、木雕、风筝等；

苏州：双面刺绣、檀香扇、真迹拓本、金银制品等；

杭州：檀香扇、木制品、龙井茶等；

南京：云锦、茶具、雨花石、南京板鸭等；

无锡：丝绸、紫砂陶、泥塑等；

扬州：漆器、首饰、剪纸等；
广州：端溪砚、墨砚、中药等；
长沙：瓷器、菊花石雕、刺绣等；
桂林：水墨画、竹和柳枝制品等；
昆明：铜（斑铜制品）、翡翠、刺绣、围棋等；
成都：银制品、陶器、刺绣等；
西安：碑林拓本、拓摹本，挂画等；
兰州：夜光杯、骆驼毛织制品等；
洛阳：仿唐三彩、宫灯等；
青岛：啤酒、贝壳制品等；
长春：玉石雕刻、羽毛画等。

**【知识链接】**

## 我国传统土特商品

1. 茶叶

我国茶文化内涵深厚，导游员要不断积累知识，多看资料、向专家请教、自己多尝试。就知识掌握要求来分析，导游员应掌握以下几方面的知识：第一，茶叶的种植与栽培。我国许多风光秀美的地区都盛产好茶，如杭州的西湖龙井、太湖的碧螺春、黄山毛峰、君山银针、武夷岩茶等。导游员要注意把茶与当地风光有机结合。第二，茶叶的分类及制作工艺。不同的茶叶品种不同，制作工艺也不相同，根据制作手艺的不同及商业习惯，我们把茶叶分为绿茶、红茶、白茶、乌龙茶、紧压茶和花茶等。第三，茶叶的发酵与品质、营养成分、功效等。根据游客家乡的环境对茶叶功效进行对比，同时分析不同地区人们的饮食习惯，向游客讲解茶叶常识。重点分析清楚绿茶、普洱茶、红茶、工夫茶等的区别与功效。第四，掌握我国名茶的名称、制作程序、口味特点等。我国名茶包括西湖龙井、太湖碧螺春、黄山毛峰、乌龙茶、铁观音、祁门红茶、普洱茶等。第五，茶与茶具（与我国陶瓷制品相结合）。第六，掌握不同茶叶的冲泡程序和方法，并与我国文化内涵相结合——茶艺、茶道。第七，掌握品茶的要素，即看、闻、品、回味。第八，《茶经》与陆羽。第九，各地饮茶习俗（特别是民族地区的饮茶习俗）及习俗与地方文化的关系。例如，云南白族的三道茶、佤族的烤茶、藏族的酥油茶等。第十，茶叶质量鉴别与茶叶购买常识。第十一，茶的趣事传闻。如茶叶的起源、茶马古道、茶与经济贸易、茶与生活、茶与禅、茶与名人、茶诗、茶歌等。

2. 酒

酒是我国传统的旅游商品，许多游客会喝酒，但对我国的酒及酒文化了解得并不多。导游员应掌握我国酒文化、我国名酒分类、酒的酿造、我国与西方酒文化差异、品酒方法、名酒鉴别等方面的知识。表 4-1 为我国名酒中主要的香型及代表名酒。

3. 丝绸织绣

丝绸是我国古代劳动人民的伟大创造，是中华民族贡献给人类的宝贵礼物。自古代就有皇帝的妃子嫘祖教民养蚕、缫丝、织绸、制衣的传说，甲骨文中也有桑、蚕、丝、帛等文字。汉代通过著名的丝绸之路将丝绸传入了中亚、西亚，再转运到欧洲、非洲。我国丝绸曾使外国的贵族们为之称奇和倾倒，它在我国人民和世界各国人民之间铺设了友谊的桥梁。蚕丝纤细、光洁、柔软，耐热耐磨，耐酸耐碱，绝缘排湿，富有弹性，是最优越的纺织原料之一，被称为“纤维皇后”。蚕丝织成绸缎后美丽多彩，从古到今都是高贵的织物。我国著名的丝绸、织品包括：三大名锦——云锦（产于南京）、宋锦（产于苏州）、蜀锦（产于四川成都）；四大名绣——苏绣、湘绣、蜀绣、粤绣；杭州的织锦、苏州的塔夫绸、潮汕抽纱、胶东花边、常熟捏绣、萧山花边等；织锦——壮锦、傣锦、苗锦、黎锦、侗锦、瑶锦、土家锦等；其他织品——蜡染、扎染等。

表 4-1　我国名酒中主要的香型及代表名酒

| 香　型 | 特　点 | 代表名酒 |
| --- | --- | --- |
| 酱香型 | 酱香突出、幽雅细致、酒体醇厚、回味悠长 | 贵州茅台、四川古蔺郎酒等 |
| 浓香型 | 窖香浓郁、绵柔甘洌、香味协调、尾净余长 | 泸州老窖特曲、五粮液、古井贡酒、全兴大曲、剑南春、洋河大曲等 |
| 清香型 | 清香纯正、口味协调、微甜绵长、余味爽净 | 陕西汾酒等 |
| 米香型 | 蜜香清雅醇和、入口柔绵、落口爽洌、回味怡畅 | 桂林三花酒 |
| 其他香型 | 同时兼有两种或两种以上香型或其他香型 | 遵义董酒、陕西西凤酒 |

导游对于类似非物质文化遗产的传统工艺的讲解，要突出工艺名称、用料要求、历史发展、现实意义、文化价值、实用价值、艺术价值、操作工艺、制作程序、特色与地位、优点与不足、保存价值等。

## 第六节　“娱”的服务与讲解

游客通过参与娱乐活动及相关项目不仅能获得新的体验、了解更多的异域文化，更重要的是通过娱乐和休闲可以真正地放松自己。娱乐活动可分为欣赏型和参与型两大类。导游应根据旅游活动计划及游客需求安排好游客在旅游目的地的娱乐活动。

### 一、娱乐活动与导游服务

1. 娱乐活动要与游览相结合，晚间活动要有“度”

“娱”的实质是休闲，是一种积极的休息。游客参观游览时会有一些计划内或计划外的娱乐活动，如日间在景区的一些参与性娱乐和晚间观看演出等。无论是计划内还是计划外，导游都要以保证游客的安全和健康为前提来安排，娱乐项目要以轻松愉快为主，时间不应太长或太晚。

2. 根据游客需要，娱乐活动要突出地方文化特色，杜绝不健康的娱乐活动

导游应根据游客的特点、文化水准、游览动机安排娱乐项目，娱乐活动要能凸显地方特色，寓教于乐，突出趣味性和参与性，形式多样化，避免重复安排娱乐项目；要突出地方特色、民族特色，使娱乐项目真正起到“娱”的作用，把娱乐项目作为游览活动的延伸

和补充。例如，在云南旅游，白天参观景点的过程中，导游结合景点介绍到了民族歌舞和婚庆娱乐的知识，游客并没有获得感性认识。而晚间通过观看民族歌舞表演或安排“特色讲座”，既可以丰富游客的晚间活动，又体现了文化性，让游客能具体感受到云南民族文化的博大精深，真正认识到云南作为歌舞之乡的地位。

## 二、“娱”的讲解服务

### （一）欣赏性娱乐活动

1. 组织安排

欣赏性娱乐活动主要以观赏表演为主，如地方戏曲（我国各地都有知名的地方戏剧，如京戏、黄梅戏、沪剧、越剧、川剧、豫剧、滇剧等）、大型历史歌舞、民族歌舞、民间娱乐表演（如武术、杂技、洞经音乐等）以及大型创意演出（如印象系列和千古情系列演出）等。导游要根据计划安排活动，坚守岗位，引导游客观看演出，熟悉演出场地，保证游客安全。

2. 导游服务与讲解要求

计划内的文娱活动导游可按计划安排执行。若是计划外的，导游应在不影响正常旅游接待计划的前提下，根据合理而可能的原则提供服务。游客观看演出活动时，导游要提前为游客购票并与司机约好出发、停车地点和返回时间；全陪、地陪和领队应相互配合避免游客走失；提醒游客集合的时间地点，交代游客如何避免走失。

演出过程中不便于临场过多讲解，导游可事先对有本地特色的表演和剧目的内容、特色进行概括讲解，提醒游客看节目的注意事项及路径。游客看完节目后，导游在回程途中总结讲解，回答游客的相关问题。导游讲解要简明扼要，通俗易懂；突出要点，语言规范、形象；声情并茂，模拟“表演”；要不断积累，体现导游员“杂家”与“专家”的特点。如果看地方戏剧，导游要全面了解演出的剧目、剧种特点、历史背景、人物刻画、场景布局、服装道具、角色内涵、舞台文化、民俗风情、表演技巧、观看细节、故事情节等；对于歌舞表演，导游要了解其历史进程、歌舞内涵、服装变化、动作要领、文化展示、歌舞来源、表达含义、表演程序、观赏途径、细节要点、舞台道具、肢体语言等。

### （二）参与型娱乐活动的服务与讲解

1. 休闲娱乐活动

休闲娱乐活动的形式多且内容丰富，在民族地区更为常见，如民族节庆、民族体育项目、骑马、垂钓等。导游要全面了解游客所参与项目的注意事项，保障游客的安全；了解项目的发展历史和特点，进行进程安排；掌握活动的技巧及项目与当地民族、民俗的关系；等等。导游要向游客讲清注意事项，提醒游客尊重民族习俗。

2. 自娱活动

游客外出常会与熟知的朋友组成团队，其中有同学、朋友、同事、亲友等，或由于旅游的缘分，来自各地的人们在旅游目的地相会成为“旅友”进而成为好朋友。在旅游期间，他们会通过自娱自乐的方式加深情感、增进友谊，使旅行更愉快。常见的游客自娱方式主要有聚餐和玩游戏等。

在不影响正常旅游行程、不违背法律和相关规定的前提下，导游应尽可能地协助游客安排相关事宜，在实际工作和导游讲解中注意自己的身份，为大家服务，不卑不亢、有礼有节、把握分寸。

3. 特殊项目

随着旅游的发展，各地都在开发特色旅游项目，包括一些奇特刺激的项目，部分游客会对此类项目有参与欲望，会要求参与一些能挑战自我的特色项目，对此导游要特别谨慎，一些奇特刺激的项目需要有特殊的装备和技术、技巧，不是普通导游和普通游客所能具备的。对存在安全隐患的项目，导游一定要说明情况予以拒绝。

## 本章小结

吃、住、行、游、购、娱是旅游活动的基本要素，是导游服务的基本内容。导游提高服务艺术应当从这六要素入手，做好针对六大要素的服务和讲解，才能真正令游客满意。

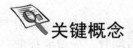

## 关键概念

吃　住　行　游　购　娱

## 课堂讨论题

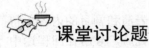

1. 讨论“吃、住、行、游、购、娱”六要素的服务技巧。
2. 结合当地特色饮食做一次美食讲解。
3. 讨论景区游览导游的程序与注意事项。
4. 是否该向游客提供购物服务？讨论购物服务的要求与特点。

## 复习思考题

1. 如何灵活运用“吃”的讲解艺术和技巧？
2. 导游员在旅途中为游客安排餐饮时应注意哪些问题？
3. 讲解介绍饭店的主要内容有哪些？
4. 如何引导游客正确地观景审美？
5. 导游员在提供“游”的服务时，在实地讲解中应注意的主要问题有哪些？
6. 欣赏型娱乐项目对导游的要求是什么？

## 实训

1. 请其他专业同学配合安排一次导游餐饮服务与讲解。

2. 在当地选择几家酒店，同学分小组分别进行调查和总结；回到学校后，进行模拟入住酒店及酒店讲解实训。

3. 安排一次从迎接、致欢迎辞、途中导游到入住酒店的模拟讲解教学活动。

4. 组织学生观看一次当地具有代表性的文艺演出，总结分析，撰写特色导游词并进行模拟讲解。

# 下篇　典型景观与特色旅游产品导游

# 第五章 景观与景观赏析

**引言**

参观游览是旅游者的核心动机，也是导游服务，特别是导游讲解服务的核心内容。游客离开自己的惯常环境去到旅游目的地的主要目的就是参观游览景区、景点，到景观优美的地方休闲度假。游客希望在旅游休闲中获得美的享受、获取知识、体验特色文化、参与特殊的活动项目，最终满足“新”“奇”“知”“乐”“自我实现”的需求，因此，导游服务讲解要有针对性、有内涵，要相对全面。

**学习目标**

1. 熟悉旅游景观的基本含义和组合特点。
2. 了解自然和人文景观的审美要素和构景特点。
3. 掌握自然和人文景观讲解的基本要求。

**教学建议**

1. 本章内容以理论分析为主，建议教师以课堂讲授为主，目的是提高学生的理论分析能力和总结能力。
2. 本章是一个承前启后的章节，在授课中要同时注意知识的互通和组合。
3. 分析景观美学特征应准备相关的图像资料，尽可能运用演示法和启发思维法。

## 第一节 景观概述

### 一、景观的含义及组合

景观是游客观赏审美的主要对象。带领游客观赏美景，结合景物为游客讲解，向游客传播科学知识，帮助游客体验文化精髓，指导游客参与娱乐与休闲是导游员的核心任务。“景观”一词在英文中最初是指留下了人类文明足迹的地区；17 世纪时，“景观”一词作为绘画术语从荷兰语中再次引入英语，意为描绘内陆自然风光的绘画；18 世纪，景观同园艺结合，有了人文和设计的语意，具有了自然和人文双重内涵；19 世纪，地理学家洪堡将“景观”引入地理学，并将其定义为一个地域的总体特征，“景观”一词被赋予特殊的学术性含义。因此，现代景观概念主要从地理学的视角来解释，即景观是指地球表面各种地理现象的综合体。地理现象主要分为两个大类，即自然现象和人文现象，因此人们常把景观分为自然景观和人文景观。

借鉴地理学关于景观的概念，旅游景观可概括为包括自然、人文在内的吸引物和现象

的有规律组合形成的地域体。如果从感应认知旅游行为的角度出发，旅游景观的核心内容是旅游者通过视觉、听觉、嗅觉等感官对特定的旅游时间、空间内具有旅游意义的自然、人文复合物象和现象的感知景象。从旅游学术研究的视角，可把旅游景观定义为存在于旅游景区内的自然和人文多种因素有规律地组合起来的有形或无形的地域综合体，可分为自然和人文景观两个大类，但这两类景观常交融在一起。

游客要实现旅游的动机，需要通过高质量的导游讲解来辅助。导游要掌握景观的基础理论，奠定坚实的基础，才能做好景观的引导审美和导游讲解服务工作。

### （一）自然景观

1. 基本概念

自然景观是由自然地理要素（包括土壤、植被、地貌、气候等）为主体构景要素，在特定区域内表现出来的时空美感组合体。正如美国地理学家马特勒所说，“影响旅游活动场所的一切因素中，最重要的是自然因素。”自然景观被称为旅游的第一景观。

各种自然要素的巧妙组合构成了千变万化的环境和景观，游客们称其为自然风景，这种“风景”具有美学和科学价值，具有旅游吸引功能和游览观赏价值。旅游中，游客通过视觉、听觉、嗅觉、味觉、触觉、联想、理念的感知和综合分析，产生美感并获得精神和物质上的享受。自然景观有地层景观、地质构造景观、山石景观、水体景观、生物景观、天象景观、气象景观等多种组合形式。

2. 主要特性

（1）稳定性。自然景观的形成过程历时长、规模大，景观要素相互间的关系和功能抗干扰性强，所受干扰未超出“自然自愈”限度时，各要素可以自动恢复到原来的状态，但其稳定也是有限度的，特别是小尺度空间的自然景观的抗干扰能力相对较弱，对自然景观的利用必须在一定的限度之内。

（2）天赋性。从发生学的角度，自然景观是大自然长期发展变化的产物，是大自然鬼斧神工雕造而成，具有天然赋存的特点，即天赋性。自然景观是旅游的第一环境。

（3）区域性。自然景观是在自然地理环境中经过大自然“艺术设计”表现出来的特定空间环境，与周围地理环境联系密切，特定区域的自然景观是各自然构景要素的外在表现。如：山脉集聚区域有广泛的地层景观、山岳景观；平原区则有较多的草原景观；等等。我国自然风景“南秀北雄”的特征就反映出了南北自然景观的差异。

（4）组合性。自然景观的时空布局是天然的有机组合，如不同的山水景观与动植物景观、气象气候景观的有机组合，形成了风格迥异的旅游景区。各类自然景观相辅相成、互为依托，使旅游景区具有特殊的旅游吸引力。如安徽黄山的云海、奇石、怪松的组合；河南云台山的瀑布、山势、植被的组合；云南大理 “风、花、雪、月”的组合；等等。

（5）多样性。自然景观的类型复杂多样，如风景名山、急流险滩、高峰绝壁、高原湖泊等，这种复杂多样性是由构成自然景观的地理要素的多样性决定的。构成自然景观的基础要素包括高原、山地、丘陵、平原、水域、岩石、地层剖面、地质构造、峡谷、洞穴等，其中水景的表象包括河流、湖泊、冰川、泉水、瀑布、水潭、溪流、海洋八种。各种要素组合与排列的差异，形成了复杂多样的自然景观。

（6）科学性。自然景观各个要素复杂多样的因果关系和相互联系反映在自然景观的各个方面，其中有相应的自然规律，景观的成因、特点和分布都体现着科学性。

（7）体现综合美。自然景观具有自然属性的特征美。自然景观中，单一的自然景物因构景因素单调，体现的美相对单调。但绝大部分自然景观由多种构景因素组成并与周围环境相协调，体现出内涵叠加的综合美。

3. 组合形式

由于地理环境及地质历史时期地壳运动的差异，常见的地层景观、地质构造景观、地貌景观、山石景观、水体景观、生物景观、天象景观、气象景观等类型的组合形式又有不同的景观表现形式，承载了不同时期的地质历史事件。例如，地质地貌景观以褶皱、断裂、火山地热、山地形式表现在游客面前，水体景观主要由江河、湖泊、瀑布、涌泉、冰川等构成，这些景观向游客提供了观赏、审美品评的对象。

### （二）人文景观

1. 基本概念

人文景观也称文化景观，是居住于地球表面的某种文化集团为满足其需要，利用自然界所提供的材料，在自然景观的基础上，叠加上自己所创造的文化产品形成的。人文景观是人类生产、生活等活动所留下的具有观赏价值的艺术成就和文化结晶，是人类对社会发展过程所创造的文化产品的美感展现，是一定的地理条件和社会环境中人类经济、军事和政治等各项文化活动的积淀与遗存，是人类的遗迹、痕迹、遗址，以及现代人们活动依然使用和创造的各种衣食住行场所和环境，既包括有形的事物，同时也包括无形的精神。

人文景观有历史遗迹景观、宗教景观、园林景观、建筑景观、社会风情以及现代产业等类型，在内容、形式、结构、格调等方面体现着历史内涵，又具有地域性、民族性和时代性特征，显示出思想性、艺术性、活跃性，是具有生命力的景观。与自然景观一样，人文景观可供人们游览、观赏、猎奇，更可以作为考古、教学和科学研究的对象。一个国家或地区的历史发展、物质文明、精神文明以及文化艺术内容等都可以构成人文景观，因此，人文景观同样具有多种组合形式。

2. 景观特性

（1）历史性与垄断性。人文景观多是对人类社会发展历史时期的生活事项和行为特征的体现，其内容、形式、结构、格调、布局和风格皆带有深厚的历史烙印，如万里长城、丝绸之路、大运河等。人文景观的历史性成为现代旅游者了解历史和民族文化的一个窗口，对游客具有极强的吸引力。

人文景观是在特定的地理环境和历史时期形成的。就其自身文化和观赏价值来看，由于地域不同、民族不同、传统文化不同，各国、各地区的人文景观都具有自身的独特性，即具有垄断性。例如，中国的长城、兵马俑、故宫，埃及的金字塔，等等。

（2）地域性与民族性。俗话说，“一方水土养一方人”，由于地理维度、距海远近及海拔高度等多方面因素的影响，生活在不同地理环境条件下的人们为适应环境，形成了具有地方特色的生产、生活习惯，同时创造了地域性文化。各地物化和非物化的人文景观都打上了地域烙印，以饮食为例，四川人喜麻辣，浙江人爱清淡，广州人好甜。

各民族在长期的生产生活中创造了具有民族特色的民居、服饰、礼仪、歌舞、生产工具、聚落等，各地传统人文景观都体现出民族特色，如蒙古族蒙古包、藏族碉楼、傣族竹楼、哈尼族蘑菇房、彝族火把节、白族三道茶等都体现了世居民族的文化。

（3）科学性与发展性。人类在适应与改造自然的进程中不断探索、创新，创造了适应不同地理环境的生产、生活方式，在不断探索和适应中摸索出了其中的规律，所创造的区域文化及人文景观同样体现了人地和谐的科学性，如北方民居因干旱、风沙、强日照的影响，多坐北朝南，而南方由于气候湿润的影响，多建“干栏式”房屋等，体现了人与环境协调发展的科学性。就细节来看，人文景观的科学性还表现在工程和造型的合理性与艺术性的有机结合上，如宫殿建筑群的主从、高低、造型、色彩等的和谐。

（4）继承性与流变性。文化是一种历史现象，每个社会都有与它相适应的文化，并随生产发展而变化。物质生产的连续性是文化历史连续的基础，特色文化的发展又是一个变化的过程，文化发展中创造的人文景观同样在不断发展变化，而且各种文化也在相互融合、交叉中发展。如今人们看到的人文景观均体现了各地文化发展的脉络。

3. 组合形式

在人类历史发展的长河中，人们在不同的地理环境、不同的历史发展阶段均创造了特色各异的文化及外显景观。人文景观的形成脱离不了当地的地理环境，它是经过岁月积淀和实践积累逐渐形成的。在生产、生活实践中，人们积极主动地适应、利用、改造自然，其间创造了类型丰富的文化及人文景观，有形的如建筑、城市、村寨、园林、陵墓、遗址等，还有非物质文化景观，如山水文学、艺术作品、民风民俗、民间传说、戏曲、社会风情、服饰饮食等。无论是有形的景观还是附载于有形景物上的、无形的人文精神，都对游客具有极强的吸引力。

## 二、景观构景

### （一）自然景观

1. 地质、地貌成景

地球上千姿百态的景观形态都是地球内外营力共同作用的结果。内动力和外动力在不同地质历史时期的相互作用，造就了千奇百怪的地表景观。地球内动力包括地球内能积累与释放引起的地壳构造运动和岩浆活动等。地球内动力不仅促成了地表基本起伏，而且还决定着外动力的作用性质与程度，对自然旅游景观的形成具有一定的控制作用。不同的内动力作用可以形成不同类型的景观，如火山作用形成火山地貌和地热景观；构造运动形成若干断陷湖泊、断块山、峡谷等自然景观；地层作用形成的岩石及地层中的化石等。外动力作用是在太阳能和重力的影响下产生的冰川、流水、海浪和风等动力作用。外动力主要起到削凸填凹、塑造各种中小型地貌形态的作用。地球的内动力作用与外动力作用贯穿始终，但其作用强度因地质、地理条件的不同而有差异。当山地处于从弱到强的上升阶段时，虽然伴以从弱到强的外动力剥蚀作用，但外动力不足以抵消内动力的上升，致使山地高度增大，岩石被裸露，发育成各种构造地貌，如高山、断层、峡谷等；当山地上升减弱或趋于稳定时，外动力转而占有相对优势，山地被剥蚀而降低，发育成各种外动力地貌。

地表地貌按其形态可分为山地、丘陵、高原、平原、盆地等；按成因可分为构造地貌和外动力地貌，其中构造地貌有大地构造地貌和地质构造地貌之分，外动力地貌有重力地貌、流水地貌、岩溶地貌、风沙地貌、黄土地貌、冰川地貌和海岸地貌等。

2. 气象、气候成景

气象是指包围地球的大气层经常产生的各种物理现象和物理过程。由于地球表面各处受太阳辐射不尽相同，从而造成大气温度、密度和压力的差异，并由此产生上升下降的对流和大气环流，形成各种不同的物理状态和现象，即各种气象特征。气候是地球表面的某一个区域内多年气象变化规律的综合，是自然地理系统的重要组成部分，由大气温度、大气湿度、风速等要素共同体现。气候的形成与大气运动过程、动力过程以及下垫面因素密切相关，不同的气候特征可以表现出不同的体感效应，如舒适凉爽的春秋季、炎热的夏季、寒冷的冬季。人们经常可以感受到的气象现象有云、雨、风、霜、雪、露、雷鸣、闪电、冷、热、干、湿、虹、霓等，另有一些罕见的、稀奇的气象现象，如极光、佛光、蜃景等，每一种气象现象都有其特殊的形成过程。

3. 生物成景

生物是自然界最具活力的因素之一，包括动物、植物、微生物。无论是植物、动物，还是微生物，都经历了难以计数的地内与地外灾变事件的洗礼而得到发展和进化，直至形成今天这个多姿多彩的生物圈。

在各类生物中，最能吸引游客、给人印象深刻的是植物，它既有美化环境、装饰山水、分隔空间、塑造意境的群体造景功能，又有以古、稀、奇、秀、色、相等个性特点吸引游人的独特功能。动物造景比植物更灵活，种类也更多、更复杂，有生活习性、形体特征、兽声鸟语、色彩神态、珍稀物种、营养理疗等多种造景因素。习性与形体主要是指动物的生活习性和体态特征，每一种动物都有自己特有的生活习性和生存环境。

4. 水成景

地球上的水有液态、固态和气态三种存在状态，这里所说的水主要指液态水。水具有极强的地貌塑造作用，水易形成观赏型景观且能突出体现水的美学价值，水体景观的美学特征具体体现在形态、声响、色彩、影像四个方面。受环境影响，液态水以面状和线状景观呈现，面状表现为海洋、湖泊，线状表现为江河、溪涧，还有瀑布、泉水等。在不同的动力和重力作用下，不同的水体可形成不同的声响美。液态水是无色透明的液体，但各种色彩可以通过水的反射、折射或吸收作用产生特殊效应，同时水也可以因融入、混入某些色素物质而显现出五彩色调，进而构成水体的色彩美。大海由于海水吸收光谱的作用而成为蓝色，在蓝天的映衬下则反映为湛蓝。世界上有很多海、湖、河的名称来历与其颜色有很大关系，如我国的黄海、黄河因黄土泥沙使其混浊呈现出黄色而得名；中东地区的红海，乃是因大量藻类死亡后海水变成红褐色而命名；多瑙河与波罗的海的蓝色与水草效应有关；黑海则因水中缺乏氧气淤积了大量黄铁矿微粒的泥质沉淀物而呈黑色。当无色透明的水体与环绕水体的景物相近或相邻时，在水面上便会映射出景物的倒影或影像，使水体呈现影像美，如青山绿水、小桥流水、水中望月、水中倒影等，都是水体所呈现的影像美的体现。

### （二）人文景观

1. 历史遗迹成景

历史遗迹是人类文明活动的遗存，反映了不同历史时期的文化和事件，历史意义深远，旅游价值极高，是人们凭吊古人及了解历史文化的媒介，典型的如古人类遗址、陵墓、古城等。

2. 建筑成景

建筑是文化景观中最具有说服力和代表性的因素之一。世界各地的人们都在生产和生活活动中创造了具有地域和民族特色的建筑，形成了独有的建筑文化。传统建筑是历史文化的重要载体，典型的如古代宫殿、大型工程、传统民居、园林等。

3. 宗教文化成景

宗教是人类社会发展到一定阶段的一种意识形态，是人类历史长期普遍存在的社会现象。宗教文化内容丰富，形成了很多著名的宗教文化景观，其中最具代表性的是宗教建筑。世界各国各地区的宗教建筑都保存得较为完整，并体现了不同时代建筑艺术的高峰水平，宗教艺术成就及宗教活动对游客都有较强的吸引力。

4. 文化艺术成景

文化艺术是人类文明的重要组成部分，包括音乐、诗词、小说、散文、游记、神话传说、戏剧、舞蹈、绘画、书法、雕塑、碑记、楹联、工艺品、电影、电视等。

文化艺术将各类景观的特色加以描绘、点化，给游客留下深刻的印象，让游客未见真实面目，早已神往。文学艺术的渲染能够大大提高旅游目的地的知名度，增加旅游地的感知环境。文化艺术本身就是旅游资源，它与其他资源景观相互交融，能激发游客的美感，有较强的感染力。

5. 社会风尚成景

各民族都有独特的风俗习惯，这些习俗构成了社会风尚。社会风尚是一个地区或民族在特定的自然和社会环境下，在生产、生活和社会中所表现出的风俗习惯，它以民俗风情为主体，反映了社会风貌、社会教育，能使游客获得与众不同的感受，满足其猎奇心理。其景观构成主要有民风民俗、餐饮美食及民间工艺景观等。

6. 人造景观

随着现代旅游业的发展，游客对景观的需求也在不断地产生新变化。在科学技术高度发展的今天，人们可以通过不同的手段和方法，创造性地建设一些具有特殊吸引力的景观，代表性的有典型建筑、主题公园及娱乐场所、农业旅游地和工业旅游地等。

# 第二节　景观赏析与导游服务

## 一、景观类型

### （一）自然景观类型

1. 根据人类活动影响划分

（1）纯自然景观。纯自然景观指未经过人类较大的干预，仍以自然生态为基本特征，分布于人口密度相对较低的地区的景观。这些景观多深藏于崇山峻岭之中，交通不便，历史上人为干扰较少，原始风貌保持得较完整，如珠穆朗玛雪山景观、东北的林海雪原、西双版纳的热带雨林、西藏的雅鲁藏布江大峡谷等，这些都属于较为典型的纯自然景观。

（2）人文点缀自然景观。人文点缀自然景观指受到人类活动影响，但仍基本保持自然生态环境的景观。这里所指的人文点缀是指根据自然景物的特点，适度合理布局一些人工构筑物，如与环境相和谐的建筑等。这样的人工点缀没有破坏自然美，还能使自然美的个性更加突出。如列入《世界遗产名录》的黄山、峨眉山、泰山、武夷山、庐山、青城山等都属于人文点缀自然景观。

2. 根据构景要素及景观特征划分

（1）地质地貌景观。地质地貌景观包括一些特殊的地貌类型和地质景观，如山地、高原、平原、丘陵、特殊地貌等。地质地貌景观是其他类型景观的本底，有较高的构景及观赏价值。

（2）水体景观。水体景观主要包括地球表面的各种液态及固态水体景观。液态水体景观包括江河、湖泊、流泉、飞瀑和海洋；固态水体景观主要指冰川和大陆冰盖及其造成的其他景观。

（3）生物景观。生物包括动物和植物，是大自然中最活跃的要素，生物的状态很多，有的自成景观，有的成为其他景物中重要的添景、构景要素。

（4）气候和气象景观。气候往往作为区域景观的背景景观而存在，而气象景观则直接作为游客观赏的对象，同时短暂的天气变化对游人的出行也有较大影响。

（5）宇宙天体类景观。宇宙中的天体，如太阳、月亮等与地球息息相关，它们不仅成为地球上诸多景观形成的诱因，其本身也可成为人类观赏的对象。从古至今，关于天体的传说故事不胜枚举，它们与地球文明和人类文化有着不解之缘。

### （二）人文景观的类型

1. 从资源本底划分

（1）历史类。主要包括古人类遗址、古建筑、古代伟大工程、古城镇、石窟岩画等。

（2）民族民俗类。主要包括民族风情、民族建筑、社会风尚、传统节庆、起居服饰、特种工艺品等。

（3）宗教类。主要包括各类宗教圣地、宗教建筑、宗教文化现象等。

（4）园林类。主要包括各式庭园，典型的如苏州园林等。

（5）文化娱乐类。主要包括动物园、植物园、游乐场所、狩猎场所、文化体育设施等。

（6）购物类。主要包括大型购物场所，特别是有纪念意义的商业设施等。

2. 从观赏游览角度划分

从观赏游览角度，人文景观可划分为民族民俗、传统建筑与古典园林、历史古迹、宗教文化与艺术、节庆展演及美食购物等类型。

## 二、景观赏析

### （一）自然景观

1. 赏析要素

（1）自然美。能给人以感官上的愉悦、心理上的惬意的任何景观的具体形式都属于形式美的范畴，自然景观的自然美包括视觉美、听觉美、嗅觉美、味觉美等。自然景观的高低、宽窄、形状、线条、色彩等，能令人产生视觉美；风声、雨声、涛声、瀑布声、流泉声、鸟鸣声等大自然发出的各种自然声响令人产生听觉美；植物花卉散发出的各种气味令人产生嗅觉美；植物果实或某些山林特产可使人体验味觉美。

（2）文化美。人类活动离不开自然环境，因此自然景观还体现出天人合一的文化美。许多自然山岳如九华山、张家界、黄山、华山等，无论是山名，还是山中奇峰怪石的命名，如神女峰、老人山、姐妹峰、望夫岩，都包含着历史掌故、传说等，无不蕴含着人类的文化意识和审美情感。景观的文化包含着一定的社会生活，不仅在形式上给人以美的愉悦，而且在内容上给人以智慧的启迪。

（3）寓意象征美。自然景观人文美可以通过某些物体形象和意境表现出的象征意义来体现。象征是一种寓意或隐喻，如莲花象征高洁，竹子象征刚直、虚心，苍松象征刚强、长寿……这是人文美的最高层次。人类审美活动需要在认识和掌握自然景观美的基础上，遵循“形式美—文化美—象征美”的思路进行审美活动。

2. 景观赏析

欣赏自然景观是一个渐进的过程。自然景观的外在美对于普通游客来说基本可以通过视觉感受到，但游客自身条件的差异，使他们对景观的深层次了解及文化内涵的延伸程度有所不同，这点可从中国古代人们对山的审视及感悟中得到证实。古人好山，但对山的感受不同。孔子登山发出“仁者乐山，智者乐水”的感叹，孔子之山是陶冶万物的仁者之山；庄周之山是渊默沉浅的善性之山；曹操之山是闪烁着精神光辉的山；陶渊明之山是归隐之山；王维笔下的山是空灵之山……

人们参与旅游活动时不仅希望通过游览积极休息、陶冶情操获得精神的享受和身体的恢复，更希望在旅途中获得知识。自然景观所包含的科学知识极为丰富，游客通过自己的眼睛不容易看明白这些知识，如山岳的成因、河流的源头及水量、植物的种属与特色、气候与气象的变化及影响因素等，要了解这些需要导游讲解的帮助。

### （二）人文景观

1. 美的表现

（1）协调美。人文景观的美不是孤立的、单纯的，它与其他景观的有机配合、与自身的各种景观形式的合理协调，构成了丰富多彩的表现形态，形成了与众不同的艺术魅力。

（2）统一美。人文景观是由各式各样的单体组成的一个整体，人们在观景审美的过程中，可以以单体作为审美对象，赏析单体的特色及文化内涵，而单体组成一个整体后，就成了整体景观不可分割的一部分。人文景观的形式与内容是统一的。大部分人文景观都有其实用功能，其形式美的基础上包含着意蕴美和象征美，其形式和内容是高度统一的。

（3）艺术美。人文景观的艺术美主要表现在造型美、装饰美、表现美等方面。在对人文景观进行审美的过程中，要注意各类艺术美的表现形式和内在含义及象征意义。

（4）智慧美。人文景观无一不凝结着劳动人民的聪明智慧，体现着人类在生产、生活和艺术实践中的无穷创造力。人文景观智慧美主要体现在适应环境、突出个性、追求美化和攀比心理等方面。

2. 人文景观的赏析

人文景观是千百年来劳动人民智慧的结晶，因此在人文景观的赏析过程中，除了对其显性的形象直接赏析外，更多地要对其中的文化内涵、历史价值等隐性因素进行准确而深刻的揭示。

## 三、景观审美的导游服务

### （一）基本要求

1. 熟悉程序

（1）正确选景，根据旅行社与游客签订的合同，结合游客的爱好、季节、时间等因素选择游览审美对象。

（2）提升导游技巧，选好适合的位置（角度、距离等）引导游客观景审美。

（3）把握时间，调整游客情绪，运用适宜的语言讲解美景。

（4）把握好游览审美的节奏，做到看、讲、停、引的结合，要给游客留出拍照和“消化”景观知识的时间。

（5）在适宜的场合，把握心理学要领，引领游客忆景，做到游览审美的升华。

2. 精练内容与方式

基本要求：内容新鲜、思想深刻、语言流畅、生动幽默。

（1）向游客传达有效信息。讲解内容要以景观本底为基础，坚持科学性与趣味性结合，弘扬正能量，同时要做到令游客乐于接受。根据游客时间及需求，结合整体旅游路线构成、当天游览活动的程序及游客现场情绪表现等选择讲解内容和方法，目的是让游客愿意接受导游讲解，满足游客的需求。

（2）内容和方式协调。导游为游客解说景观，要做到“杂”与“专”结合。即使导游具备了丰富的知识，甚至达到了“专家”水平，也需运用技巧。仅以“上课”的方式向游客灌输大量知识信息，游客是接受不了的，这样的讲解是失败的；即使导游有极佳的口才，但所讲内容肤浅单薄、陈旧、没有新鲜感，游客也不能接受，这样的导游讲解同样是失败的；成功的导游讲解需要将丰富的知识与有效的表达方式有机结合。

3. 善于发现、捕捉、抓准游客兴趣点

导游服务最基本的要求是符合国家法律、法规，遵守相关职业道德和行为规范。导游在讲解景观时不仅要突出景观的重点，还要发现、捕捉、抓准游客的兴趣点，对讲解内容进行取舍。贴近游客兴趣爱好的导游讲解才是最有可能受到游客欢迎的讲解，也是受游客认可的高质量的导游讲解服务。

### （二）自然景观导游

1. 基本要求和讲解要领

（1）熟悉景物与游览线路。以自然景观为主的旅游景区一般面积相对较大，为了不破坏景观，景区游览线路设计建设相对偏僻。导游必须熟悉并掌握最佳游览线路，避免走回头路，更不能带游客走进“死胡同”。

（2）掌握科学知识。系统全面地掌握与自然景观相关的科学常识，如地质地貌学、水文学、植物动物学、气象气候学、生态学、天文学等知识。

（3）掌握关联的文学知识。我国古代大量的文学作品都与山水有关。要提升自然景观区游览的品位，导游应提高自己的文学修养，适时地在讲解中引入著名的山水诗、词、文，让游客真正体验到我国山水文化的精髓。

（4）熟悉景物的延伸故事。“山不在高，有仙则名；水不在深，有龙则灵”，在我国，自然山水与人们的生活密不可分，山水承载着人们的想象和期望，因此产生了大量的传说和故事。

（5）掌握观景方法。游览过程中，导游要根据不同景观的特点，掌握好观景的距离、角度、时间，处理好“导”与“游”的关系，做到静态观赏与动态观赏结合，引导游客游览。

（6）灵活运用导游方法。导游讲解方法的应用贵在灵活，针对不同的景物、不同的游客要使用不同的导游方法，要做到因时、因地、因人而异。

2. 景观讲解要求

（1）形象讲解与审美引导结合，科学知识的传播与传统文化结合，突出个性，体现哲学思想，注意景观的变化与人文延伸的力量。

（2）全面调动自己和游客的各种感觉器官，发挥语言魅力，启发游客产生联想，让游客获得精神享受。

（3）通过对自然景观天然赋存特点的介绍，提醒人们注意保护生态环境和自然景观。

（4）注意景观的地域对比，突出科学性和知识性，通过准确生动的语言吸引游客的注意力。

（5）用画家和文学家的眼光去审视自然景观，分清层次，引导游客“审读”和“享受”自然景观之美。

### （三）人文景观导游

1. 基本要求

（1）讲解中突出时代特征。人文景观是人类在改造、利用、适应自然的过程中创造出来的，具有鲜明的时代性。

（2）关注“人与自然”。保留至今的人文景观是人类创造的精品，是人与自然和谐发展的结晶。导游讲解要以“古”论今，紧扣人与自然和谐的主题。

（3）突出文化内涵。人文景观包含着博大精深的文化内涵，导游讲解时应把景观背后的故事传达给游客。

2. 讲解技巧

（1）强化基础知识，注重讲解的通俗性。讲解人文景观要有文化底蕴，要具备深厚的文化基础知识。旅游活动不是做学术探索，讲解要通俗易懂，避免过度学术化。

（2）充分准备，讲解有针对性。游客的组成复杂，文化基础及需求有差异，导游员应充分了解游客的需求，根据游客需求、动机组合知识，有针对性地进行讲解。要根据所讲解景点的特色和游客的情况，选择适合的导游讲解方法。

（3）讲解要做到寓教于游，客观地介绍历史知识文化，古今结合，通过“借题发挥”

"有的放矢"，把人文景观的学术价值、思想价值展现在游客面前。

（4）把握景观的审美特征，突出思想性。人文景观具有综合美，导游要把文化景观中蕴含的各种美介绍给游客，从地理、历史、文化和发展的角度引导游客审美。充分了解旅游目的地与客源地的审美文化差异，结合景观蕴含的思想内涵，突出思想性，有针对性地引导游客审美。

3. 人文景观讲解要求

（1）注重人文景观产生、发展的历史背景，讲解要深入浅出、抓住要领，不需要做长篇大论的理论分析。

（2）将自然地理知识和文化常识有机结合，注意基础知识与衍生知识的协调。

（3）全面了解游览景区的主要景物，通过对比讲解吸引游客的注意力。

（4）注意历史的继承性。人文景观讲解重点在文化继承之所在，同时也要介绍时代特征。

（5）要突出景物不可替代的核心价值，把文物保护、爱国主义、国际主义教育融入讲解中。

## 本章小结

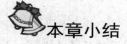

景观是旅游活动中的主要审美对象、是风景区的核心要素、是导游员讲解的核心。景观的组成千差万别，不同的地域有不同的景观，因此，景观的审美引导与讲解是导游员必备的能力。

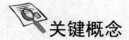

## 关键概念

景观　特点与组合　游览审美　导游服务

## 课堂讨论题

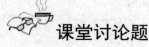

1. 景观的组合与导游讲解方法的运用。
2. 景观要素与知识的准备。

## 复习思考题

1. 什么是景观？其含义是什么？如何分类？
2. 对比分析自然景观和人文景观的美学特色。
3. 游客游览活动的基本程序是什么？
4. 导游员如何讲解好自然景观？
5. 导游员如何讲解好人文景观？

# 第六章 “游山玩水”：山水景观导游

**引言**

古人之精神化为山水之精神，山水在古人的生活中承载了多样形态的文化功能，山水是我国文化的精髓。旅游的通俗解释之一就是“游山玩水”，山水景观是旅游景观的本底。大自然以山、水为符号向人们“述说”地球的故事，人们通过旅游“读”山“读”水，获得知识与享受。在我国，自然山水更寄托了人文情怀，“仁者乐山，智者乐水”，在旅游活动中想读懂各地山水，体验人文情怀，不仅需要游客的领悟，更需要导游的解读。

**学习目标**

1. 掌握与旅游相关的山水景观常识、观赏路径及人文拓展。
2. 熟悉组织游客“游山玩水”的基本程序和方法。
3. 掌握山岳、特殊地貌、各类水域水体景观的讲解内容，并运用导游技巧灵活讲解。

**教学建议**

1. 建议授课教师引导学生复习前置课程如《旅游地理学》《旅游资源学》等，结合课程拓展与山水景观导游相关的地质地貌、水文等学科知识，构建山水导游的知识体系。

2. 灵活利用翻转课堂，提高学生预习及发现问题、自主学习的能力。

3. 利用声像资料丰富教学素材，还可借助网络、App进行实景观摩（很多景区都有实景展示）。

4. 指导学生设计安排编制计划，创作编写当地山水景观导游词。

## 第一节 山水讲解必备知识

山水景观蕴含的科学知识、审美要素等是导游讲解的基础，导游首先要系统掌握相关理论和知识才能讲好山水。

### 一、地质、地貌景观

#### （一）地质体与地貌

现阶段的地球是地球运动和发展过程中的一个阶段，是地球自身发展而引起的变化和外力作用引起的变化的综合表现。在地球漫长的演变发展中，经历了大陆分离与合并、海洋诞生和消亡、山地和高原隆起与下沉等“沧海桑田”的变化。地球内外营力共同作用“塑造”了今天地球的表面形态，这些变化过程的形迹就是现代人们看到的各种地文景观。

对地球表面景观形成产生直接作用的内因主要有岩石岩性、地层、地质构造、地质活动等。地球表面有三大圈层，即岩石圈、水圈和大气圈，其中，岩石圈地质体（Geological Body）构成（地质体泛指人们观察和研究的任何体积的天然岩石体单位。地质体的规模有大有小，它可以是一个大型的大地构造单元，如大洋或大陆板块，也可以是具有填图尺度的一个具体的褶皱断层）从旅游资源的角度，可把具有科学考察价值和观赏价值的地质体（构造、岩性、地层、矿床等）形成的景观统称为地质景观，它是构成一个地区风景总特征的基础。由于这些地质体拥有各自独特的三维空间格局及造型功能，也就形成了特有的造型景观，如壮观的地质构造景观、地质剖面景观、神秘的化石景观、火山与地震遗迹景观、五光十色的岩石矿物景观，以及以地质体为骨架和基础的特殊地貌、水体景观等，这些都具有极高的科研价值、景观价值和观赏价值，对游客具有较大的吸引力。

地貌，即地球表面形态，是在地球内外营力的作用下形成的，是自然地理的基本要素之一，它与自然界的其他要素，如气候、水文、土壤、植被等密切联系，相互制约。从尺度看，地貌可分为大尺度、中尺度和小尺度三类地貌单元。大尺度地貌有大陆、海洋；中尺度有高大的山脉和山地、低矮的丘陵、极目无限的平原、地势高寒的高原和四面环山的盆地；小尺度地貌则不胜枚举。不同地貌单元的旅游价值不同，旅游活动的方式也不同。

一定区域的地貌往往受山地影响较大，地理学界把山地称为地貌的基本骨架。以我国为例，我国的整体地貌格局就受不同走向的山系和山脉的控制和影响。山地走向，特别是高大山系的分布，不仅影响到地貌格局，还影响到气候、植被等其他地理要素。

**【资料链接】**

**我国山脉与山系**

1. 东西走向的山脉：北有天山—阴山—燕山；中有昆仑山—秦岭—大别山；南有南岭。

2. 东北—西南走向的山脉在东部地区有三列：西列包括大兴安岭、太行山、巫山、武陵山、雪峰山等（我国第二、三级阶梯的分界线）；中间一列包括长白山、辽东丘陵、山东丘陵和闽浙一带的丘陵山地；最东一列为台湾山脉。

3. 西北—东南走向的山脉主要分布在我国的西部，如阿尔泰山、祁连山、喀喇昆仑山等。

位于我国与尼泊尔、印度等国边境上的喜马拉雅山脉向南凸出呈圆弧形，是世界上最年轻、最雄伟的山脉之一，其最高峰珠穆朗玛峰也是世界最高峰。

### （二）地貌景观的形成机理

地球岩石圈在地球演化发展的进程中，其成分、结构、构造及地表形态等一直在发生着变化，使岩石圈（或地壳）发生变化的作用称为地质作用，使它发生变化的力量叫地质营力。科学家根据地质作用的速度把地质作用分为突发性或灾变性地质作用和极缓慢而安静的地质作用两类。火山爆发、地震和海啸、山崩或雪崩、山洪和泥石流等就属于突发性地质作用；湖泊沉积、地表的缓慢沉陷、海岸的变迁等不易被人们觉察的作用属于极缓慢而安静的地质作用。

1. 影响地貌形成的营力分析

（1）地球内营力。内营力是由地球内部的重力能和放射性元素蜕变产生的热能所引起的。内力作用就是内营力通过各种方式和手段、以突变或渐变的方式释放地球内部积累起来的能量的过程。内力作用的主要类型如表 6-1 所示。

表 6-1 地球内力作用的主要类型

| | |
|---|---|
| 岩 浆 作 用 | 喷出作用、侵入作用 |
| 变 质 作 用 | 接触变质作用、区域变质作用、动力变质作用等 |
| 构 造 运 动 | 水平运动、垂直运动、地震、岩石圈的板块运动等 |

地球内部的热能、重力能以及地球旋转能等都会引起地壳运动，这种运动必然引起地质构造变动。经过漫长的地质演变，地球表面形成了高山、深谷、断崖、阶地、平原等地貌，如地壳运动中的强烈上升、一般抬升和地壳下沉等都会影响到山体的形成。

（2）地球外营力。地壳运动构造了山体的骨架，而今人们所看到的山体在受内应力影响的同时，还在被外力作用不断“塑造”着。表 6-2 所示为外力作用的主要类型。

表 6-2 地球表面外力作用的主要类型

| | |
|---|---|
| 风 化 作 用 | 物理（机械）风化作用 |
| | 化学风化作用 |
| | 生物风化作用 |
| 剥 蚀 作 用 | 方式：机械、化学、生物剥蚀作用 |
| | 营力：地面流水（片流、洪流、河流）、地下水、湖泊、海洋、冰川、风力的剥蚀作用 |
| 搬 运 作 用 | 方式：机械、化学、生物搬运作用 |
| | 营力：地面流水（片流、洪流、河流）、地下水、湖泊、海洋、冰川、风力的搬运作用 |
| 沉 积 作 用 | 方式：机械、化学、生物沉积作用 |
| | 营力：地面流水（片流、洪流、河流）、地下水、湖泊、海洋、冰川、风力的沉积作用 |
| 成 岩 作 用 | 压实作用、胶结作用、再结晶作用 |

2. 导游讲解中的相关地学名词

断层：当地壳运动挤压力或拉张力的加强超过了岩层所能承受的强度极限时，岩石最脆弱的部位便突然破裂，破裂两侧的岩块发生显著的相互位移和错动现象叫作断层，又称断裂。

褶曲：是指地壳运动时，水平岩层受到挤压而产生的一系列波状弯曲，称为褶皱，其中每个弯曲称为褶曲。

变质作用：是指在地下特定的地质环境中，由于物理和化学条件的改变，使原来的岩石基本上在固体状态下发生物质成分与结构构造的变化，从而形成新的岩石的作用过程。

地层：是对在地壳发展过程中形成的各种成层和非成层岩石的总称。从岩性上讲，地层包括各种沉积岩、岩浆岩和变质岩；从时代上讲，地层有老有新，具有时间的概念。

地质遗迹：是指在地球演化的漫长地质历史时期中，由于内外动力的地质作用而形成、发展并保存下来的珍贵的、不可再生的地质自然遗产。

地质作用：是指由于受到某种能量的作用，地表形态、内部物质组成及结构和构造等不断发生变化，地质学把自然界中引起这种变化的各种作用称为“地质作用”。

风化作用：是指在地表或近地表的环境下，由于气温、大气、水及生物等因素作用，地壳或岩石圈的岩石和矿物在原地遭到分解或破坏的过程。

沉积作用：是指由水、风等各种营力搬运的物质，由于介质动能减小或条件发生改变以及在生物的作用下，在新的场所堆积下来的作用。

成岩作用：是指使松散沉积物固结形成沉积岩石的作用。

### （三）地质、地貌景观类型

1. 地质类景观

由于受到区域构造骨架、局部构造变形、岩性条件、火山作用、水文地质环境、地表流水作用、海蚀作用、冰川和风作用等地质因素的作用，地质类景观的形态呈现多样化特征。

1）地质构造景观

地质构造景观的形成主要受地球内力作用，从规模上可划分为以下三级。

第一级，陆海构造。地球所具有的大规模构造运动形成了大陆与海洋景观。一级地质构造景观规模大，从观赏角度有宏观性、探索性特征。目前对此类景观的观赏可借助于卫星摄影、摄像、航拍、无人机摄影等资料进行，局部地区可乘坐直升机、热气球观赏，未来可从太空中全面观赏。

第二级，大地构造，主要指由地壳运动形成的山地、丘陵、平原、盆地、高原等地表形态和地貌单元。

第三级，地质构造景观。主要指小规模山岭、褶皱或断裂遗迹等。

2）地层剖面景观

地层剖面又称地质断面，指沿某一方向、显示一定深度内地质构造实际情况的实际（或推断）切面，具有较强的科学考察价值和科普知识教育价值。地球表面保存有许多完整的地质剖面，典型的如云南晋宁县梅树村寒武系剖面，此剖面是我国的第一个国际标准地层剖面，据地质年代划分，该剖面为距今 6 亿年前的寒武纪地层剖面，寒武纪约占整个地球发展史的 80%以上，确立此地层对研究这一时期的地质发展史、探索生命起源以及与生物有关的矿产形成有重要意义，在科学研究及地学旅游方面均有较大的价值。

3）岩石、矿物景观

岩石是地壳中由地质作用所形成的、由矿物组成，并按一定的结构和构造形成的地质体。造岩元素所构成的矿物天然集合体，少数为玻璃质物质，有的是多种矿物的组合体。岩石按性质可分为花岗岩、流纹岩、石灰岩、石英砂岩、片岩、页岩、变质岩等类型。由于岩石内部构成的物质差异及理化性质的差异，不同岩石构成了不同景观。

岩石中有一部分可作为“石料”，直接或经过人为加工后可成为人们直接观赏的对象，如太湖石、泰山石等，有的可成为商品并具有一定的收藏价值，典型的如大理石及各类宝石（金刚石、玛瑙、玉石、水晶等）等。

4）冰川活动遗迹

冰川活动遗迹主要指由于古代及现代冰川作用所形成的一些景观类型，如角峰、刃脊、冰窟、冰斗、冰桌、羊脊石等。

5）火山、地震遗迹

火山遗迹景观的形成是由喷出熔岩的性质、喷发强度、喷发次数以及原始地面形态所决定的。火山同其他山岳景观相比，缺少脉络层次，但具有山形圆、拔地而起、点点分布、排列成阵、错落有致的特色。国内外有许多以火山喷发景象和火山活动遗留物为景点的旅游胜地，例如，美国夏威夷的拉韦厄火山、意大利的斯特朗博利火山，其岩浆定期喷出，景象异常壮观；日本富士山是一座高大的休眠火山，为世界著名旅游胜地之一；我国有著名的黑龙江五大连池、云南的腾冲火山等。

地震遗迹景观实质为破坏性的地震作用、以突然爆发的形式形成的自然遗迹景观。地震遗迹分为陷落型（如琼州海底村庄）、现代建筑遗址型（如唐山地震后所留下的各种地震遗迹，包括错动的树行、各楼馆遗址）、古建筑遗址型、河流堰塞型、山地构造断裂型等。地震遗迹不仅包括自然震迹，也包括人类改造震迹而形成的震后建设新貌及各种具有纪念性的标志，如地震纪念塔、碑、展览馆等。地震遗迹的参观考察以科学考察为主，即通过参观、考察获得有关地震的知识，如地震的起因、破坏规律，建筑物的防震、抗震措施等。

6）海蚀和海积遗迹

海蚀和海积遗迹是由海岸的沉降和隆起形成的古海岸遗迹，这些遗址不仅具有指示环境的古地理学意义，还是发展观赏性旅游的重要场所，如山东成山头的海蚀崖、青岛“石老人”等。

7）古人类文化地质遗址

在人类发展进化的历史过程中，人类的祖先留下了许多现场洞穴、窑址、文化层、灰烬层、古人类骨骼化石和使用工具等历史地质遗址和遗迹。这些古遗址、遗迹不仅对研究人类进化、历史发展等有较高价值，而且对游人也颇具吸引力，如北京山顶洞等。还有各地层中所保存的古生物化石，如恐龙化石等，云南禄丰地区就属于此类地区。

### 2. 地质旅游资源类型

《中国旅游地质资源图说明书》将地质旅游资源分为35种，为人们进行地质旅游资源的研究提供了一份较完整的参考资料：① 重要地质剖面；② 重要化石产地；③ 有特殊价值的矿物、岩石、矿床产地；④ 重要的地质构造遗迹；⑤ 古人类遗址；⑥ 溶洞；⑦ 碳酸盐岩峰、峰林地质景观；⑧ 碳酸盐岩山岳丘陵地质景观；⑨ 高山钙化地质景观；⑩ 砂岩峰林地质景观；⑪ 土林地质景观；⑫ 丹霞地质景观；⑬ 沙漠地质景观；⑭ 雅丹地质景观；⑮ 花岗岩山岳丘陵地质景观；⑯ 火山及熔岩地质景观；⑰ 变质岩山岳丘陵地质景观；⑱ 海岸地质景观；⑲ 现代山岳冰川地质景观及登山地；⑳ 古冰川遗迹；㉑ 冰融地质景观；㉒ 峡谷；㉓ 瀑布；㉔ 河流地质景观；㉕ 温泉及地热地质景观；㉖ 具有特殊意义的泉；㉗ 地震遗迹；㉘ 崩坡、滑坡、泥石流遗迹；㉙ 陨石坠落遗址；㉚ 重要古代水利工程；㉛ 古采矿、古冶炼遗址；㉜ 古烧瓷遗址；㉝ 石窟、岩画及摩崖石刻；㉞ 其他地质景观；㉟ 多种地质景观。

### 3. 地貌景观

地貌景观按其规模可分为大尺度、中尺度和小尺度三个层次，旅游要跨越一定尺度的地貌单元。具有观赏性的地貌（特殊地貌）景观根据成因可划分为以下几类。

1）冰川地貌景观

冰川地貌景观主要由冰川的侵蚀和堆积作用形成，是对旅游者具有吸引力的地貌景观。其类型分为现代冰川地貌和冰川遗迹。具有观赏性的冰川景观类型特征多种多样，目前现代冰川旅游景观主要分布在高纬度和高山寒冷地区，如我国的青藏高原等地。而冰川遗迹地貌景观分布则较广，典型的如我国四川的贡嘎山、江西庐山、浙江天目山等。

2）风沙地貌景观

风沙地貌是指在干旱或内陆地区由于强风、流沙和间歇性地表水等因素造成的风化、侵蚀和堆积地貌。风沙地貌中对旅游者较具吸引力的景观有风蚀洼地等各种景观，典型的如我国的罗布泊地区。

3）流水地貌景观

由地表水的侵蚀、搬运和堆积作用而形成的地貌为流水地貌，其中对旅游者吸引度最大的是峡谷。峡谷景观常以“雄伟、险秀、寂静、隐蔽”的特色为旅游者所向往，其雄伟表现在大山连绵，高陡出众，峡谷夹其间，可谓气势磅礴。我国黄土高原奇特的地表景观也属流水作用所形成的地貌类型，其中尺度的塬、梁、峁等景观对游客同样具有强烈的视觉冲击力和心灵的震撼力。

4）喀斯特景观

喀斯特（Karst）本是南斯拉夫西北部伊斯特里亚半岛石灰岩高原的地名。19世纪中叶，一些德国和奥地利学者，尤其是南斯拉夫学者在研究喀斯特高原上奇特的地貌时，均采用Karst一词，以后喀斯特逐渐成为地学上的通用术语。凡是发生在可溶性岩石地区的地貌，都称为喀斯特地貌，在我国又叫岩溶地貌，是水对可溶性岩石以化学溶蚀作用为主，以流水冲蚀、潜蚀和机械崩塌作用为辅的破坏和改造作用的结果。也就是说，地下水、地表水对可溶性岩石进行溶解、沉淀、流水侵蚀、重力崩塌与堆积等作用，而造成岩石破坏或重塑，从而形成具有一定观赏价值的各种地上和地下的岩溶景观。喀斯特作用中的化学溶蚀过程为

$$CaCO_3+CO_2+H_2O \rightleftharpoons Ca(HCO_3)_2$$

喀斯特景观有地上、地下景观之分，世界上一些典型的喀斯特经过开发建设成了旅游景点，在我国，典型的有“甲天下”的桂林山水、“天下第一奇观”的云南石林、被誉为“中国第一洞”的贵州织金洞等。

5）海岸地貌景观

海岸地貌是海岸地区受地壳运动、岩性以及入海河流、沿海风浪、洋流、海流、潮汐和生物等因素作用形成的地貌景观，从形成机理可分为海蚀地貌和海积地貌。海岸地带不仅景观奇特，能吸引人们前去观光游览，更为重要的是海岸地带的3S旅游环境（阳光Sun、海洋Sea、沙滩Sand），对度假休闲的游客具有极强的吸引力，如地中海沿岸的黄金海岸，中国的北戴河、南戴河等。

6）丹霞地貌景观

丹霞地貌指中生代侏罗纪至新生代第三纪形成的红砂岩地层（以红色粗、中粒碎屑沉积的厚层岩为主）在近期地壳运动间歇抬升作用下，受流水切割与侵蚀形成的独特丘陵地貌，相对高度常在200米以内。它具有顶平、坡陡、麓缓的形态，常显奇、险、秀、美的丹崖赤壁和千姿百态的造型，有很高的游览观赏价值，典型的如福建武夷山、广东丹霞山、云南老君山等。

## 二、山地景观

山是地壳发育过程中留下的遗物，人们把陆地上海拔高度在500米以上，相对高度在200米以上，由明显山顶、山坡和山麓组成的隆起的高地，统称为山。如果是山峰、山岭

和山谷组成的地区，就称为山地。山地是对各类山的总称，是一种典型的地貌类型，“游山玩水”中的山就包括在山地中，它是最具吸引力的旅游资源。

### （一）景观特征与旅游功能

#### 1. 景观特征

山地景观是一种中等尺度地貌景观。山地所处地理位置不同，经历的地质历史不同，叠加地壳运动、岩层产状、节理及断层发育程度、褶皱发生状况等因素影响，加之各种外力作用的千差万别，不同的山体呈现不同的景观特征。在我国，人们自古就有“山岳崇拜”，佛教、道教多选建在山地地区。因此，山地对游客的吸引力极强，是人们出游时的首选之地。

山地为海拔 500 米以上，相对高差 200 米以上的地貌单元。根据绝对海拔和相对海拔，可把山分为极高山、高山、中山和低山丘陵。人们通常把山地分为山顶、山坡、山麓三部分。山顶是山的最高部分，有平顶、圆顶和尖顶。山坡是山顶至山麓的斜坡，有直形坡、凹形坡、凸形坡和阶梯状坡，在水平方位上山脊和山谷交替出现，景观变化较大。山麓是山的最下部，下接平原和谷地，有明显的转折。

山地由于地势高、体量大、范围广，多可独立成为旅游景区，也多成为知名游览胜地，如我国的五岳、宗教名山等。山景垂直变化大，气候多样，季节变化明显，景色富于变化。不同地方的山，景观差异较大，明代文学家杨慎在《艺林伐山》中描写道：“玲珑剔透，桂林之山也。巉差窳窆，巴蜀之山也。绵延庞魄，河北之山也。俊峭巧丽，江南之山也”。很多山地都具备全天候旅游目的地的功能，登山春可见山容，夏可见山气，秋可见山情，冬可见山骨。

植被保存得较好的山地，有探胜、寻幽、避暑、攀登和滑雪之利。从美学的角度来看，山岳具有雄、高、重、幽、秀、险、奇、峻等景观美学特征，游人观赏可获得多种美感，远观晓山高，夜山低，晴山近，雨山远。山是人们领略美学艺术的集结点，是赏美、育美的理想之地，是人类“共享空间”的乐园。我国是一个多山的国家，自古对“山”有着特殊的感情，许多著名诗人、文学家都对山有过讴歌称颂之作。

#### 2. 旅游功能

山地空气清新，森林蓊郁，花草丛生，较多地保留着大自然的风貌，有助于身心康复，调养精神元气。目前世界上兴起的“生态旅游”“康体旅游”“森林旅游”“徒步穿越”“登山探险”等活动多集中在山地区域。

进入山地可观赏奇景（观奇峰异石、略冰河奇观、看流泉飞瀑，赏云雾变化、眺日月升落）、登山滑雪、避热纳凉、科学考察、听松涛鸟鸣等，我国的山不仅是自然山，更是人文山，“天下名山僧占多”就是其写照。山地区域内分布有大量闻名遐迩的寺庙、宫观、古城垣、寨堡、古战场遗址、摩崖题刻及造像等，人们登山游览不仅能领略自然美景，更能获得追溯历史、体验文化、考察科学及探访宗教文化等诸多乐趣。

### （二）山的分类

#### 1. 按海拔划分

按海拔高度，山可分为极高山（海拔高度大于 5 000 米，相对高差在 1 000 米以上的山地）、高山（海拔高度在 3 500～5 000 米，相对高差在 200～1 000 米的山地）、中山（海拔高度在 1 000～3 500 米，相对高差在 200～1 000 米的山地）和低山（海拔高度在 500～1 000 米，相对高差在 200～1 000 米的山地）。

2. 按成因划分

按成因，山可分为构造山、侵蚀山和堆积山。其中，高大的可称“山岳”，呈条形脊状延伸的可称“山岭”或“山脉”。山地以明显的山顶和山坡及较小的山顶面积区别于高原，又以较大的高度区别于丘陵，一般把山岳和丘陵通称为山。

3. 根据旅游功能划分

（1）登山山体。主要指为体育登山活动开放的高大山峰，由于山地海拔较高，多有终年积雪，适于开展登山和冰雪旅游。这类山体分布较广，一些世界级名山，如日本的富士山，俄罗斯的高加索山，东欧的喀尔巴阡山，南欧的阿尔卑斯山，美洲的安第斯山，我国的喜马拉雅山、喀喇昆仑山、天山、贡嘎山、四姑娘山等都属此类山体。

（2）“名山”。“名山”是中华民族五千年文明历史的产物之一，是人们从千千万万的普通山岳中挑选出来的。山岳中那些环境优美，渗透着人文美，能启迪人类智慧、净化人们心灵的山地空间综合体才能称为“名山”。

名山的基础是基岩、地层，地表展示地貌形态、土壤、植被、流水和人类文明遗迹，区域天空中有雨、雾、风、云、日、月，多种因素在特定的名山空间之内，相互交映而形成种种有形、有声、有色、动静结合、赏心悦目的优美景观。

名山景观是山岳景观的典型代表，不仅具有种种形象、形态、声乐等美的空间上的和谐交融，而且还展示了时间上的变化，既留下地球亿万年发展过程中极慢的节奏和旋律，如地声运动，还时刻进行着瞬息万变、节奏极快的“演出”，如流云、飞瀑等，体现出了形象美、色彩美、动态美、听觉美等。

名山作为一种重要的旅游资源，具有极强的美学价值、历史文化价值、科学价值和经济价值。名山是一份具有美学、科学、历史、文化、经济等多种价值的宝贵遗产，是上承几千年、下传千万代的“传家宝”。

在我国，根据文化特色可把名山分为以下类型。

① 历史文化名山。历史文化名山指有社会、经济、文化、民俗、军事、民族等著名事件的山岳。此类名山中有因传说故事得名之山，如“三山五岳”中的蓬莱、瀛洲、方丈三山；有因历史文化富集而得名之山，如“三山五岳”中的中岳嵩山、东岳泰山、西岳华山、北岳恒山、南岳衡山；有纪念革命历史的名山，如井冈山、宝塔山、大别山等。

② 宗教名山。宗教名山即因宗教因素而得名之山，宗教名山上往往有知名寺观或发生过宗教文化事件。起源于古印度的佛教传到我国后，供僧侣修持和信徒礼佛的场所转向了环境清净幽深的山中，随着寺院的修建，寺因山而兴，山以寺扬名，有“天下名山僧占多”之说，形成了以五台山、峨眉山、普陀山、九华山为代表的一批著名的佛教名山。

③ 人文风景名山。人文风景名山即以优美的自然景观、清幽的山岳环境、奇特的地貌岩石景观、丰富的色彩、茂密的森林、神奇的云雾变化及人文故事而闻名于世的山，典型的如黄山、三清山、武陵山等。

④ 休憩疗养名山。休憩疗养名山因地理位置、自然要素和环境条件优越，成为人们避暑、养生、疗养胜地，典型的如庐山、天目山等。

⑤ 特殊景观名山。特殊景观名山是指一些成因及景观特殊的山，如腾冲大空山、小空山，黑龙江五大连池火山等。

⑥ 城郊名山。城郊名山主要指位于主要城市郊区的名山。我国古代的城池往往依山临水，城市外围多有山林葱郁、环境优美、风景秀丽之山。城郊名山相对高度不高，距离城市近，多成为居民休闲之地，文人墨客也多聚于此，也多有寺观分布，如北京的香山、昆明的西山、杭州的西湖群山、南京的紫金山等。

4. 根据山体岩石岩性划分

（1）花岗岩山。花岗岩是由地球内部岩浆侵入近地表处冷凝而成，属岩浆岩中的侵入岩。花岗岩的主要成分为石英、长石最多，另有黑云母或角闪石等矿物质。花岗岩基本不透水，岩石中矿物结晶有良好的镶嵌结构，岩性坚硬抗蚀，在外力作用下可发生球状风化。花岗岩形成的山体造型丰富、质坚形朴，因球状风化导致岩石风化后多形成圆形岩体露头。我国典型的花岗岩山体有泰山、华山、衡山、天柱山、黄山、三清山、九华山、普陀山、天台山、崂山、千山等，山体景观特征是：主峰明显、群峰簇拥、峭拔危立、雄伟险峻。

（2）石灰岩山（喀斯特山）。石灰岩是可溶性沉积岩石，在喀斯特作用下，造型精巧细腻，“千峰耸立，亭亭如竹笋玉立”。喀斯特山地的分布具有一定的地带性，山地高度不大，石峰林立或孤峰突起，造型丰富。我国广西桂林山水、广东肇庆七星岩、云南石林、四川黄龙—九寨沟等皆为石灰岩山地；恒山岩层为古老的寒武纪奥陶系石灰岩，虽然岩溶发育并不显著，仍可归为岩溶山地。

（3）红砂岩山（丹霞山）。丹霞山是在红色沙砾岩地区发育而成的山体。我国已发现的丹霞地貌有 350 多处，典型的有广东丹霞山、江西龙虎山、四川青城山、福建武夷山等。山体景观特点是丹山碧水、精巧玲珑。

（4）其他岩石构成的山。

① 流纹岩山。质密坚硬的火山流纹岩在外力作用下，形成丰富多彩的造型地貌和变幻造型的地貌景观，有“造型地貌博物馆”之美誉，典型代表为浙江乐清县的雁荡山。

② 熔岩山，以黑龙江五大连池火山为代表的“火山”，历史上多次喷发，岩浆喷发的场面跃然如初。

③ 砂岩山。砂岩山山体奇峰林立、造型生动、沟谷纵横、植被茂密。以张家界为代表的武陵源景区就属于砂岩峰林地貌。

④ 变质岩山。无论是火成岩还是沉积岩，由于地质环境或物理化学条件的变化，都会导致岩石原来的矿物成分或结构发生改变，此变化称为变质作用。变质作用后的岩石称为变质岩，典型的变质岩有大理石、片麻岩等。从景观分布看，古老的片麻岩见证了泰山地质历史；千枚岩、变质石英砂岩等构成了梵净山的奇特风光。

## （三）山体景观的美学特征

1. 高大雄伟

说到“山”，总让人联想到气势雄伟、山体巍峨，“气吞山河”“山摇地动”“有眼不识泰山”等，无不描述着山的高大雄伟。杜甫在《望岳》中对泰山的赞叹——“会当凌绝顶，一览众山小”，歌颂的正是其山岳高大雄伟、气势磅礴的美学特征。

2. 险峻神秘

险峻是山体景观的又一重要特征，险峻使得山体神秘。说到险峻，当首推位于陕西省华阴市内的西岳华山，“五岳之险险在华山”。华山主峰海拔 2 160 米，悬崖峭壁林立，山路险峻，“自古华山一条路”，华山因险峻、令人难以攀登故而充满了神秘感。因为险，华山被称为神话故事“宝莲灯”中 “劈山救母”之地。

3. 文化富集

文化是一座山的灵魂和精神，山因文化而扬名，文化因山而传世。“山不在高，有仙则灵”，有“名山之祖”“五岳之尊”美誉的东岳泰山、著名的海天佛国普陀山、“奇秀甲天下”的江西庐山、有“神仙窟宅”之誉的崂山等，历史上很多著名事件都发生在名山，使得名山承载了丰厚的文化内涵和传世神韵。

## 第二节　山地及特殊地貌景观游览与导游讲解

### 一、“游山”与导游讲解

#### （一）游览路线设计

“游山”是点、线、面相结合的游览活动。导游要把握山的景观组成要素，选取最具代表性和最具特色的景点、景物及各类景观，认真研究游客的年龄、身体状况和游览需求，结合接待计划和游览时间，合理组织游览线路。游览路线首先要保障游客的安全，尽量做到不走回头路，合理安排游览节奏，游程有张有弛，步行与特殊交通工具交替使用。要兼顾游客的精神与文化的体验，提前设定观赏讲解地点及位置。

#### （二）引导游览

山景因山而异，山地景观因构成山体的岩石性质及内外力作用、位置、海拔及相对高度差异、季节变换等因素呈现不同特色。山有多少特点就会有多少景点，在众多景点中总有几个最能代表整座山的总特征。导游引导游客游览要选择最佳观景点和观景方法，对重点景物详细讲解；引导游客赏山景时要注意细节，提醒游客景观的细部差异，以此展示导游对景点的熟知、热爱与服务技能的娴熟，体现导游对游客的关心。

#### （三）选择观景角度、位置

山峰和山岭不是孤立的，成排成序向一个方向延伸的无数峰峦可称为山脉，两条以上平行或断续相接的山脉组成山系。“丘壑主近视”，丘指低矮的丘陵或小山，它体量小，远望则无趣，只有走近它才能观其面目。山中的沟壑谷涧常构成险景，因此必须身临其境才能领略险景之情趣。“游山”首先感知的是山势和山形，“峰峦须远眺”，观山景必须有一定的距离和恰当的位置，才能看清山势、山容。“横看成岭侧成峰，远近高低各不同”道出了观山的要领。山岳之峰，即山峰，是某个凸起的山头；岭，则是由许多相接的山峰向一个方向延伸的条状地形。游人所处的位置、观景角度和观景时间不同，所看到的山景也会有差异。

导游带游客“游山”须清楚山的来龙去脉，掌握“游山”观美景时最适宜的距离、角度和位置，避免错过远眺山势、观看奇壮之景的位置，做到适时讲解，引导游客全面“看山”，体会山之脉、山之骨、山之神。

### （四）注意景物间的配合

古人云“黄山归来不看岳”，黄山以怪石、奇松、云海、温泉这“四绝”著称。从中不难看出云海、植物、温泉等相关景物在构成山岳整体形象中的地位和作用。

“山以云为衣”，没有云烟薄雾衬托的山难免显得乏味。山地区域由于雨量充沛、水汽蒸腾，低层水汽凝集成云，云雾如大海之波涛，人称“云海”。有云雾的烘托，山景时刻都处在变化之中，将千姿百态的景色展现在游人面前。植被为山之肌肤，各色植被的生长使山显出了生机，令山色更浓。导游引导游客游山时，要引导游客观赏、体味各类景物的搭配，引导游客寻找、发现和体验山的综合美。

### （五）适时登顶

“名山奇景在绝顶”，站得高，看得远，登顶是游山的最高潮。处在山岳之巅能看到其他任何位置都看不到的景色，“会当凌绝顶，一览众山小”。人在山顶会有胜利者的喜悦感，能启迪人的心灵。站在山顶可观日出、日落奇景，甚至还可见到“佛光”“佛灯”等奇观。古人之“登高则志远，临水则志清”等诗句就是对登临山顶的感觉的描述。导游带游客游山，要选好登顶的时机。

### （六）引导审美

导游要有一双洒脱的眼睛，以欣赏山之真美；要有乐观向上的激情，能体会游山的真乐，更重要的是必须把各种“美”和“乐”传递给服务对象——游客。

1. 引导游客观山之形，体验形象美

山的形象美包括自然景观总体形态和空间形式美。山体有不同的造型，用不同的方式看山，看到的景色迥然不同。郭熙在《林泉高致》中这样概括道：“山有三远：自山下而仰山巅，谓之高远；自山前而窥山后，谓之深远；自近山而望远山，谓之平远。”

山的形象可概括为雄、奇、险、秀、幽、奥、旷，这些形象按自然节律和韵律组成了蕴含美的空间综合体。山的形象美不是孤立的，各形象要素彼此联系，各种美的要素犹如音符，可以任意组合，使形象美处于动态变化中。导游的作用就是帮助游客认识这些音符，让山岳奏出动人的乐章。导游要抓住构景要素的本质特点，结合山的地质地理条件，为游客提示、指点和讲解。

2. 引导游客看山之色，饱览色彩美

色是物的基本属性之一，物有其形必有其色。与形象一样，色彩同样会对人的感官产生刺激。山色中比较稳定的是岩石和土壤之色，最引人瞩目的莫过于缤纷的植被、鲜花，众多的名山都盛产花卉。色彩变化最快的是绚丽的云霞，四季交替、阴、晴、雨、雪等与山体相结合，都会使山色变幻莫测。

带游客游山时，导游要根据山色的变化，引导游客用自己的眼睛去看、用心去体验。因为如霞光等色彩的变化是瞬息万变的，因此对山色的讲解介绍要提前。不同的色彩能引发人们不同的遐想，导游员应见机行事、积极引导。

3. 引导游客体验山之境，感受动态美

山之美不仅有造型、色彩等形态美，还有因水流、飞瀑、日出日落、流云、霞光、蜃景及风吹树叶等带来的动态美。流水和瀑布所体现的动态美有相对的稳定性，流云、云海等的变幻是瞬息万变的，但也有一定的规律性。只要掌握科学规律，了解山地小气候特点，就能预知一些动态美发生的时间和观赏的地点位置。掌握了各类动态美的变化规律，导游就能主动引导游客体验、感受山岳中的动态美。

4. 引导游客闻山之声，享受听觉美

人们登临山岳时不仅可以通过视觉看到形色美、动态美，还可以通过耳朵听到大山给人们送来的声音，感受听觉之美。名山的自然之音都有“音源”，泉水叮咚、林海松涛、雨打芭蕉、幽林鸟语、寂静夜虫鸣等，在特定条件下能让人享受到自然中的天籁之音，忘却各种烦恼。自然之音是山地景区的特色，如杭州西湖群山九溪十八涧的山泉叮咚声，清代俞樾曾这样描写山景：“重重叠叠山，曲曲环环路；丁丁东东泉，高高下下树。”久居闹市、长期生活在噪声环境中的人能在名山中聆听到大自然演奏的自然“声乐”是一种极大的享受。导游员带游客游山期间，要提醒游客处处关注声音美，尽可能安排游客聆听自然的声响，享受听觉之美。

5. 引导游客承山之息，感受嗅觉美

山岳中森林植被茂密，其间富含负氧离子的洁净空气散发着独特的气息；泥土、树木花草散发着自然的香气，特别是清晨或雨后，自然的气息更浓。这种自然的气息能振奋人的精神，对于游客缓解身体的疲劳大有益处。游览山岳，不仅游客的眼、耳能接收到美的信息，鼻子也能感受到山林中的嗅觉美。游山之时，导游应调动起游客的各种感觉器官，全方位地去感受山岳之美，体验到游山的乐趣所在。

6. 启发游客探求科学之动机，享受探索美

山岳地貌记录了地球发展的历史，山中的人文景观记录着人文历史，山用各种特殊的符号，即各类景观，向人们“讲述”着地球科学和人文历史的故事。导游带游客游山时，要帮助游客看懂、听懂地球及人类历史的故事。

自古以来，中国人爱山、敬山、崇山，对山有种特殊的感情，山不仅成为人们寄托精神的对象，还是古人文学创作的源泉。历史上佛教、道教的兴盛，也为山注入了宗教文化的内涵，“天下名山僧占多”成为我国名山的一大特色。“山不在高，有仙则灵”，山承载了我国丰富的民间传说和故事，使得我国众多山岳都充满了神秘感。因此有人说，游览中国名山就似阅读中国文化历史书籍。山体所承载的人文内涵，需要导游通过讲解传递给游客，让他们获得更多的信息、知识和体验，留下深刻的记忆。

## 二、导游讲解

### （一）讲解途径

1. 从地质角度讲解

从地质角度讲解有较强的科普性，要求导游全面了解所游览山岳的地质、地貌基础知

识。讲解中对相关科学常识要取舍得当，要认真分析游客的组成及需求，选择适当的科普知识进行讲解。

2. 从功能角度讲解

导游在讲解中要分析景观资源具有的看、赏、听、嗅、学等旅游功能，主要突出所游览山岳的景观特色，根据游客需求突出重点，可运用比拟手法，以游为主，注重娱乐与休闲。

3. 从文化角度讲解

山为文化发展提供了特殊空间，文化造就了我国名山，游我国名山离不开我国文化。我国名山所承载的文化包括历史文化、宗教文化、建筑文化、文学书画艺术文化以及传统哲学等。名山文化的表现形式有传说故事、名人行迹、碑碣艺术、摩崖石刻、诗词歌赋、建筑书法、寺观庙堂等，有物化的，也有非物化的。导游讲解山岳，必须突出名山承载的特色文化，借助借景生情法和虚实结合法灵活讲解。

4. 从美学特征讲解

旅游是寻找美、发现美、体验美的过程。山的美是综合的，讲山一定要重视对美学特征的讲解。从美学角度讲山，需要进行综合准备。

**【资料链接】**

### 五岳归来不看山：黄山之美

黄山位于安徽省的南部，跨越四县——歙县、黟县、太平和修宁。黄山在秦朝（公元前 221—207 年）时叫黟山，在公元 747 年（唐朝天宝六年）时才改名为黄山。

一亿多年前的地球地壳运动使得黄山崛起于地面，后来历经第四纪冰川的侵蚀作用，慢慢地变成了今天这个样子。黄山宏伟、庄严、风光迷人，为著名的风景区。占地 154 平方千米的黄山群峰中多座山峰的名字因其形而得，“莲花”“光明顶”和“天都”是其中最主要的三座，海拔都在 1 800 米以上。这些山峰都是花岗岩体，通常是由竖直接合点连接，侵蚀和断裂促使这些岩石变成巨大的石柱，形成了高峰和深谷。天阴时这些高山在雾霭中隐现，如虚幻一般，天晴时则尽展其威严与壮丽。

黄山的颜色和形态随四季的更替而不断变化。春天，盛开的鲜花色彩缤纷，点缀着四处的山坡；夏天，您可以看到青绿的山峰一座连着一座，泉水在欢乐地汩汩流着；秋天把整个黄山装扮成红、紫相间的世界，正是枫树火红的季节；冬天则把群山变成一个冰与雾的世界，到处是银枝银石。

自古以来，有许多访客曾来到黄山，探求其神秘，惊叹其美景。人们渐渐地总结出黄山的四大特征：奇松、怪石、云海和温泉。黄山上到处可见花岗岩，尤其是在温泉、玉屏楼、西海、北海、云谷寺和松谷庵等景区。黄山作为一座名山，在以“安徽一线”为主题的旅游线路中起着画龙点睛的作用。

黄山有着悠久的历史，古代的书籍、诗歌、绘画和雕刻都是很好的证明。李白并非歌颂黄山的唯一一位诗人，唐代诗人贾岛（公元 779—843 年）和杜荀鹤（公元 846—907 年）也曾来此吟诗作赋。在唐以后的各个朝代中也不断有人游览黄山，在诗中表达他们的赞美之情。明朝伟大的地理学家和旅行家徐霞客（公元 1586—1641 年）专门写了两本关于黄山的游记，清朝的西安派大画家渐江和石涛（公元 1642—1708 年）留下了许多幅关于黄山的画作。已经去世的地理学家李四光在其专著《安徽黄山上的第四纪冰川现象》中总结了他个人对黄山的考察成果。一代又一代人的题词随处可见：“千姿百态黄山云”“刺天峰”“清凉世界”“奇美”和“独具魅力的风景”，这些诗一般的词句配上优美的书法不仅仅是装饰品，其本身就是一道迷人的风景。

### （二）讲解程序及艺术

1. 服务要求

（1）分析游客，内容包括客源地、年龄、性格、受教育程度、旅游习惯、身体状况、旅游动机、整体组合等，设计合理的游览路线，根据路线撰写导游讲解提纲。

（2）熟悉山岳景观及科普、文化知识，了解相关传说故事，准备一些幽默的故事。游客登山要消耗体力，为使游客不感觉疲倦，需要娱乐活动。

（3）实景讲解：登山前提醒游客注意游览注意事项，做安全提示（如“看景不走路，走路不看景”），对照游览图进行游览线路介绍。导与游结合，游览途中综合概述性讲解与重点介绍相结合，指导游客赏景与探索内涵故事结合。注意让游客适度休息，穿插相关娱乐活动。

2. 讲解方法

山岳游览的导游讲解基本按游览路线分段进行，对能代表整个山岳总体地貌特征的景点或景观要运用突出重点的方式讲解；对瞬息万变的景观，如云雾、日出等要提前提示讲解，提醒游客注意；行进过程中注意“导”与“游”的有机结合，位移过程以“看、听、嗅”为主，逗留休息时以游客讲解为主，讲解中要能充分运用联想、对比等方法；对于科普常识可运用课堂讲解法，传说故事用虚实结合法。在游览中为了解游客的需求可运用问答法、提示法。

3. 讲解技巧

（1）体现力量与刚毅。地壳的运动使得一些山体断层削壁、岩石嶙峋，显得险峻刚毅。“壁立千仞，无欲则刚”，山者，刚毅，沉静，果敢，稳固，坚韧，是英雄品格的象征，是伟大力量的象征。在西方，人们总是喜欢把阿尔卑斯山和英雄联系在一起。在美国，人们把历史上最受尊敬的四位美国总统——华盛顿、林肯、杰弗逊、罗斯福的头像镌刻在拉什莫尔峰上。因此山岳导游语言要体现一定的力量与刚毅。

（2）语言用词恰如其分。适度选择形容词，用惟妙惟肖、生动鲜明的语言对山景，特别是山的形象美，进行恰如其分的描述性讲解。清代魏源在游历五岳后曾道：“泰山如坐，嵩山如卧，华山如立，恒山如行，唯独衡山如飞。”语句生动形象，活灵活现，这是用于描述五岳形象美的典型例子。名山或山中景观有不少是以形状命名的，如河南的鸡公山、浙江省雁荡山的夫妻峰、庐山的五老峰、长江三峡的神女峰等。

（3）启发引导游客的想象力。孔子之山是“仁者之山”、曹操之山是“威武之山”、王维之山是“空山”、陶渊明之山是“归隐之山”、李白之山是“灵山”、苏轼之山为“多情之山”……不同的人对于山有不同的情感，导游带游客“游山”观景、讲景、审美的同时，还需提醒游客细致观察，启发游客的审美意识和想象力，在对观赏对象形象的认可中得到发现美的愉悦，让每位游客都做到心中有“山”。若遇游客在山体形状“像”与“不像”的问题上显得过于执着时，导游应注意与游客交流沟通，不能单纯地“掉书袋”，应引导游客自己去寻求答案。

（4）充分体现和展示中华文化的意蕴。悠久的历史文化积淀使得我国名山由自然景物升华为“人文名山”，山具有丰厚的文化积淀，山与祭礼、宗教、神话、游历探险、归隐文化等传统文化及文化活动密切关联，是我国文化重要的组成部分并具有多元功能。导游讲解要善于把握文化特色，将其与游览景观紧密联系起来，展示文化内涵，引用诗词歌赋、传说故事时，注意依托具体的客观事物，以增强真实性和可信度。

（5）以传统文化激发正能量。古人常以山寄托自己的情怀，如杜甫的“会当凌绝顶，一览众山小”；柳宗元的“心凝形释，与万化冥合”；王维的“空山新雨后，天气晚来秋”……这些都是对人们因山峦景观之美而升华为精神享受的形象记录。导游在带游客游山讲景时，要发扬我国传统文化的精髓，以山岳精神寄托人文情怀，激发游客的爱国精神。

## 三、特殊地貌景观游览与导游讲解

### （一）服务要求

（1）掌握辨别地貌类型的方法和途径，熟知地貌景观的成因机理，选择适宜的讲解方法，灵活组织导游语言，掌握各类地貌景观的构景要素、美学特征及审美路径。

（2）做到科普与娱乐相结合，用通俗的语言进行导游讲解。

（3）根据游客需要，结合景物特色，点、线、面的结合，赏景过程宏观与微观结合设计游览路线。

### （二）讲解要求

（1）依托地理科学知识，类科普讲解要有理有据，概述与重点讲解结合，突出特殊地貌景观的游览价值。

（2）科普介绍与美学赏析相结合，把引导审美与旅游文学作品、传说故事结合起来激发游客的想象思维，留出游客“消化”美景的时间，选择好讲解时机和位置。

（3）挖掘地貌景观中承载的人文要素，延伸知识广度，熟知与特殊地貌景观相关的传说、故事等。

### （三）我国著名特殊地貌

1. 喀斯特景观导游——昆明石林

（1）石林的地位。石林是1982年国务院批准的首批国家级重点风景名胜区之一，是世界上最典型的喀斯特地貌景观，范围达350平方千米，素有“造型地貌天然博物馆”之称，是我国四大自然景观之一。

（2）位置。云南省昆明市所属石林彝族自治县境内。

（3）石林的特点。一是发育面积广，目前已被严格保护的石林景观面积达350平方千米。二是石林演化历史长而复杂。研究表明，在晚二叠纪玄武岩喷发前，石林地区就已有包括石芽、石柱、洼地等喀斯特的发育。玄武岩和凝灰岩的沉积使当地裸露和覆盖的喀斯特景同时发育，到第三纪时，云南高原的强烈抬升和断陷盆地的形成，使一部分石林和石芽景观再次受到红色沉积的覆盖。受到第四纪温暖潮湿气候和地壳不断上升的影响，裸露的石林景观持续发育，使被剥露的石林景观又不断受到改造。三是石林县石林的景观奇特、千姿百态、雄伟壮观，特别是那些剥露改造型石林，已成为今日石林的典型代表。它们已成为我国文学、艺术和园林制作的灵感源泉。国际洞穴协会前主席、加拿大皇家学会院士福特教授说过：“看了中国的石林县石林、桂林塔状喀斯特和广西大化七百弄峰丛、洼地，就了解了整个宏观喀斯特地貌。”四是石林县石林地区保存了大量的古人类化石和石器，还有 6 000 年以前彝族的摩崖象形文化。优美和独特的自然环境造就了彝族人民豪爽奔放、热情好客的风俗和以大三弦、阿细跳月为代表的独特彝族撒尼文化。

（4）成因。据科学鉴定，石林在两亿七千年前是一片汪洋大海，海底逐渐形成石灰岩沉积区，经过地壳运动，海底上升形成陆地，亿万年来，经过大自然长期的雨蚀和风化，有的石灰岩被溶蚀、沉淀，有的崩塌、陷落，有的堆积，约在 200 万年前即形成千百万座拔地而起的石峰、石柱、石笋、石芽，远望犹如莽莽丛林中的大片危岩石柱。明末清初开始，人们把这里称为“石林”。

（5）景点简介。大小石林、乃古石林、芝云洞、长湖、大叠水瀑布、月湖（尚未开发）、奇风洞（尚未开发）7 个区域景区组成了石林风景名胜区，下面重点介绍大小石林景区。

大石林游览线路：大门（石林导游、石碑）—石林湖—狮子池—狮子亭—青牛戏水—石屏风、大鹏展翅—桂花林—朱德题刻—“海底世界”—鳄鱼头—石林胜境—千钧一发（景观与字意）—“刀山火海”—且住为佳—“无欲则刚”—剑锋池—极狭通人—仰天俯地—古藤（喀斯特区植被）—双鸟渡食—象踞石台—千年龟—石钟—天然歌厅—老鼠吃火腿—望峰亭……

（6）历史及传说故事。石林景区的石头承载了许多历史史实和丰富的传说故事，其中包括朱德题刻、石林湖名称与周恩来以及龙云题刻的典故等，著名的传说故事有阿诗玛、狮子山、大鹏展翅、剑锋池拳打脚踢、玉鸟爱情故事等。

（7）民族风情。彝族的族称，撒尼人的名称、服饰、居住形式、节日、饮食、习俗、歌舞等。石林县有“五乡”美誉，即岩溶之乡、歌舞之乡、摔跤之乡、绘画之乡、烟草之乡，这些内容都与石林密切相关，可作为石林导游讲解的素材。

（8）景点的对比评价。在我国的海南、浙江、福建、贵州、四川、湖南、广西、云南等地区均分布有类似石林的景观；法国、西班牙、土耳其、坦桑尼亚、巴西、澳大利亚、新西兰、巴布亚新几内亚、马来西亚、菲律宾、马达加斯加、越南等国均有剑状喀斯特和类石林的发育，特别是马达加斯加安卡拉那、波马拉哈的井割景观，覆盖面积大，雄伟壮观；马来西亚穆鲁雨林中的剑状喀斯特形态也颇为壮观奇特，它们都是大自然长期刻蚀加工的杰作，然而，由于种种原因，它们的可入性、科学性、美学性和与人类社会、文化进步的关联性均不可与我国石林并驾齐驱。

2. 风沙地貌景观——玉门关外雅丹地貌

（1）位置。在玉门关西北边八十余千米的地方，有一大片雅丹地貌，长约十五千米，似乎一点儿也看不出风沙侵蚀的痕迹。

（2）景观特点。远看犹如一座建筑风格十分典雅别致的大城市，雅丹地貌高低不同、方圆参差、错落有致、布局有序，而且形成了一条条宽阔笔直的大马路，如同技法巧夺天工的建筑师精心修筑而成的一样，游客若不亲临，实难相信大自然竟有如此美景。近看，每个雅丹地貌都各具形态，千奇百怪：有的像座塔，有的像宫殿，有的像麦垛，有的像或立或卧的各种动物，有的像大海中乘风破浪的船队，有相当一部分宛如游牧民族居住的圆顶毡房。多姿多彩的雅丹地貌不仅让人赏心悦目，更使人浮想联翩，同时使人们惊奇于大自然的创造与人类现实生活惊人相似。

这些雅丹地貌土质坚硬，呈浅红色，与青色的戈壁滩形成强烈的对比，在蓝天白云的映衬下格外引人注目。千百年来虽经风吹雨淋、烈日曝晒，但至今仍英姿不变，或许随着历史的变迁，这些雅丹地貌会变得越来越俊美秀丽。

3. 火山地貌景观——黑龙江五大连池景区

（1）地位。五大连池位于黑龙江省北部，是国务院 1983 年公布的第一批全国重点风景名胜区，为国家级自然保护区，是我国旅游名胜风景区“四十佳”之一，是国家级“地质公园”。

（2）位置。东经 126°00'～126°20'，北纬 48°34'～48°48'，平均海拔高度为 250～300 米，属寒温带大陆性气候。当地夏季较炎热，最高气温可达 34℃，多见于 6—7 月份；冬季较冷，气温一般在-20℃左右，最低气温可达-36℃；年日照时数为 2 100～2 850 小时，年平均降水量为 500 毫米。

（3）景观特点。五大连池在不同时期先后爆发过 14 座火山，早期火山距今已有 130 万年，近期喷发的火山也有 280 年的历史，目前仍保留着完好的火山爆发时的壮观遗迹，素有“火山公园”“天然火山博物馆”之美誉，是火山地质科学考察和研究基地。最后一次火山爆发发生在 1719—1721 年，火山熔岩阻塞了当时的河流，形成了五个串珠样的自然湖泊——火山堰塞湖，故得名“五大连池”。

## 第三节 “玩水”与导游服务

“没有水，便没有生命”，水不仅在人们生活饮用、工农业生产和舟楫交通上居于不可缺少的地位，同时水还能美化、绿化环境，改良气候。人们游泳、滑雪、划水、疗养、品茗离不开水，水还给人们带来了特殊和高尚的自然享受。游客出门不仅要“游山”，更要“玩水”。

### 一、关于水的基本概念

#### （一）水

水是自然界最活跃的物质之一，地球表面 3/4 由水所覆盖，它不仅存在于大气、土壤和岩石中，更是生物生存不可缺少的要素。

水从化学角度讲，是由两个氢原子和一个氧原子结合而成的简单的氢氧化合物。在地球上，由于受地形、气候等因素的影响，水以不同的状态存在于自然界。气态水，如水蒸气、云雾等形式；液态水，这是水的主要存在状态，常见的液态水包括雨、露、泉水、湖水、江河水、海洋水等；固态水的存在形式主要有雪、霜、雾凇、冰、冰川、冰盖等。

## （二）水体

水体是指以相对稳定的陆地为边界的水域，是对河流、湖泊、沼泽、水库、地下水和海洋的总称。不同的水体有不同的水文特征，水体也称水环境，包括水以及其中的溶解物、水生生物和底泥等，它们共同构成完整的生态系统或完整的自然综合体。从水体存在的区域，可将其划分为水域和水系。水体能否成为旅游资源受两个条件影响：一是水体的卫生环境质量，二是水体自身的优美度。水体质量简称水质，是指包括在水中的微量化学元素和生物在内的各种物质的总和。对水质的判断可通过感官或仪器来分析。水体蕴含的美包括形态美、色彩美、光影美、声音美、奇趣美等。

## （三）水域

1. 海洋

根据海洋所处的地理位置及其水文特征的不同，海洋又可分为洋、海、海湾和海峡。

（1）洋。洋是世界大洋中远离大陆、深度大、面积广，不受大陆影响，具有较稳定的理化特性和独立的潮汐系统以及强大洋流系统的水域。

（2）海。海是靠近大陆，深度浅、面积小，兼受大洋和陆地的影响，具有不稳定的理化特征，潮汐现象明显，有独立海洋系统的水域。

（3）海湾。海湾是海洋伸入大陆的部分，其深度和宽度向大陆方向逐渐减小。

（4）海峡。海峡是连通海洋与海洋的狭窄的天然水道。

2. 河流

地表水在重力作用下，经常会间接地沿着陆地表面上的线形凹地流动，称为河流。

河流都有河源和河口。河源是指河流的发源地，不同河流的河源情况不同，确定较大河流的河源须先确定干流，一般取长度最长或水量最大的作为干流，有时也按习惯确定。河口是河流的终点，即河流流注海洋、河流、湖泊或沼泽的地方。在干燥的沙漠区，有些河流的水消耗于蒸发和渗透，最后消失在沙漠中，这种河流称为瞎尾河。除河源和河口之外，每条河流还可分为上游、中游、下游。上游比降大，多瀑布急滩，流速大，流量小，冲刷占优势，河槽多为基岩或砾石；中游比降和流速减小，流量加大，冲刷淤积都不严重，河槽多为粗砂；下游比降与流速更小，流量更大，淤积占优势，多浅滩或沙洲，河槽多为细沙或淤泥。河流的上、中、下游划分不是绝对的，有的根据地貌特征（如河槽纵比降及冲淤情况等），有的根据水文特征（如流速、流量等），也有的综合考虑多种因素划分。在一定集水区内，由大大小小的河流构成的脉络相通的系统称为水系。

3. 湖泊

湖盆是陆地上蓄水的洼地，湖盆的形成是湖泊产生、演变的先决条件。湖盆蓄水后称为湖泊，为大陆上天然洼地中蓄积停滞的或流动缓慢的水体。每个湖泊的长度、宽度、岸线长度、面积、深度、容积、底坡等都不相同，从而形成丰富而多样的湖泊形态。湖泊的形态对湖水性质、湖水运动、湖泊演化、水生生物等都有一定影响。依据不同的目的和指标，可将湖泊划分为以下不同的类型。

（1）按湖盆的成因，可将湖泊划分为自然湖和人工湖。自然湖盆蓄水后称为自然湖。自然湖盆是在内外力相互作用下形成的。以内力作用为主形成的湖盆，称为内力湖盆；以外力作用为主形成的湖盆，称为外力湖盆。内力湖盆又可分为构造湖盆、火口湖盆和堰塞湖盆等；外力湖盆依据外力作用的不同，又可分为河成湖盆、风成湖盆、冰（川）成湖盆、溶蚀湖盆、河海成湖盆等。湖泊也以湖盆名称而得名。

人工湖，即人工湖盆蓄水后形成的湖泊。人工湖盆是由人类修建而成的湖盆，常见的水库和蓄水池皆为人工湖。

（2）按湖泊的水源补给条件可分为有源湖（有地表水注入补给）和无源湖（无河流补给，主要靠大气降水补给）。

（3）按湖泊的排泄条件划分为：外流湖、吞吐湖和闭口湖。

（4）按湖泊含盐度划分为：淡水湖（含盐度小于 1.0‰）、微咸湖（含盐度在 1.0‰～24.7‰）、咸水湖（含盐度大于 24.7‰）。

4. 沼泽

沼泽是地表经常过湿或具有停滞的、微弱流动的水分，其上生长着沼泽植物，并有泥炭的形成和累积的地段。国内外对沼泽的概念一直没有完全统一，目前从生态系统保护的角度，人们重新审视沼泽及其作用后赋予了它一个新名称——湿地。湿地具有独特的景观特征，对于地球生态系统的保护发挥着极为重要的作用，科学家把湿地誉为“地球的肺”。

5. 冰川

冰川是陆地上重要的水体之一，它是由固态降水积累演化而成的，是能自行流动的天然冰体。冰川的累积和消融积极参与了水分循环，强烈地影响着地表的演化过程。构成冰川的冰是一种浅蓝而透明的、具有塑性的、可流动的多晶冰体，俗称冰川冰。冰川可分为海洋性冰川和大陆性冰川两大类。海洋性冰川主要发育在降水充沛的海洋性气候地区，其雪线分布低，冰舌尾端下伸也很低，可达森林带，冰面消融强度大，冰川进退变化幅度也大，冰蚀作用明显。大陆性冰川主要发育在降水稀少的大陆性气候地区，冰川流动缓慢，冰舌高居在森林带以上，冰舌尾端进退幅度较小，侵蚀作用也较小。

6. 地下水

存蓄于岩石、土壤空隙（孔隙、裂隙、溶隙）中的水，统称地下水。地下水的天然露头称为泉，泉是地下水的重要排泄方式之一。当含水层或含水通道露出地表时，地下水便涌出成泉。

### （四）水域景观类型

水域景观的分类方式较多，本书以 2003 年国家颁布的《旅游资源分类、调查与评价》（国家标准 GB/T 18972—2003）为标准，依据旅游资源的性状，即现存状况、形态、特性、特征进行分类，归纳成表 6-3。

**表 6-3 水域景观基本类型**

| 主 要 类 型 | 基本景观类型 |
| --- | --- |
| 河段 | 观光游憩河段、暗河河段、古河道段落 |
| 湖泊与池沼 | 观光游憩湖区、沼泽与湿地、潭池 |
| 瀑布 | 悬瀑、跌水 |
| 泉 | 冷泉、地热与温泉 |
| 河口与海面 | 观光游憩海域、涌潮现象、击浪现象 |
| 冰雪地 | 冰川观光地、常年积雪地 |

## 二、水与旅游

### （一）水与景观

水是自然界主要的构景要素之一，水域风光数量多、质量高、景观美。有些水域占地面积广，景观独特，以其固有的水态、水色等独立成景。以水为主的自然景点之美，不但在于各种水体类型本身，更在于各种水体与其他造景因素的相互配合。例如，著名的太湖景区、杭州西湖、黄果树瀑布等，其景区名称皆得益于水景。

水与地形的结合形成了绿水青山交相辉映的绝妙风景。北宋画家郭熙曾言：“山得水而活，水得山而媚。”从观赏角度看，我国有许多旅游观光胜地都是以水所具有的秀丽、幽曲等特征显示景观的柔性，同山地的雄伟、险峻所显示的刚性相结合而成为旅游观光胜地，如长江三峡、漓江、黄果树、九寨沟、壶口巨形飞瀑等知名景区。

水与动植物结合可向游客展示地球和谐的环境。动植物的生长离不开水，水域与动植物有机结合的区域显示出地球的勃勃生机，往往成为深受游客青睐的旅游、度假、体验、观光、休闲目的地。我国典型的有杭州西湖、四川九寨沟、“四面荷花三面柳，一城山色半城湖”的济南大明湖等。

大气中水对阳光的反射、散射、漫射或吸引等作用，形成了雾、云、雨、雪、凇等奇幻的景致。变幻莫测的云雾和自然与人文结合，构成的景观犹如“仙境”，甚至成为景区标志性景观，典型的如黄山云海、吉林雾凇、江南烟雨、峨眉山的金顶佛光等。

在特定的环境条件下、在特殊的季节里，还有更为壮观的现象，典型的如杭州西湖的“曲院风荷”“平湖秋月”“断桥残雪”是水与夏、秋、冬三季所组合而成的名景。“落霞与孤鹜齐飞，秋水共长天一色”向人们展示的是气象、动物、季节、水域、水体共同构成的奇妙景致。没有不同状态下的水，这些奇景是不会存在的。凡是美景，皆源于相互配合。

### （二）水与我国文化

1. 水与历史文化

人类的产生和生活离不开水，水是古人选择居住地的首要条件，临水而居是人类建设居住地的首要条件，如城池基本都设在有河流和湖泊的地方。如果没有尼罗河的存在，沙漠大陆非洲不可能产生根植于“绿色走廊”之上的古埃及；如果没有两河的浇灌，美索不达米亚平原绝不是苦苦寻觅安居乐业之地的苏美尔人的驻足之处；如果没有印度河、恒河的水利，次大陆不可能产生发达的农耕；古老的黄河、长江，更是孕育了繁荣的华夏文明。人类的生活繁衍基本依赖于农耕种植或追逐水草的牧业，无论是农耕还是放牧都依赖于水，水是人类生存繁衍中不可替代的要素。

2. 水与园林艺术

我国园林艺术刻意模仿自然山水格局，在小地域范围内营造具有高山大川意境的人工生态环境，在世界园林中独具一格，被称为“自然山水式”园林。我国园林被公认为“世界园林之母”，这种荣誉与我国山水有直接关系，我国自然的山水意境就是我国园林艺术的灵感之所在。

3. 水与现代工程

新中国成立以来，我国在开发江河、防治水害方面取得了重大建设成就，一些工程既是工程项目，又是旅游资源，如大江大河上的桥梁、水库，南水北调工程等，它们既点缀了原有的水体景观，又丰富了原有的水体景观，使其成为新奇的旅游资源。

### （三）水与文学、艺术

水对我国文学、艺术、绘画等文化发展具有深远意义。我国文学中有游记文学，南朝开始出现了山水诗，以谢灵运为代表的山水诗人创作了无数的山水诗为后人传诵和模仿，长盛不衰。我国传统绘画中也有大量的作品以山水作为题材，画家们用各种手法描绘了祖国的大好河山，使“山水画”几乎成了“中国画”的代名词。

### （四）水文化

#### 1. 水文化的起源

水为万物之源，大自然的奇观美景离不开水，人类的文明进程离不开水，社会文化的发展、多元文化的形成同样离不开水。

水是有形的，因它无处不在；

水是无形的，变化万千不可捉摸；

水是刚毅的，因可水滴石穿；

水是温柔的，恰如我国古代之贤妻良母；

水是纯洁的，既可以水为净，也应以水为镜、以水为鉴；

水是浪漫的，载着童子、诗人、画家云游梦幻天国；

水是生命的源泉，孕育所有生机，包括人类，而且构成人身之主体；

水博大精深，既用宽阔温暖的胸膛包容人间万象，又用豪迈奔放的气概荡涤世间污浊。水是人类生活中接触最多、应用最广、须臾不能离开的物质，因此人们对水的感触也最多。久旱逢甘霖、春雨贵如油表达的是人们对水的渴望；洪水猛兽、水患无情表达的是人们对水的憎恶；相濡以沫、鱼水深情说的是感情至深；覆水难收、落花流水则表现出几多无奈。

《辞海》中关于水的词条，仅首字为水者即达400多个。我国文学、历史书籍中关于水、涉及水的成语、俚语、俗语更是数不胜数。仁者乐山，智者乐水，水确实构成了一种文化现象。广义的水文化可理解为“科学+文学+艺术”。狭义的水文化主要指“文学+艺术”，也包括相关的成语、俗语、典故、传说、音乐、美术、电影、电视等。

水是柔弱的、透明的，是生活中不可缺少的。由于存在状态的不同，水变幻莫测、难以琢磨。水对人们情感的影响也极大，自古人们皆喜以水来比喻人间的悲欢情感，以水作为爱情的媒介。“所谓伊人，在水一方”“我住长江头，君住长江尾。日日思君不见君，共饮长江水”“花自飘零水自流，一种相思，两处闲愁”，人们以物寓情，借物抒情；“君不见黄河之水天上来，奔流到海不复回。君不见高堂明镜悲白发，朝如青丝暮成雪。人生得意须尽欢，莫使金樽空对月”，在李白的诗句中，以水对年华，表现了一种悲观的解脱；梁启超面对大海立下宏愿——“世界无穷原无尽，海天寥拓立多时”，表达出进取的人生态度。

在旅游中，特别是在旅游景观的塑造与景观承载文化的特色分析方面，水与旅游产品、旅游活动、游客、导游服务、导游员等都有着密不可分的联系。

#### 2. 水文化的拓展

宇航员在外太空回望地球所看到的是一颗蓝色的星球——这里的蓝色就是地球上的水

体。水是地球的标识，可以说在宇宙中，由蔚蓝色大洋为主体构成的地球外观色彩成了宇宙之中地球形象识别系统的显性标志。地球与水是永恒的主题，人们的水文化亦可谓博大精深。

水除了给人类以饮用、舟楫、灌溉等方面的恩惠外，还具有许多精神方面的价值和特质。千百年来，中华民族在认识水、治理水、开发水、保护水和欣赏水的过程中，留下了丰富的精神产品，领悟出许多充满智慧的哲思，奠定了中华水文化的深厚底蕴。

管子说：“水者何也，万物之本原，诸生之宗室也。”

孔子说：“逝者如斯夫！不舍昼夜。”又说：“仁者乐山，智者乐水。”

老子说：“上善若水，水善利万物而不争，处众人之所恶，故几于道。”

庄子说：“水静则明烛须眉，平中准，大匠取法焉。”

…… ……

这些充满智慧的语言从不同侧面道出了水中蕴含的哲理。水是中华民族精神生活的源泉，造物钟神秀、地灵乃人杰，在水域之滨，走出了无数的先贤。面对变幻莫测的水景，前人留下了不朽的诗文：著名诗人屈原从长江三峡之滨的秭归走来，留下千古绝唱，最后又回归于水域之中——投身汨罗江；司马迁来自黄河之滨，其足迹踏遍神州，写下了不朽之作《史记》，死后归葬东临黄河、西枕梁山的芝川镇南山岗；曹操征战归来，途经碣石，当他面对大海之时，心潮如海水般澎湃，诗性勃发，写下了著名诗篇《观沧海》：“东临碣石，以观沧海。水何澹澹，山岛竦峙。……”在这里，大海成了一代枭雄诗人理想的象征，在景物描写中展示出了曹操的胸怀；“白日依山尽，黄河入海流。欲穷千里目，更上一层楼”，唐代诗人王之涣在山西永济县登鹳雀楼时，观楼下滚滚黄河东流水有感而作，极富哲理的人文精神在滚滚东流水的启迪下，凝聚在诗里，同时沉积在景观之中；没有洞庭湖及湖畔岳阳楼，范仲淹“先天下之忧而忧，后天下之乐而乐”之名句由何而生？“柔情似水”“滴水穿石”，古老的谚语，道出了水的个性——柔而不弱，柔能克刚；“饮水思源”引申出中华民族“不忘本”和“知恩图报”的人格特质。

水文化在发展中产生了不同的类型，如河流文化、湖泊文化、海洋文化、泉文化、桥文化、舟船文化、SPA 文化、建筑文化等，还进一步衍生出了酒文化、茶文化、汤文化、粥文化、龙文化等。

## 三、“玩水”与导游服务

水景观是独特的“形”与特定的“意”的统一。导游带游客“玩水”时，应以水域及水体为物质载体，从文化的角度，深刻挖掘水体中所蕴含的力量、温柔、纯洁、无私等内涵，通过传神的语言和娴熟的语言艺术，把不同层次的信息传达给游客，讲解中要突出所观赏水域或水体中所蕴含的文化内涵，注意有针对性地引导、启发游客展开思维想象，达到人景相融的境界。

### （一）水与水景的美学鉴赏

1. 形之美

水域和水体的形之美是构成水景吸引力中的主要因素。水有不同的存在方式，海洋、湖泊多以相对静态为主，江河、流泉、瀑布以动态为主。受地形和季节的影响，有时还会呈现动中有静、静中有动的状态，游客通过眼睛可以直接感受这种美。水之形美往往不是单纯的，它可与不同的条件结合，展示出不同的魅力，如安徽寿县的“喊泉”、四川广元的“含羞泉”、云南大理的“蝴蝶泉”等。奇特的水景需要导游的引导与讲解，导游讲解中，要突出“奇”，可能的情况下要讲清科学成因，进行科普宣传和教育，注意引导游客亲身体验，积极引导游客通过不同的感官直接感受水的形之美。

2. 倒影美

水是无色透明的，在光线的作用下，水犹如一面镜子，万物皆可成影，以水为镜，古已有之。山石树木、蓝天白云、飞禽走兽，乃至人的行为活动都会在水中形成倒影。水上水下，岸边桥头，实物虚影相互辉映，构成奇趣无穷的画面。李白在《峨眉山月歌》中写的“峨眉山月半轮秋，影入平羌江水流”，描写了诗人看到峨眉山上空的半轮秋月倒映在流动不息的平羌江上的幽雅宁静的意境。导游引导游客游览时，要注意寻找最佳位置，提醒并引导游客观赏，并将倒影美的特色传达给游客。

3. 声音美

水会发出声响，通过声音的传递，使人感受到它的存在。水运动会发出各种声音：泉水的叮咚声、溪流的潺潺声、瀑布的轰鸣声、海啸的雷鸣声等，清浊徐疾，各有节奏。不同的水声能诱发游客不同的游兴和遐想，声音能让人获得乐趣。

4. 色彩美

在其他因素的配合影响下，水在静止积聚时可以呈现出绚丽的色彩。水色与水体的质量、成分，太阳的照射角度，天气状况等多种因素有关。当光线透入水中，通过水分子的选择吸收、散射，水就会出现不同的颜色，给人以美的享受；当水中含有某些物质，如泥沙、藻类植物等，水体也会出现不同的色彩，如九寨沟的五彩池、五花海和火花海等。水体最常呈现的颜色是蓝色和绿色，在人们的心目中，蓝色代表宁静，是永恒而深远的颜色，蔚蓝的大海使人感动，若与蓝色的天空交相辉映，则形成“秋水共长天一色”的景致；绿色是生命之色，面对如“湿润碧玉”的水面，游人自会感到舒畅和温和。“玩水”时，导游要选择好时间和观赏位置引导游客欣赏水色，并对色彩的成因及文化承载做引申讲解。

5. 光泽美

水体在日光、月光和灯光的作用下会呈现出各种美妙神奇的光泽。光泽是流动的、“活”的，朝霞与夕阳照在水面上会显出红、黄的光波；月光照在水面上时，水光交融、如梦如幻。西湖的“三潭印月”现象就是由月光、烛光、水光的交相辉映形成的“天上月一轮，水中影成三”的美丽景色；宋代范仲淹称洞庭湖景色是“上下天光，一碧万顷”；“湖光潋滟晴方好”就是描写晴空下西湖湖水光泽美的绝句。光泽之美需要水与光的巧妙配合，水体的光泽美有时间性和季节性，导游应掌握不同水域景区的水、光配合情况，适时引导游客游览并讲解介绍。

6. 味之美

人每天都要喝水，原则上水是无色、透明、无味的，而未被污染的泉水往往含有对人体有益的微量元素，水质清冽甘甜。许多著名景区都有可观、可饮的泉水，如杭州虎跑泉、济南趵突泉、镇江金山寺冷泉等。有时，水与其他物产配合能更深层次地体现出水味，如酿名酒必须要有好水，品茗泡茶必备甘甜醇厚的泉水。水在我国茶文化、酒文化、食文化发展中发挥着重要作用。导游在带游客游览讲解时，可向游客延伸介绍当地的特色文化，条件允许时可让游客参与品饮甘泉、品茶赏艺等活动。

7. 娱乐、体验美

面对水，可看、可赏、可饮、可浴、可垂钓。海滨浴场，温泉天地，特定的海、河、湖等区域都能提供让游客与水直接“亲近”的机会，条件适合的地区还可发展戏水、垂钓、潜水等活动，游人可以不同的方式亲近水、感受水，体验人与自然的和谐。利用特殊的水资源——温泉可开展“SPA”养身、娱乐等活动。

### （二）“玩水”路径

1. 观水

1）观水面

游览水域景观时，人们首先看到的是水面，即水体的表面形态。水面是构成水域景观的基本要素，观赏水景时，人们总是以水面的大小、形态、色彩等作为参照去赏析水域风光。由于水域的面积不同，观水面的方法也不同。观水时要注意岸线与水面的结合部，笔直的岸线给人以刚强感，蜿蜒的岸线给人以柔美感。

水面较小时，导游要引导游客从细微之处开始观赏，特别是一些人工的水体配景，一般水域面积不大，导游员在引导游客游览时，应逐步让游客“以小见大”，注意水景与其他景物的有机搭配和协调。

水面较大时，要学会以大见小。例如，在海岸旅游时，既要眺望海天一色的远景，更要关注海岸周边的景色，如礁石、植被、沙滩、海水甚至航行在海上的轮船。事实上，旅游者在欣赏景色时，自然而然就是这样做的。

2）看水色

水色指水体的颜色，纯净的水体是无色透明的，但深水常呈蓝色。溪谷的上层流水水层薄而干净，水体透明无色，清澈见底；瀑布和跌水水珠飞溅，在阳光反射下呈白色。生物活动和人类影响可以形成特殊的水色，腐殖质可将水体染至灰黑色；而富营养湖由于藻类生长，水体常呈绿色。色彩最容易使人产生联想，不同的色彩蕴含着不同的寓意。

3）听水声

水声指水流产生的声音，瀑布、激流和潮汐可以产生咆哮或奔腾的声音；小溪流则发出潺潺声；波涛形成磅礴声。水声的差别反映着水的动态特征。

4）识水态

水态指水体的状态，水态对水景有直接的影响。冬季寒冷的时候水体结冰，此时水体是固体态；其他季节水体是液体态。液态水景又可分为静态和动态，一平如镜是静态，涟漪和微波是微静态，激流和瀑布是急动态。水态有动、静之别，水体的本质是流动的活体，水体的“动”是绝对的，而“静”是相对的。在水景观赏中我们经常可以看到瀑布的“动”和深潭的“静”，江河的“动”和湖泊的“静”，海潮的“动”和海面的“静”，我们在水景的动静之间享受美感，在动静之间体验自然。

5）赏水光

水光指在水光的作用下形成的反射、折射现象，是水体景观的特有美学特征之一。

6）尝水味

水味指水体的气味，纯净水为无色无味的液体。水味是评价水质的一个标准，对水景质量具有间接的影响。当水体含腐殖质时呈霉味，含泥质时呈泥土味，含矿物盐时有咸味。

7）查水质

水质是否受到污染，有时并非一望可知。若海水中含有细菌、养分和其他污染物，会使游泳者感到不适，亦会导致海洋生物受污染或死亡，并使海水散发难闻的气味。

8）测透明度

纯净水呈透明状，一般而言，透明度越高则水景越佳。在水域景观的赏析中通常是根据上述几个方面综合考察的，有时由于水体的侧重不同，外观欣赏的标准也各有不同。

2. “亲”水

现代旅游活动明显的趋势之一就是参与、体验。水域、水体能提供人们开展参与、体验活动的场所。

1）戏水

在游览过程中，导游在充分了解所游览区域基本情况的基础上，可在合适的季节，适时组织游客开展一些轻松愉快的“戏水”活动，如小溪边喂鱼、垂钓等。

2）康体疗养

在参观游览特色温泉区，导游在引导游客观赏泉水奇观期间，在保证安全，时间和条件允许时，游客可体验温泉，消乏解困，享受“SPA”（水疗）的乐趣。

3）品饮体验

结合水域景区的其他资源，引导游客“品茗”，延伸讲解我国悠久的茶文化。如游览西湖秀美风光时，还应享受“西湖双绝”——虎跑泉水泡龙井茶；在饱览洞庭湖美景时，应到君山品尝君山银针茶；泛舟太湖，不能不问“碧螺春”。

3. 内在意蕴的体验

1）以水寄情，游水抒情

在我国，人们总是把水和人的悲欢离合联系起来，如“问君能有几多愁，恰似一江春水向东流”（唐·李煜《虞美人》），借长江之水流露无限感伤愁怨。所以在水体景观游览中，导游可借水景抒发自己的情感，使讲解充满人情味，并富有激情。同时也要引导游客在游览中把旅游和景物自然地结合起来，使旅游活动变得丰富而充满人情。

2）以水寓意，观水体验

水体之美在于其永远的流动，水流运动给人带来生生不息的美感，人们常以水来寓意和比照某些事物和情感。“流水不腐，户枢不蠹”“行云流水”“流水无情”等无一例外地以水寓意；而“高山流水”的故事更是广为流传，以流水比喻美妙的乐曲，以及借指知音和知己，使人们面对水景时自然产生愉悦亲切之感。在导游服务中应注意借鉴引导，赋予水域、水体以“生命”，激发游客的游兴和灵感。

3）以水寓理，观景升华

水与人类生活乃至文化历史有一种不解之缘，流淌在东方的两条大河——黄河与长江，滋润了蕴藉深厚的中原文化和绚烂多姿的楚文化，先哲们以水论事、以水喻理、以水明志的精辟论见堪称华夏文化的思想宝藏。子在川上曰：“逝者如斯夫！不舍昼夜。”慨叹生命易逝、年华不再；李白不满现实的“抽刀断水水更流，举杯消愁愁更愁”，表露的显然是如水流般的长恨情绪。

## 四、导游讲解

游客选择以水域为其旅游目的地的因素是综合复杂的，不同的水域承载不同的文化，而游客的文化层次又是多样的，因此，导游讲解必须充分掌握水域景观的特色，在分析游客动机的基础上，制订有效的旅游行程与计划，收集整理相关信息和资料，准备好导游讲解提纲，选择好适宜的讲解方法并灵活运用。

### （一）讲解要求

1. 根据水景特色讲解

直观地看，海洋浩瀚无际，碧波万顷，怒潮澎湃，深邃奥妙；流泉、溪涧、小湖则多给人以秀丽、幽美之感；江河湖泊常介于两者之间，江河虽有“孤帆远影碧空尽”的意境，但终不及海洋带给人们的强烈触动。

江河上、中、下游的景致不同，即使同一区域的景观也会有差别，海洋、流泉、瀑布也都如此。以河流为例，无论黄河、长江还是珠江等江河，虽然皆有源头和入海口，但由于受各自地貌、气候、植被等自然地理环境条件的影响，其各自的水文特点也不同，故各条江河均各有其特色，如宋代范成大在《初入巫峡》中写道：“束江崖欲合，漱石水多漩。卓午三竿日，中间一罅天。”长江在这里显得很险峻；唐朝诗人王之涣在《登鹳雀楼》中的“白日依山尽，黄河入海流。欲穷千里目，更上一层楼”成为描写黄河壮阔场面的千古绝唱。面对不同的水域及同一水域的不同区域，导游应采用不同的讲解方式及技巧。

2. 因地制宜，突出个性

不同的水体由于其存在状态不同，表现出来的景观特征也不同，即使是同一水体类型，由于所处地域环境的差异、各自然地理因素组合的不同，相同类型的水体景观表现出来的特征也存在差异。导游要根据具体水体景观的特点来把握好它的特征，根据景观类型讲解特征或根据景观配合讲解特色，目的是突出景观的个性。如讲解海洋景观时应突出海滨的伟岸、辽阔；讲江河景观应突显景色多姿、类型丰富；介绍湖泊景观应重点体现大湖泊的恬静，小湖泊的清秀，高山之巅湖泊的神秘、奥妙、幽静、清澈；遇到泉水要介绍它的奇特、多功能及转换性；观瀑布景观要注意形态、声态、色态的三态变化。

3. 从时代变迁讲解

要重视水之外的各种自然造景因素，从时代变迁解释水及水域、水体的作用。通过对历史和现实的状况分析，揭示水体的历史文化内涵，丰富原有水体景观，吸引游客的注意力。

从时代变迁角度讲解江河湖海的作用可使旅游者全面地了解有关人文造景的因素，如政治、经济、军事、交通、文化、宗教、民俗等方面的内容。导游只有将实际情况正确运用到讲解中，才能丰富讲解的内容和文化底蕴，体现人与自然的完美结合、和谐统一，从而将导游工作开展得有声有色。

以水为主的自然景点之美不但在于各种水体类型本身，更在于各种水体与其他造景因素的相互配合上，其中包括同自然因素中的地貌、植物、动物、天气和气候等的配合，也包括同人文因素中的各种建筑等因素的配合，还包括同历史文化和现实建设成就的配合。

4. 从水的旅游效用讲解人与自然的协调

1）康体效用

具有医疗作用的天然水主要有矿泉、温泉、海水等。矿泉中含有多种化学成分，再加上一些泉水温度较高，因此就会产生较强的医疗作用；海水则通过与周围良好的空气、阳光结合，加之海水中所含的特种矿物质，对人体的体能恢复和一些慢性疾病的治疗有良好的功效。

2）品茗酿造的效用

良好的水源是品茗酿造的必要条件，而茶和酒是我国重要的旅游商品。有好茶还要有好水；酿好酒离不开好水。

3）休闲效用

游客外出旅游的目的之一就是休闲娱乐，而水体能为游泳、泛舟划船、垂钓滑水、潜水冲浪等人们乐于接受的休闲活动提供场所，不同的活动适合不同年龄阶段游客的需要。

4）交通效用

水上交通具有双重功效，既是交通工具，同时又是游览项目。乘游船可避免路途中的颠簸，更重要的是，它能使游人置身"图画"般的美景中。

## （二）讲解方式

1. 善用联想

1）旷野与激荡

水体由于自身的特征形成了千姿百态、千变万化的景观。"旷"一般是指视野开阔的景观。"野"在《辞海》中释义为：野是旷远之处。野是天然美、朴素美的一种意境。柳永的《雨霖铃》："念去去、千里烟波，暮霭沉沉楚天阔。"范仲淹的《岳阳楼记》："衔远山，吞长江，浩浩荡荡，横无际涯……"都描述了水体景观"旷野"的特点。咆哮的潮水、激荡的海浪、飞落的瀑布、凌空的雨雾，观之令人激情澎湃。

2）静谧与秀媚

静静的湖面、深深的海洋流露出静谧娴雅的格调；涓涓的溪流、妩媚的湖面、清澈的泉水体现的是秀媚。静谧是成熟、幽美和高雅；秀媚是清新、妩媚和淡雅。

3）力量与温柔

动态水勇往直前、执着，显示出力量；静态水甜美而安逸，犹如娴静、温柔的少女。

4）纯洁与无私

"以水为净"是人们的共识。在人们的心目中，纯洁是水的基本特征。"清澈见底""露珠晶莹"等都显示出水的纯洁。"无私"是人们赋予水的人格化特征。

## （三）不同类型水体景观导游讲解

1. 线状景观——河流导游讲解

江河是由一定区域的地表水（雨水、冰雪融水）和地下水补给，并沿着狭长的谷槽流动的水体，较小的称为溪、涧，较大的称为江、河。江河的旅游价值首先在于观光，这种价值是江河水体与两岸流水地貌恰当组合而成的。

由于河流分布极为广泛，处在地球上不同温度带的江河，其景色也不同，同一江河的不同地段，其景色也不同。因此在实际游览导游中，导游员的游览与讲解要根据不同的景观特点及具体的景点分布和景物的构成，结合多种讲解方法进行游览引导和导游讲解。

1）不同温度带河流的景观特色

位于北回归线以南热带季风区的河流，河流虽短，却有热带季雨林景观，所谓椰林风光、雨林奇观便是其代表景观。

亚热带季风区江河具有亚热带常绿阔叶林景观，如长江因其流量大、汛期长、植被丰、湖泊多、农业富而成为一条“黄金旅游路线”。

暖温带流河，如黄河，主要地处落叶阔叶林地带，虽然流量少、泥沙多、植被稀，但它是中华民族主要的文明发祥地之一，所以，黄河旅游路线是展示我国古老灿烂文化的一条最佳旅游路线。

我国中温带河流以松花江、鸭绿江为代表，流量大、植被丰，具有山清水秀的风景特色；寒温带河流以黑龙江北段为代表，暖季水漫漫，冬季成冰带，具有典型的林海雪原式的北国风光特色。

2）同一河流不同河段的景观特色

河流上、中、下游各段因地貌地势差异而景色不同。由于河流的线状特点，具体讲解程序及讲解方法建议如下。

（1）河流概况介绍。具体内容要求：明确讲解的中心主题思想，确定分布区及目的地所处的地理位置，旅游目的——具体游览河段的讲解。以河源为切入点，向游客讲解介绍。一般河流的源头多在构造上升区。河流之路较长的必然会有宽谷与狭谷相间。当河段以地壳上升为主，则出现峡谷，上升越强，峡谷越深，常有陡崖、急流、跌水、怪石等险峻景色以及幽深美妙的意境。当河段以地壳沉降为主，则水势平稳缓慢，沉降越强，河曲发育越好，常有牛轭湖、沼泽湿地相间的帆影渔歌景色。各河段又因地壳运动差异有不同级数的阶地与岸边高度不等的丘陵地，具有不同的成景条件。河流在出口处也因地壳沉降幅度的不同以及泥沙沉积物的多少，有三角港或各种三角洲，形成不同的景物。河流自源头至河口，总的地形变化趋势一致，但有分段特征与河流的地方特色，成因条件亦随之不同。

（2）水体景观讲解内容如图 6-1 所示。

具体讲解内容应包括

- 水域景观特色（以导游引导为主，注意选择好观赏的位置和角度，主要可运用分段讲解和突出重点的讲解方法）
- 科学道理的解释（根据游客组成把握好讲解的深度，灵活运用讲解方法，以概述为主）
- 美学观赏性讲解（从所游览河段的美学要素入手讲解，以审美引导为主，讲解为辅）
- 水与其他自然要素配合讲解（启发游客综合赏景，在讲解中注意运用对比、突出重点、问答等方法讲解）
- 水与人文要素配合讲解，突出人文精神和文化内涵（注意要以客观景物为依托，采用虚实结合、对比、联想等多种方法讲解）

图 6-1 水体景观讲解内容

2. 面状水域（湖泊）导游讲解

1）概述性导游

（1）概念导入。湖泊是在自然地理因素综合作用下形成的，地球的内力作用和外力作用都可以形成湖盆。湖盆的积水部分叫湖泊，湖泊的体积大小不一，大的如内陆咸海，小的如池塘。

（2）分布与发育规律。湖泊的分布没有地带性规律可循，也不受海拔的限制，它们既可以分布在地球表面任何一个地理或气候区域，如热带、温带和寒带；也可以发育在低海拔的滨海平原和低地，或在高海拔的高原、盆地。总之，凡是地面上排水不良的洼地都可以储水而发育成湖泊。

（3）旅游价值。湖泊旅游资源的价值一方面留存于自然的山清水秀、湖光山色、烟波浩渺之中；另一方面融于湖泊周围的人文建筑、人文景观之中。

2）科普性导游——从成因开始

湖泊类型多种多样，从成因来看可分为由地壳运动产生断裂凹陷形成的构造湖，其中以断层湖最为常见，如云南昆明之滇池；火山口及熔岩高原的喷口形成的火口湖，典型的如长白山天池、云南腾冲大龙潭火口湖等；冰川作用形成的冰蚀（碛）湖，如我国西藏地区的诸多湖泊（如帕桑错、布托错青等）；山崩、熔岩流或冰川阻塞河谷形成的堰塞湖，如我国东北的镜泊湖、五大连池；西藏东南的易贡错、古乡错等；干旱地区风蚀盆地积水形成的风蚀湖；浅水海湾或海港被沙堤或沙嘴分开形成的泻湖，典型的如杭州西湖；石灰岩地区由岩溶作用形成的溶蚀洼地或岩溶漏斗积水而成的岩溶湖，如贵州省的宁草海、织金县的八步湖、云南中甸的纳帕海、丽江拉石坝海等；河流自行裁弯取直后分割形成的牛轭湖，如著名的白洋淀；人类因经济活动所建造的湖泊——人工湖，大的叫水库，小的称堰塘。

按盐分高低还可把湖泊分为淡水湖、微咸水湖、咸水湖、盐湖等。

以湖泊的景观地形、位置、形成来分类，可将湖泊分为平原湖、半山区湖、丘陵湖、高山峡谷湖、高原湖、城市湖等。

3）引导观赏与讲解

湖泊景观讲解的三要素为：湖形、湖影、湖色。

人们常用“湖光山色”来形容自然风光的幽美静谧，妩媚诱人，一个风景区有了秀丽的湖光，山色才更加迷人，有了山清水秀、绿水环绕、湖光波影、岸边垂柳，自然风光才能够绚丽多姿、生机盎然。湖泊是水文旅游资源中一个重要的组成部分，它们有的身居高山，银峰环抱；有的静卧原野，烟波浩渺。它们像一颗颗光彩夺目的蓝色宝石，镶嵌在世界各地，给秀丽的大自然增添了无限的风采。

4）讲承载文化

平坝淡水湖泊区往往是人口集聚区，它孕育了文明，见证了历史。在讲解湖泊景观时，不可缺少地要进行文化的深入。在讲解中，导游要与周围的人文景物相配合，尽可能地采用名人效应和诗词歌赋借用法，积极引入民间故事和传说烘托讲解的效应，例如，在讲解杭州西湖时，必然要讲解西湖十景，而每一景必然引出一段故事，一些名人，如白居易、苏轼、岳飞等。

3. 点状水域景观导游讲解

1）瀑布

（1）科普讲解。瀑布是河流的一部分，当河水自河床跌坎或悬崖处倾泻而下时，便形成瀑布。瀑布的成因是多种多样的，有的是地层抬升、断裂或沉降凹陷而成；有的是火山爆发、熔岩堰塞河道而成；有的是山体崩塌，泥石流滑动，堵塞河床，形成了堆石土坝而成；有的是地层岩石软硬不一，长期流水侵蚀使河床断裂面发生明显的高差变化所致；有的是泉水从山中涌出，越过断崖山洞，飞流直下的结果；此外，冰川的侵蚀和堆积等也可以形成小型的瀑布，这些成因中最主要的还是因流水对河底软硬岩层侵蚀差别所形成的瀑布，在软硬岩层的出露处，硬质岩层突露于易侵蚀的软质岩层之上成为陡崖，水流便从这里陡落成为瀑布。

河水经过河床，有时沿着几处梯级下泻，便形成多级瀑布。我国著名的黄果树瀑布群发育在石灰岩构成的悬岩上，主瀑高 67 米、宽约 84 米，它就是因构成河床岩石性质的差异，在河流的侵蚀作用下而形成的。自然界的瀑布随地区年降水状况而不同，既有降水丰沛地区的常年瀑布；也有只在雨季呈现，而在少雨或干旱时消失的间歇性瀑布；还有多雨季节气势壮观，随着雨季衰退而泄流有所逊色的节律性变化的瀑布。

（2）观瀑讲解。

① 三个数据：落差、宽度和水量。

② 讲解程序。构成瀑布景观的四大要素：一是造瀑层，即河谷中突然形成急坡地段的坚硬岩层，这个坚硬岩层就是造瀑层。如黄果树瀑布的造瀑层是石灰岩，壶口瀑布的造瀑层是厚层绿色坚硬砂岩，吊水楼瀑布的造瀑层是玄武岩。二是从造瀑层倾泻下来的水体，即瀑布。三是瀑下深潭，一般瀑下有潭，基本结构是一瀑一潭、瀑潭交错分布，形成瀑潭景观。四是瀑前峡谷，它是造瀑层被侵蚀后退的产物，表示瀑布位置仍在向后面移动；峡谷一般不太长，但很幽深狭窄。

③ 观景与审美引导。瀑布是山水结合、别具风格（形、声、动三态）的旅游资源，它的最大特点是山水完美结合融为一体。它常常形成千岩竞秀、万峰争流、飞泻千仞、银花四溅、蔚为壮观的旅游胜地，自古就为无数人所折服。瀑布与青山、深潭、白云、蓝天、文物、古迹相结合，组成一幅幅动态的图画。

瀑布的三态变化：一是瀑布形态，其形态或飞流急泻，或喷珠溅玉。有喷洒百米以上的飞瀑，也有巨涛滚滚的瀑浪，形态万千，各有特色，给人以雄、奇、险、壮之美感。二是瀑布声态，或轰鸣之声，或巨雷之声，令人未见瀑布先闻其声，具有“先声夺人”之趣。三是瀑布色态，即瀑布下落时形成的各种颜色。瀑布一般呈白色，文人笔下多描写为白练、白绢、白纱、堆雪、素练、银河等，如李白的“日照香炉生紫烟，遥看瀑布挂前川。飞流直下三千尺，疑是银河落九天”。当瀑布的三态变化同周围的山石、峰洞、树林、花草、白云、蓝天乃至人文景观等条件协调结合时，常形成千岩竞秀、万壑争流、美若仙境的奇妙景观。

④ 瀑布旅游功能及人文精神的引申讲解。瀑布以其宏大的造型、磅礴的气概、咆哮的巨响、洁白的色态吸引着勇敢者去进取，促进弱者去锻炼，开拓沉思者的胸怀，给人以勇敢、坚定、果断、健美等品质的陶冶。

2）泉

（1）科普导游。从成因和成分开始。泉是地下水的天然露头。当潜水面为地面切断时，地下水即可出露于地面，此种渗出的水常被称为渗出水。如果渗出的水源源不断地流走，又具有固定的出口，在地质上就叫泉。泉水中具有特种化学成分和气体成分，矿化度在 1 克/升以上，对人类肌体显示良好生物生理作用的叫矿泉。常见的矿泉有氡泉、氢泉、硅酸泉、碳酸泉等。

泉水中水温高于当地年平均气温的泉称温泉，据其水温高低又可分为沸泉、热泉、温泉三种。有的矿泉也是温泉，但温泉并非都是矿泉，矿泉也并非全为温泉。

泉既可供旅游者饮用，又作为水源，为河流和湖泊的补给者。矿泉是优良的泉水旅游资源，还具有治病、防病的功效，这在我国已具有悠久的历史和丰富的经验。

（2）景观讲解。泉水是造景育景的重要条件，常给人带来幽雅、秀丽的感受。泉水还可转化为溪、涧、河、湖，造就出更大的风景场地和丰富多彩的风景特色。

（3）泉与文化讲解。

① 名泉与茶。我国盛产好茶，而好茶的产地往往在名山之中、名湖之滨。好茶需要有好水，这里所说的“好水”即经多层过滤的、含有对人体有益物质的水。不同的茶，由于自身特色及制作工艺的不同，对水的要求也不相同。

② 温泉与康体。凡是泉温超过当地年平均气温的泉水，就叫作温泉。温泉成因较多，多数温泉是由下渗的雨水和地表水沿着岩石空隙和断裂处循环至地表深处，受地热烘烤增温后，再出露地表而成；有的是因地壳运动（如火山、断层活动），地下岩浆体在向上部地层侵入地表过程中，水气、二氧化碳以及某些矿物元素沿着断裂上升，出露地表而成为温泉；有些地壳运动强烈活动的地区，在岩浆侵入地表过程中，地下的高温热水发生汽化，在冲破覆盖表层时，造成水热爆炸现象（其水温达 170℃）。无论是何种原因形成的温泉，在高温和高矿化条件下，水中均含有一定数量的特殊化学成分，故温泉一般是矿泉。

③ 泉与酒。好水才能酿好酒，“泉井酒醇”为世人所公认。

*4. 海岸带导游讲解*

海岸，通俗地说就是临接海水的陆地部分，是海岸线上很狭窄的那一带陆地。海岸是把陆地与海洋分开同时又把陆地与海洋连接起来的海陆之间最亮丽的一道风景线。但是，它不是海洋与陆地固定不变的分界线，而是在潮汐、波浪等因素作用下，每天都在发生变动的一个地带。海岸形成于遥远的地质时代，当地球形成、海洋出现，海岸也就诞生了。蜿蜒曲折的海岸线经历了漫长的沧桑变化才形成今天的模样。海岸地貌形态千姿百态，海岸类型多种多样。站在海岸，遥望浩瀚无垠、波涛汹涌的海洋，无论何人都会为那雄伟壮丽的景观而惊叹。沿海航行，以观海岸，更是气象万千。

海岸是人类繁衍、生活，从事劳动、生产的重要地区。自从有人类以来，人们就不断地开发海岸，足迹遍及全球海岸。根据动态海岸可分为堆积海岸和侵蚀性海岸；根据地质构造可划分为上升海岸和下降海岸；根据海岸组成物质的性质，可把海岸分为基岩海岸、沙砾质海岸、平原海岸、红树林海岸和珊瑚礁海岸等。

海洋是一个广阔的天地，是一个范围很大、内容丰富的统一整体。海岸带是海洋与陆地的接触带，处于水、陆、生物和大气相互作用之中。海岸带旅游是指在海岸带以内包括海洋、海滨、海滩等进行观赏、游览、休息及各种海上娱乐活动。绚丽的海洋若与文化古迹、山水风景、娱乐设施相结合，便可构成旅游者最向往的游览、消遣和疗养之地。有人把太阳（Sun）、海洋（Sea）、海滩（Sand）称为最吸引游客的“三 S”资源。被誉为“高尚的游乐场所”，而同时具备三个 S 的就是海岸带。

海岸带旅游资源包括浅滩、沙滩、奇岩巨石、断崖绝壁、众多的岛屿、海底景观、海洋生物以及海上观日出、海上观潮等海岸自然风光；又包括作为人文景观的灯塔、渔港、渔村、码头等，还有以海岸为舞台的旅游活动，如海水浴、帆船、游艇、舢板、冲浪、滑水、垂钓以及在海滩上捡蛤蜊、贝壳等。游人到了海滨，会忘却工作中的烦恼、闹市中的喧哗，犹如走进了一个令人赏心悦目的美好天地。海滨气候温暖湿润，夏季凉爽，空气中含有碘及大量的负氧离子，空气清新，可促进人的血液循环，促进身体健康。现在以海滨疗养为中心的休养娱乐活动已风靡世界，海岸带旅游资源也越来越被世人所瞩目。

海岸带由三个基本单元组成：一是海岸，是指在平均高潮线以上的沿岸陆地部分；二是潮间带，是指介于平均高潮线和平均低潮线之间的地带；三是水下岸坡，是指平均低潮线以下的浅水部分。海岸带的旅游资源是在水、陆、气候、生物及多种人文因素的作用下产生的，特别是海水和陆地相接触的海岸、沙滩、岛屿等地带，始终是海洋旅游的重中之重，因此，海洋旅游中十分重视海滨景观。

我国海岸的分布：钱塘江口以北，以泥沙质海岸为主，有利于开发供游人休憩的海滨沙滩和海滨浴场，但个别地区如辽东半岛、山东半岛等地是基岩海滩。

我国著名的海岸带旅游区有：大连海湾；河北的北戴河、南戴河；山东的青岛、烟台、威海海滨；浙江普陀山海滨；福建厦门海滨；广东的汕头；海南岛的天涯海角；台湾的基隆；等等。

## 本章小结

“游山玩水”是人们出游的主要目的。带游客“游山”“玩水”时，导游的引导、指点、暗示、讲解是不可或缺的。通过导游讲解，游客能全面地了解景观特色，特别是了解景区中的科学知识，体验景区中的文化内涵。导游带游客“游山玩水”，首先要全面了解山水景观的成因及相关科学概念；其次要熟悉观景审美的路径和景观的美学内涵，指导游客正确审美；再次，要学会讲故事，延伸介绍景观承载的文化、名人轶事等；最后，要灵活运用讲解方法和技巧，全面、准确、灵活、有趣地为游客讲解。

## 关键概念

山景与名山　特殊地貌　水域与水景　水文化

## 课堂讨论题

1. 我国名山与我国文化的关系。
2. 自然景观与人文精神的关系。
3. 地质地貌景观的形成机理与景观类型。
4. 山岳景观与水域景观的审美特征。

## 复习思考题

1. 分析山水与旅游的关系。

2. 导游讲解河流的基本程序和方法有哪些？
3. 水景景观的形成机理与景观类型是什么？导游讲解水景观的要求有哪些？
4. 介绍名山导游讲解的途径和讲解方法。
5. 选择当地一处地质、地貌景观，或山岳，或水域，创作一篇导游词。

## 实训

教师准备一个模拟旅游团队的资料（包括客源地、人数、性别、年龄、职业等）和一份山岳资料，学生分小组完成以下任务：

（1）制订游览计划；
（2）设计游览路线；
（3）拟书面导游词；
（4）导游语言训练及导游方法与技巧的运用；
（5）实地导游讲解。

# 第七章　其他自然景观游览与导游

**引言**

大自然中不仅有山水景观，自然界中的生物以及各种天气气候、气象及天象也能构成景观，成为游客观赏的对象、旅游资源的重要组成部分。生物及各种气候、天象可独立成景，又可与山地、水域等其他要素组合成景，它们与人类活动联系紧密并共同组成丰富多彩的景观，是人文景观的发育环境及构景背景。

**学习目标**

1. 掌握与旅游相关的生物资源，特别是动植物景观资源的相关概念及基本知识，熟知相关景物的游览路径、讲解内容及讲解方法。

2. 掌握与旅游相关的气候、气象及天象的相关概念及基本知识，熟悉景观特征及类型，掌握观赏途径，熟练地进行导游讲解。

**教学建议**

1. 准备相关影像资料，让学生较为直观地认识相关植物、动物资源，了解相关天气、气候及天象景观，引导学生学习掌握动植物、气象、气候条件的成景作用及景观特征。

2. 对相关学科知识进行系统讲授，帮助学生构建知识体系，引导学生掌握拓展知识的路径及方法。

3. 课堂讨论相关资源的人文禀赋，引导启发学生创新导游讲解方法及技巧。

4. 参观动物园、植物园、气象站、天文台等，引导学生掌握相关景观的审美路径、特征，组织学生实训讲解。

## 第一节　动植物景观导游

### 一、生物景观概述

生物是对地球表面有生命的物体的总称。生物是自然界最具活力的因素之一，按性质可分为植物、动物和微生物三大类。无论是植物、动物，还是微生物，都经历了难以计数的地内与地外各种灾变事件的洗礼而得以发展和进化，直至形成今天这个多姿多彩的生物圈。据不完全统计，现今地球上被人类发现、记载和命名的生物约有 $20\times10^5$ 种，如此浩繁的生物种类是地球上极为宝贵的财富。植物、动物和微生物为人类提供衣、食、住、行以及医药、工业等原料，对人类的行为具有重要的影响。

随着社会经济的发展，人类旅游活动的范围越来越广，一些生物成为人类旅游开发利用的对象。世界上生物种类繁多，目前旅游所利用的只是其中一小部分，特别是作为直接观赏对象的主要是植物和部分动物，它们以自身独有的美学观赏性吸引着旅游者，并与地理环境中的地质、地貌、土壤、水文、气候等要素共同组成了自然旅游资源及景观体系。植物、植被被誉为地球的肌肤，是地方景观的一个标志，每个景区都不可避免地要涉及植被景观。

### （一）生物造景

生物（动植物）旅游资源为活的有机体，它的正常生长受到环境条件的制约，有着特殊的地域性景观特征，往往成为地域标志。

1. 地带性标志

地带性植被及该区域的栖息动物是特定区域环境中最富有生气的组成部分，有风景"肌肤"之称的植被成为风景区的"容貌"，特有的动植物更成为特定景区的象征和"代言人"，如在秦岭山地温带阔叶林中栖息的金丝猴，西双版纳的季风雨林中的孔雀、大象，藏区的牦牛、藏羚羊等。植物和动物景观可与其他景物有机配合，形成独具特色的景观。因此，导游应熟知旅游目的地特有的地带性、标志性动植物，在讲解中有机地穿插相关知识，使游客对旅游目的地产生明显而深刻的印象，为发挥导游服务的"扩散"作用打下基础。

2. 综合造景功能

区域的动植物不仅成为地理标志，更融入当地居民的生活中，形成人与自然和谐共处的综合性景观。如在西双版纳，傣族住竹楼、用竹具、吃竹笋和竹虫，美丽的凤尾竹成为傣家村寨的标志和象征。多数动植物对景物景观都起着装点、打扮作用。动植物有生命周期，可再生、创新、增减、替代、补充。部分动植物可通过人工干预改变其分布范围。从旅游开发角度来看，为了能让人们在有限的时间和范围内看到尽可能多的动植物，同时也为了满足研究的需要，人们建起了展示动植物的主题公园——植物园和动物园。通过对地带性动植物、奇花异草、珍禽异兽的了解及观赏可以使人扩展知识、扩大视野，感受人与自然和谐相处的乐趣。

### （二）植物景观

植物分布在全世界水圈的大部、岩石圈的表面、大气层的底部，随着不同气候区而有不同的数量，其中有一些甚至生长在大陆棚极北端的冻土层上。在极南端的南极，植物亦顽强地对抗着恶劣的环境。受海拔、维度、气候及土壤等因素影响，地球上的植物种类繁多，分布具有明显的地带性，植物是一个地区地带性的主要标志，世界各地都有其代表性的植物，游客抵达旅游目的地后首先看到的就是当地的植物。

1. 植物、植被和植物群落

植物是生命的主要形态之一，包含了树木、灌木、藤类、青草、蕨类、地衣及绿藻等熟悉的生物。地球上从炎热的赤道地区到酷寒的极寒地带，不论是陆地上的平原、盆地、山地，还是江河湖海中都有植物生长。我们把地球表面自然界成群生长的种种植物群称为植被。从景观学的角度，植被可称为风景的"肌肤"。人类的生存离不开植物，为了生存，人类也在不断地利用植物，如栽培、引种等，因此目前植被分为两大类型，即天然植被和人工植被。在一定的自然环境条件下，有规律组合的植物成分构成植物群落。植物群落有一定的种类组合、结构和生产量，在植物之间及植物和环境之间，构成一定的相互关系。

植物构成景观包括森林景观、草原景观、花卉景观、植物工艺及古树名木等，其中森林景观最具代表性。森林具有调节气候、防风固沙、保持水分、涵养水源、净化空气和维护自然生态平衡的作用，体现出浩大繁茂、蓊郁苍翠、幽深神秘的特点。森林还是观光游览、休闲探幽、科考探险、疗养康体的重要场所，具有不可替代的旅游功能。

2. 景观类型

根据地理维度差异，地表植被可分为热带雨林、热带季雨林、稀树草原、照叶林、硬叶常绿林、夏绿林、针叶林、草原、荒漠植被、地衣苔藓等地带性植被类型。

从旅游观光的角度，植物景观可分为森林、灌丛、草原、荒漠、草甸等。森林景观有自然林、次生林和人工林景观。灌丛景观是由灌木组成的植物群落，有高寒灌丛、落叶灌丛、常绿灌丛等主要类型。草原景观是指在温带半干旱气候下，由旱生或半旱生草本植物组成的植被类型，根据水热条件，草原又分为典型草原、荒漠化草原、草甸草原。荒漠的基质为各种贫瘠的荒漠土、盐土及光裸的沙丘和基岩。荒漠植物种类贫乏、稀疏且结构简单。建群植物是各种超旱生的半乔木、灌木、半灌木和小半灌木，主要为藜科、菊科、蒺藜科、豆科和麻黄、红砂和沙拐枣等。荒漠的主要类型有半乔木荒漠、灌木荒漠、半灌木与小半灌木荒漠、高寒荒漠等。草甸可分为草甸植被与沼泽植被两类：草甸植被是生长在中度湿润条件下的多年生中生植被类型，分为河漫滩草甸、大陆草甸和高山草甸三种类型；沼泽植被是由湿生植物组成的群落，主要分布在湖滨、河滩及大河三角洲的低洼处。

我国植被类型丰富多样，几乎包括除了极地冻原以外所有主要的植被类型，并有高原高寒植被。全国自然植被包括 29 个植被型、52 个亚型和 600 多个主要群系，高等植物 32 000 多种，还保留了一些被称为“化石植物”的物种，如珙桐、水杉等。

3. 古树名木、名花、名茶

我国植物栽培历史悠久，历史上或因名人手植，或因故事传说，或因形态别致而形成很多古树名木，这些古树名木多分布在名山或著名的寺院、道观中，是景区中的重要吸引物，为景区增光添彩。

我国不仅有古树名木，更有品种繁多的奇花异卉，名贵花卉近 600 种，约占世界总量的 3/4。古人早就开始用自然植被、奇花异卉装点美化自己的生活环境，花卉成为人们生活不可缺少的内容，最集中的地方就是各类园林。我国奇花异卉不仅具有形色之美，更蕴含丰富的人文意蕴，人们依据花草的自然属性赋予其人文品格，典型的有被誉为“四君”的梅、兰、竹、菊；有“花草四雅”之称的兰、菊、水仙、菖蒲；称为“园中三杰”的玫瑰、蔷薇、月季。各地还评选了省花、市花，更有各地名花，如有“植物王国”美誉的云南就有著名的八大名花：山茶花、杜鹃花、报春花、木兰花、百合花、兰花、龙胆、绿绒蒿。中华大地名花争艳，形成了众多的以赏花为主的风景区。

我国是茶叶的原产地，各地都有大片茶园，在西南地区还有百年甚至千年的古茶树园。有好茶树就有名茶，我国名茶多分布在风景秀美之地，与名胜景区紧密相连，如洞庭碧螺春就产于风景如画的苏州太湖岛屿洞庭山，杭州西湖龙井茶产于美丽的西子湖畔的狮峰、龙井、云栖、虎跑、梅家坞等地，还有黄山毛峰茶、武夷山岩茶、普陀山佛茶、庐山云雾茶等。

### （三）动物景观

动物有生活习性、形体特征、色彩神态、珍稀物种、营养理疗等多种成景因素。每一种动物都有自己特有的生活习性和生态环境。动物往往与植物共存，动物构景比植物更灵活、更复杂。

1. 动物类型

动物从生存方式来看有野生和家养之分，基本类型分为无脊椎动物和脊椎动物。很多动物都具备观赏特点，因此成为旅游活动中观赏审美的对象。

世界上动物种类繁多，其分布受环境影响的程度与植物相似。按生存条件可分为热带动物，如大象、部分猴类、蛇类、孔雀及非洲羚羊、狮、豹等；亚热带动物包括各种爬行类动物，以及不需冬眠但繁殖上有明显季节性的各类动物，如猴类、牛、羊等；温带动物包括棕熊、东北虎、刺猬、貂类以及各种有蹄类及穴居啮齿类动物，如骆驼、野驴等；寒带动物种类较少；多季节性迁移动物、地带性动物如北极熊、海豹等；水生动物包括淡水类和海水类。我国是一个动物资源极为丰富的国家，虽然我国面积仅占世界陆地面积的6.5%，但陆生脊椎动物约有 2 000 多种，占世界总数的 10%；兽类 420 种；鸟类 1 166 种，占世界总数的 15.3%；两栖爬行类 510 种，占世界总数的 8%。

受地壳演化、海洋阻隔、地理环境变化和局部自然环境的影响，不同种类动物的分布有明显的地域性。如大洋洲新西兰及其附近岛屿上的动物至今仍保存着原始古老的特色，哺乳动物缺乏，多数鸟没有翅膀，未发现蛇；澳大利亚大陆上的低等哺乳动物，如鸭嘴兽、大袋鼠等，其他大陆均没有；斑马、长颈鹿、鸵鸟等只见于非洲大陆；熊猫、金丝猴等也只出现于我国四川中北部和秦岭山地局部环境中；朱鹮只见于我国陕西西洋县局部地方；滇金丝猴主要分布在云南西北地区。

2. 典型景观

（1）特殊动物群。特殊动物群主要是指由于特殊的地理环境的影响而集中分布、大量存在的区域性动物类型，如蛇岛上的蛇、珊瑚岛上的珊瑚、蝴蝶谷中的蝴蝶等。这些特殊动物景观不仅是科学考察的对象，也是旅游者猎奇的对象。

（2）动物园。动物园包括综合性动物园和专门性动物园，其旅游功能表现为观赏、科学研究、驯化表演和保护性培养等。

（3）奇异动物。

① 奇鱼。世界上共有鱼类两万余种，我国有两千余种，但真正具有观赏性的鱼类只有两部分，一部分是自然界中形状奇、习性奇的鱼类，另一部分是人工培育的观赏鱼。前者多分布于海洋、湖泊、河流、泉塘中，如游弋于海洋中的箭鱼、锯鳐、电鳗、射水鱼、爆火鱼等都是生性奇特的鱼类。后者经人工长期培育，如金鱼是由鲫鱼演化所成，一般体短而肥，尾鳍四叶，颜色有红、橙、紫、蓝、古铜、墨、银白、五花、透明等，主要品种分为文种、龙种、蛋种三类。

② 两栖爬行类。两栖爬行类中具有观赏价值的主要有蟾、蛙、鲵、象龟、蛇、蟒等。我国的扬子鳄属于体形较小的一种两栖爬行类动物，它出现于侏罗纪时期，今天仍见于长江下游各地，被誉为动物界的“活化石”；大鲵俗称娃娃鱼，是我国珍稀的爬行类动物，主要产于南方各省，它具有奇异的生活习性，叫声颇似婴儿哭啼，颇具观赏价值。

③ 奇鸟。鸟的奇形、奇色、奇声、奇怪的习性是赏鸟旅游者的基本吸引源。全世界有

鸟类 8 000 余种，其中仅美洲就有 4 500 余种。我国是世界上的多鸟之国，计有 81 科、1 186 种（包括亚种达 2 145 种），占世界鸟类总数的 14%，比欧洲、北美洲等地区都多，其中雉科占世界总数的 20%，画眉科占 75%，鹤类占 60%。

观形鸟：我国有观赏鸟百余种，其中体态优美娇秀者有丹顶鹤、芙蓉鸟（金丝雀）等。丹顶鹤在我国历史上被称为仙鹤，体长可达 1.2 米，头顶羽毛呈朱红色，嘴长，呈淡灰绿色，故有“白羽黑翎、丹顶绿喙”之说。由于它身姿秀丽，又修颈长脚，多为画家所瞩目。同时又因举动优雅，行止有节，或引颈高鸣，或展翅作舞，亦常为诗人所赞颂。

观色鸟：如我国的红嘴相思鸟、黄鹂、绣眼、孔雀、阿苏儿等都是五颜六色、艳丽无比的观色类鸟。

听鸣鸟：如我国的画眉、百灵、鹦鹉、鹩哥等。画眉鸣声嘹亮、悦耳动听，并能仿效很多鸟类的鸣声，深受人们的喜爱。八哥是我国华南地区常见的鸣鸟，它也善仿他鸟的音调，甚至能效人言，故多被饲养为听鸣叫的观赏鸟。

④ 奇兽。从形体来看，动物中有体形巨大的蓝鲸，最大者长 33 米、重 150 吨；有体形小得可怜的陆之兽鼩鼱，从鼻尖到尾巴根只有 5～5.2 厘米；在我国，被称为“鹿中巨人”的驼鹿，身长可达二米，腿长达一米；世界上最大的灵长类动物是大猩猩，最大的猴子是狒狒；最大的虎是东北虎；最大的蝙蝠是狐蝠；最大的啮齿类动物是水豚。

从色彩来看：色彩是产生观赏感的重要因素。海南省的坡鹿，样子极像一位千金小姐，容貌出众，生性娇怯，背部有一条黑褐色的条带，其下点缀着若干平行排列的白斑；我国特产动物金丝猴，吻部突出，脸部蓝色，鼻孔朝天，眼睛四周有一白圈，周身披有金红、赤褐、银灰色的绒毛和长毛。

从鸣声来看：哺乳动物中有许多“歌唱家”，如分布在我国海南和云南的长臂猿，每当晨星初落或天刚破晓时，热带雨林的深处便会传来音调高亢而嘹亮的啼声。

从动作来看：有些动物是出名的“表演家”，其动作很受人们欢迎。如大象的鼻子，兼有味觉、触觉，能拿、能吸、能卷，还会通过哞叫、咆哮、吼叫、呼哧声，以及扇耳朵、舞鼻、拍打同伙的头与肩等方式来传递信息。

从性情来看：动物的凶猛善斗常给人一种神秘感，如我国一类保护动物野马，性格勇猛，不堪驾驭，遇到狼群时异常凶悍；盘羊和青羊，爬山履险本领高强，能在绝壁上来去自如，也能从万丈悬崖上纵跳而下；羚牛性情暴烈，行动神速，碗口粗的树木被它一撞即倒。另外猛虎、雄狮等食肉类动物在人们的心目中往往具有威慑感和神秘感。

## 二、植物景观导游讲解

植物既有美化环境、装饰山水、分隔空间、塑造意境的群体造景功能，又以古、稀、奇、秀、色、香等观赏功能吸引着游客。凡是风景秀丽、知名度高的景区，其植物造景功能都得到了充分的发挥。如“峨眉天下秀”的秀、“青城天下幽”的幽等，无不与葱茏茂密的植物有关。植物蕴藏了形态美、色彩美、动态美、声音美、嗅觉美和寓意美等多种审美要素。

### （一）基本要求

在游览过程中，无论是在野外景区，还是在城市，人们都会看到许多自己不认识或从未见过的植物，出于好奇心，游客会向导游员提出一些植物方面的问题，导游应对游览中可能遇见的各种动植物做全面的了解。

（1）掌握植物基本知识。导游应掌握的植物知识要点包括名称（学名和俗名）、分布、特性、价值（如环保价值、绿化价值或特有的药用价值等）、外观特点、象征寓意等。

（2）掌握观赏植物的程序，不同植被、植物景观的观赏程序有所不同。导游要熟知植物观赏的要领，了解不同植物的习性，选择最佳的观赏时间和角度。

（3）科普讲解与审美结合，引导游客辨识植物。外观观赏突出形态、色彩，通过植物的“体味”让游客感受回归自然的乐趣，内涵讲解突出性能与寓意。

（4）了解不同植物的作用和功能，如造景功能、装饰功能、修身保健功能及文化功能等。通过对植物景观的讲解，进行保护生态环境的宣传，寓“教”于乐，寓“知”于游，寓“情”于娱。介绍植物药用价值时，讲解我国源远流长的中医中药知识。讲解中进行文化寓意的引申，对比不同文化环境下对植物所赋予的不同人文精神，向游客讲解“花语”。

### （二）观赏与讲解路径

植物景观的魅力不仅来自其自身，更来自植物与其他资源的融合所带来的视觉与精神的体验与感受，如高原上的茫茫大草原，可使人胸怀开阔，产生无限遐想和凝思；竹林深处，宁谧而清静，令人有一种超凡脱俗之感；百花争艳，使人体味到生命的活力和对美好生活的憧憬……植物常以其“形”“色”“香”“奇”“秀”“翠”的外形引发人们“幽”“深”“古”的联想，并诱发诗意及文学创作灵感。植物景观观赏审美及讲解的基础是从每一株具体植物开始的。在我国传统文化中，各类动植物均具有内在的文化含义。不同的植物有不同的审美重点，归纳后的观赏审美及导游讲解路径如下。

（1）观花为主的植物：观花色、看花型、赏花姿、嗅花香、品花韵、讲花语。

（2）观果为主的植物：看果实、嗅果香，引申讲解果树的栽培、品种等农业生产相关知识；采摘果实，体验劳动的乐趣，导游要根据果园的要求提醒游客需要注意的事项；品尝佳果，体验丰收成果，讲特色、讲果性、讲营养、讲健康，品尝果实时要进行安全提示，如注意卫生等，有些水果可能诱发游客过敏，导游要提前做好提醒工作。

（3）观叶为主的植物：植物叶子的形状、色彩各异，有常绿的，有落叶的，有针叶，有单叶、复叶或叶片分裂。有的叶子序多变，有的形奇异，有的叶色绚丽。以观叶为主的典型植物有枫树、银杏、槭树科植物、冬青科植物。导游在讲解中可运用对比法，吸引游客的注意力，引导游客对植物进行细部观赏，突出观赏叶子的特殊性和美学特征，以科普讲解和知识引申为主，重点介绍其象征意义。

（4）观树形为主的植物：树木以其树形挺拔雄健、冠齐叶碧、婀娜多姿而吸引旅游者。典型的如西双版纳热带雨林中的望天树，热带、亚热带常见的榕树，以及水杉、冷杉、柳树、香槐、竹类植物等。观树形要注意选择观赏距离和角度，讲树的生长环境和条件，讲美学特征，讲与当地居民生产生活的关系，借用文学作品讲解寓意，等等。

（5）藤本植物：常见的藤本植物有猕猴桃、鸳鸯藤、紫藤、爬山虎等。藤本植物造型奇特，有不同的功能。游览中要引导游客观其型、探其“源”，讲藤本植物的功能及对其他植物的影响，引导娱乐。

（6）水生观赏植物：观形、品意、饱口福。水生植物由于生长环境的特殊性（如莲花、海菜花、芦苇、菖蒲、慈姑等），在游览过程中容易被游客所忽略，因此导游在游览中要注意提醒游客注意观赏，还可引申讲解水生植物的生存环境、水质标识作用、食用情况及寓意等。

所有植物讲解都要涉及植物分类、分布、进化、栽培等相关知识，导游要了解植物界系统进化的梗概和脉络，做好科普导游知识准备。由于文化和生活方式的影响，世界各地形成了许多用花的习俗。在我国同样存在用花的习俗，而且不同民族和不同地区有着各自的习俗，同样的花在不同国家和地区，其花语也有区别，导游必须掌握其中的差异。各类植物资源不仅可以作为直接观赏的对象，同时还是人们餐桌上的美味佳肴，导游可结合相关民俗讲解当地特色植物食材和特色饮食，如云南的鲜花宴等。

植物观赏还会涉及相关工艺，植物工艺景观主要包括盆景艺术、木制物的雕刻艺术、花艺等。导游要根据景区景物的组合，结合游览进程进行讲解。

## 三、动物观赏与讲解

### （一）导游要领

1. 了解动物景观的特点

（1）奇特性。不同种类的动物在形态、生态、习性、繁殖、迁移、活动等方面各具特性、千差万别。将动物作为景观观赏时，需要对观赏对象的种属、生活环境、生长习性和形貌特征及故事传说等有所了解，导游讲解要突出其奇特性和观赏性。

（2）珍稀性。由于人类活动影响，世界上许多动物的栖息地缩小，加之自然环境的影响，有些动物的数量减少，濒临灭绝，这些动物往往备受人们关注。此类动物中有些具有极强的观赏性，最典型的当属我国国宝大熊猫。大熊猫是我国特有动物，主要栖息地是四川、陕西和甘肃的山区。大熊猫体型肥硕似熊，丰腴富态，头圆尾短，头躯长 1.2～1.8 米，尾长 10～12 厘米，体重 80～120 千克，最重可达 180 千克，体色为黑白两色，脸颊圆，有大大的黑眼圈，还有标志性的内八字行走方式，虽憨态可掬但也有解剖刀般锋利的爪子。大熊猫已在地球上生存了至少 800 万年，被誉为“活化石”和“中国国宝”，它是世界自然基金会的形象大使，也是世界生物多样性保护的旗舰物种。除大熊猫外，褐马鸡、朱鹮、丹顶鹤、黑颈鹤、黄腹角雉、天鹅、鸳鸯、绿孔雀、金丝猴、长臂猿、白唇鹿、东北虎、白鳍豚、野马、野牛、犀牛、野象、四不像、梅花鹿、羚牛等，也都是具有观赏价值的保护动物。许多动物全身是宝，在我国民间有以动物入药的传统，更把虎骨、麝香等列入药材之列。导游在为游客提供导游服务时，必须相应地介绍我国关于野生动物保护的相关法律、法规，提醒游客自觉保护、爱护动物。

（3）表演性。在人工饲养的条件下，某些动物会模仿人类的动作或在驯养员的指挥下做一些技艺表演，在动物主题公园内基本都有类似的表演，常见的有大象表演、猴子杂耍、训熊、赛马、斗鸡等。

（4）宗教与寓意性。在不同国家和不同民族地区，由于历史等原因，一些动物成为民族图腾，有些地方的人们甚至把某些动物奉为神灵，我国生肖文化及传统吉祥文化中也把动物作为吉祥物来看待。导游讲解中应熟知各地、各民族传统文化中的相关知识。

（6）注意观赏距离。动物，特别是野生动物，是不可以近距离接触的，即使是人工建造的野生动物园，游客也不能与动物近距离接触。

2. 安全与保护第一

无论在野外还是在动物园，无论是看人工饲养的动物还是看真正的野生动物，由于动物本身具有的特性，导游员都要注意提醒游客与动物保持一定的距离，一方面是为了保护游客自身的安全，另一方面也是为了保护动物。

3. 科普讲解与宣传教育结合

动物是人类的朋友，但大多数游客对动物的情况知之甚少，特别是关于野生动物保护的知识。导游员应在掌握相关政策法规的基础上，在讲解介绍的同时做一个野生动物保护法的义务宣传员。

### （二）观赏与讲解

1. 观形讲态

动物体形千奇百怪，各具特色。如猫科动物中的狮子、老虎：东北虎体形高大雄伟，给人以王者气概；生活在非洲的狮子，体形高大，毛色罕见。形体特异、观赏价值较高的还有生长在非洲、体态典雅华贵的长颈鹿，“沙漠之舟”骆驼，形体巨大的河马，世界上唯一的长鼻动物——大象，尾巴似马而非马、角似鹿而非鹿、蹄似牛而非牛、颈似骆驼而非骆驼的“四不象”麋鹿，美国阿拉斯加陆地上最大的食肉动物——棕熊，等等。

2. 赏色讲意

色彩是产生观赏感的重要因素，也是观赏动物时的主要内容。动物为生存往往形成了色彩斑斓的毛羽，典型的有华南虎、金丝猴（川金丝猴、滇金丝猴、黔金丝猴）、坡鹿、黑叶猴、丹顶鹤、孔雀、鸳鸯、鹦鹉等。

3. 观态讲娱

许多动物不仅体形特异，色彩美观，而且动作也可爱逗人。典型的有大象表演、蛇类表演、猴子杂耍，大熊猫表演、孔雀开屏、树熊玩赏等。

4. 听声讲意

动物中有许多“歌唱家”，其声音颇为旅游者所欣赏。动物觅食、求偶、嬉戏时都会鸣叫，最典型的有喜鹊、黄雀的鸣唱及鹦鹉、八哥学舌等。

5. 整体观赏综合讲解

动物的发展是一个进化的过程，动物的生存需要特定的地理环境条件。由于多方面因素的影响，部分野生动物已濒临灭绝，导游员在导游讲解中要突出动物的珍稀性，在讲解动物时还应该介绍动物的生存环境和生态平衡的相关知识。

动物与植物一样，在生存发展的过程中与人类结下了不解之缘。在我国十二生肖中就蕴含了人与动物的比拟关联关系，而在我国的成语中，也常见到动物名称的出现，传说故事、戏剧诗歌等文学作品中，同样也常出现动物。因此导游在向游客提供动物景观讲解服务时，应在充分了解动物习性的基础上，根据游客的具体情况，有针对性地进行文化延伸性讲解。导游讲解的人文主题可包括动物与人类的起源；动物与生活；图腾与动物；宗教文化与动物；动物与神话；动物与诗歌；动物与医药；动物与爱情；等等。还可以借鉴传说、故事、诗歌、小说等丰富讲解内容。

## 四、自然保护区与国家公园

### (一) 自然保护区

1. 基本概念

自然保护区是指对有代表性的自然生态系统、珍稀濒危野生动植物物种的天然集中分布区、有特殊意义的自然遗迹等保护对象，依法划出一定面积予以特殊保护和管理的陆地、陆地水体或者海域。自然保护区往往是一些珍贵、稀有的动、植物的集中分布区，候鸟繁殖、越冬或迁徙的停歇地，以及某些饲养动物和栽培植物野生近缘种的集中产地，具有典型性或特殊性的生态系统。同时，自然保护区也常是风光绮丽的天然风景区，具有特殊保护价值的地质剖面、化石产地或冰川遗迹、岩溶、瀑布、温泉、火山口以及陨石的所在地。我国建立自然保护区的目的是保护珍贵的、稀有的动物资源，保护代表不同自然地带的自然环境的生态系统以及有特殊意义的文化遗迹。

自然保护区的建立为人类提供了研究自然生态系统的场所，通过保留生态系统的天然"本底"，对人类活动的后果提供评价的准则。保护区是各种生态研究的天然实验室，便于进行连续、系统的长期观测以及珍稀物种的繁殖、驯化研究，能在涵养水源、保持水土、改善环境和保持生态平衡等方面发挥重要作用，还可贮备物种，有的甚至成为拯救濒危生物物种的庇护所。保护区中的部分地域可以开展旅游活动，自然界的美景能令人心旷神怡，而且良好的情绪可使人精神焕发，燃起对生活和创造的热情。自然保护区对国家的国民经济持续发展和科技文化事业发展具有十分重大的意义。

目前世界上自然保护区的数量和占地面积还在不断地增加，不仅国家和政府建立了自然保护区，一些国家的私人团体和个人也开始建立自然保护区。自然保护区与旅游的关系也越来越密切，只要人们正确处理好保护与开发利用的关系，科学地利用自然保护区资源，就能为旅游事业提供更多环境优良、景观独特的自然景观。

2. 主要类型

我国自然保护区分为国家级自然保护区和地方级自然保护区，地方级自然保护区又包括省、市、县三级自然保护区。

由于建立的目的、要求和本身所具备的条件不同，自然保护区具有多种类型。按照保护的主要对象来划分，自然保护区可以分为生态系统保护区、生物物种保护区和自然遗迹保护区 3 类；按照保护区的性质来划分，自然保护区可以分为科研保护区、国家公园（即风景名胜区）、管理区和资源管理保护区 4 类；根据保护对象和目的可以划分为以保护完整的综合自然生态系统为目的的自然保护区、以保护某些珍贵动物资源为主的自然保护区、以保护珍稀孑遗植物及特有植被类型为目的的自然保护区、以保护自然风景为主的自然保护区和国家公园、以保护特有的地质剖面及特殊地貌类型为主的自然保护区、以保护沿海自然环境及自然资源为主要目的的自然保护区 6 种类型。

不管保护区的类型如何，其总体要求是以保护为主。自然保护区的主要作用表现为保护自然环境与自然资源、科学研究、宣传教育、培养繁育、生态演替和环境监测、生物多样性保护、涵养水源和净化空气、合理利用自然资源、参观游览、国际合作交流，在不影响保护的前提下，把科学研究、教育、生产和旅游等活动有机地结合起来，使生态环境、社会和经济效益都得到充分展示。

### （二）国家公园

国家公园是指由国家批准设立并主导管理，边界清晰，以保护具有国家代表性的大面积自然生态系统为主要目的，实现自然资源科学保护和合理利用的特定陆地或海洋区域。

国家公园是自然保护区的类型之一，属于禁止开发区域，以保护大面积的自然生态系统为目的。目前已有 100 多个国家建立了国家公园，但由于政治、经济、文化背景和社会制度特别是土地所有制不同，各国对国家公园的内涵界定也不尽相同。1994 年，世界自然保护联盟（International Union for Consenation of Nature，IUCN）在布宜诺斯艾利斯召开的“世界自然保护大会”上提出了“IUCN 自然保护地分类体系”的概念。IUCN 根据不同国家的保护地保护管理实践，将各国的保护地体系总结为六类，国家公园为第二类，定义为：大面积自然或近自然区域，用以保护大尺度生态过程以及这一区域的物种和生态系统特征，同时提供与其环境和文化相容的精神的、科学的、教育的、休闲的和游憩的机会。

我国的国家公园是指由国家批准设立并主导管理，边界清晰，以保护具有国家代表性的大面积自然生态系统为主要目的，实现自然资源科学保护和合理利用的特定陆地或海洋区域。国家公园是我国自然保护区的最重要类型之一，属于全国主体功能区规划中的禁止开发区域，纳入全国生态保护红线区域管控范围，实行最严格的保护措施。除不损害生态系统的原住民生活生产设施改造和自然观光、科研、教育、旅游外，禁止其他开发建设活动。与一般的自然保护区相比，国家公园的自然生态系统和自然遗产更具有国家代表性和典型性，面积更大，生态系统更完整，保护更严格，管理层级更高。

国家公园虽然带有“公园”二字，但它既不是一般意义上单纯供游人游览休闲的公园，也不是主要用于旅游开发的风景区，因此设计国家公园的旅游项目时，必须遵守相关的法律法规。

有些自然保护区中全部或其中的一部分本身就是风景名胜区，如美国的黄石国家公园，它是世界上最大的公园，也是美国最大、设立时间最早的国家公园，园内富有湖光、山色、悬崖、峡谷、喷泉、瀑布诸胜，是人们“回归自然”旅游的最佳目的地之一。我国的庐山森林公园、九寨沟、西双版纳、武夷山、重庆的缙云山、天山天池、黑龙江的五大连池等自然保护区都同时属于风景名胜区。

### （三）国家公园和自然保护区的关系

1. 共同特征

（1）它们都是重要的自然保护地类型，在自然保护方面的目标和方向一致。自然保护地对于生物多样性的保护至关重要，它是国家实施保护策略的基础，是阻止濒危物种灭绝的唯一办法。国家公园和自然保护区是最主要和最重要的自然保护地类型，依托它们，可以保存能够证明地球历史及演化过程的一些重要特征，其中有的还以人文景观的形式记录了人类活动与自然界相互作用的微妙关系。作为物种的避难所，国家公园和自然保护区能够为自然生态系统的正常运行提供保障，保护和恢复自然或接近自然的生态系统。

（2）它们都受到严格的保护。国家公园和自然保护区都是以保护重要的自然生态系统、自然资源、自然遗迹和生物多样性为目的，都被划入生态红线，属于主体功能区中的禁止开发区，受到法律的保护。特别是在生态文明建设的大背景下，我国高度重视生态保护，国家公园和自然保护区都是中央生态环保督察的重点。

（3）它们都受到统一的管理。国家机构改革方案中明确提出，成立国家林业和草原局，加挂国家公园管理局牌子，统一管理国家公园等各类自然保护地，此举彻底克服了多头管理的弊端，理顺了管理体制，这在世界范围内都是先进的自然保护区管理体系。

2. 国家公园与自然保护区的主要区别

（1）与自然保护区相比，国家公园的特别之处主要体现在6个“更”，即更“高、大、上”，更“全、新、严”。更高，指的是国家代表性强，大部分区域处于自然生态系统的顶级状态，生态重要程度高、景观价值高、管理层级高；更大，指的是面积更大、景观尺度更大；更上，指的是更上档次，自上而下设立，统领自然保护地，代表国家名片，彰显中华形象；更全，指的是生态系统类型、功能齐全，生态过程完整，食物链完整；更新，指的是新的自然保护地形式、新的自然保护体制、新的生态保护理念；更严，指的是国家公园实行最严格、最规范的管理。

（2）与国家公园相比，自然保护区也有鲜明的特点，主要体现为4个“更”——更早、更多、更广、更难。更早，指的是成立得最早；更多，指的是数量最多；更广，指的是分布范围广，遍布全国各地，包括陆地和海洋等各种类型；更难，指的是管理难度大，历史遗留问题多，特别是自然保护与社区发展矛盾突出，需要被重点关注。

目前我国已建立了以国家公园为主体的自然保护地体系，确立了国家公园的主体地位，也肯定了其他自然保护地的作用。在自然保护地体系中，国家公园处于“金字塔”的顶端，其次是自然保护区，再次就是各类自然公园，它们共同构成有机联系的自然保护地系统。国家公园固然最重要，但并不是说自然保护区就不重要，好花也得绿叶衬，国家公园替代不了自然保护区。一部分自然保护区被整合成为国家公园，但大量的分布广泛的各级各类自然保护区仍然是自然保护地体系的重要组成部分。无论是现在还是将来，自然保护区在自然保护领域中都会发挥不可替代的作用。

### （四）与旅游的关系

我国的自然保护区内部大多划分成核心区、缓冲区和外围区 3 个部分。核心区是保护区内未经或很少经人为干扰的自然生态系统的所在，或者是虽然遭受过破坏，但有希望逐步恢复成自然生态系统的地区。该区以保护种源为主，是取得自然本底信息的所在地，而且也是为保护和监测环境提供评价的来源地。核心区内严禁一切干扰。缓冲区是指环绕在核心区周围的地区，只准从事科学研究观测活动。外围区，即实验区，位于缓冲区周围，是一个多用途的地区，可以进入从事科学试验，教学实习，参观考察，旅游以及驯化、繁殖珍稀、濒危野生动植物等活动，还包括一定范围的生产活动，以及少量居民点和旅游设施。国家级自然保护区对游览路线有严格的规定，对人员数量也有严格的规定，而保护区中的核心区，游客是不能进入的。

自然保护区中可开展一定规模旅游活动的主要是自然风景性自然保护区，在我国，这类自然保护区主要为山岳景观区，因此在实际导游及导游讲解中，可按照山岳景观导游讲解的方法和途径来进行。在导游讲解介绍过程中，要突出“保护”二字，提醒游客自觉保护景区环境，遵守保护区的相关规定。

国家公园的旅游活动是国家公园的功能特性所决定的，国家公园的发展与旅游活动并行不悖。2017 年印发的《建立国家公园体制总体方案》明确提出：“严格规划建设管控，除不损害生态系统的原住民生产生活设施改造和自然观光、科研、教育、旅游外，禁止其他开发建设活动。”该方案理顺了国家公园与旅游发展的关系。但由于国家公园的环境脆弱性以及在生态文明体制建设中所承担的特殊生态功能作用，国家公园仍以保护大面积自然生态系统为主要目的，进而实现自然资源的科学保护和合理利用。国家公园作为我国最重要的自然保护地，要实行最严格的保护措施，但国家公园也存有丰富的生态资源、珍贵的动植物资源和物种群落，承担着科研、教育、游憩等综合功能。以保护为主、分层级的适度旅游发展有助于发挥国家公园的综合价值。

## 第二节　气候、气象景观与导游讲解

### 一、气候、气象概述

#### （一）相关概念

气候是在太阳辐射、下垫面和大气环流的影响下形成的天气的多年综合状况，是长年（至少 30 年或更长的记录年代）天气特征的综合，包括其平均状况及极端变化。因影响空间范围的不同可分为大气候、中气候与小气候。大气圈不停地运动变化中伴随着不同的物理变化，汽、热、风、云、干、湿、雨、雪、霜、雾、凇、雷、电、光等都是大气中各种物理过程的结果。大气中的各种物理现象和过程统称为气象。

气候、气象旅游资源是指具有能满足人们正常的生理需求和特殊的心理需求的气象景观和气候环境，并非指气象、气候现象及过程的全部。气象、气候要素中一些灾害性的天气现象，如严寒、台风、冰雹等，不仅不能形成旅游资源，反而会阻碍旅游活动，破坏自然美景。

气象景观包括吸引旅游者的各种大气物理现象及其过程，如云海、雾凇、佛光等。

气候旅游资源包括能吸引旅游者的宜人气候条件及以气候为背景形成的具有吸引力的景物及环境景观。气候旅游资源又被称为“背景类旅游资源”。

影响一个地区气候的主要因素包括以下几个。

1. 地理纬度、海陆位置

地球上各个具体的区域都有其固定的地理纬度和经度。因太阳辐射的影响，地球表面不同纬度地区的气温有明显差异，有热带、温带、寒带之分，太阳辐射是影响一个地区气候的重要因素。各区域距离海洋的远近及受大气环流的影响不同，其降水量也有明显差异。温度和降水的差异使得地域景观产生明显的地带性。

2. 大气环流

大气环流是指运动规模比较大、持续时间比较长、变化比较缓慢的大气运动。大气环流构成全球大气运行的基本形势，是全球气候特征和大范围天气形势的原动力，并孕育和制约着较小规模的气流运动，是各种规模系统形成和发展的基础，是各地天气、气候形成、演变的背景。大气环流使高低纬度之间和海陆之间的热量和水汽得到交换，从而促进地球上的热量平衡和水量平衡。不同的大气环流对特定区域的气候同样具有较大影响。大气环流的主要表现形式有全球规模的东西风带、三圈环流、常定分布的平均槽脊、行星尺度的高空急流、西风带的大型扰动、世界气候带的分布等。

3. 下垫面

下垫面是大气与其下界的固态地面或液态水面的分界面，是大气的主要热源和水汽源，也是低层大气运动的边界面。下垫面的性质对大气物理状态与化学组成的影响很大。不同下垫面的粗糙度、辐射平衡、热量平衡和辐射差额等差别较大，对空气流动的影响也大不一样，常常形成不同的小气候。

空气流动总是受下垫面的影响，其影响方式有两种：一是动力作用，如小地形起伏改变粗糙度可增加机械湍流，大地形起伏可改变局地流场和气流路径，从而改变烟气扩散稀释条件；二是下垫面的热力作用，因地形起伏或水陆分布使得受热和散热不均匀，从而引起温度场和风场的变化，进而影响污染物的扩散。

下垫面中对气温和降水影响较大的因素包括：海拔高度，海拔每升高 100 米，气温将下降 0.5～0.7℃，由于大气层保温作用降低，导致随着海拔高度的升高，气温的日较差将增大；地表形态、地形地貌，不同的地表形态，如地形、地貌、土壤及是否有水域等条件的差异，使得气候、气象要素同样会发生变化，从而形成特定区域的“小气候”，如高原气候、沙漠气候、湖滨气候、草原气候、迎风坡气候、峡谷气候等。

## （二）景观特点及其对旅游活动的影响

1. 景观特点

气候旅游资源作为构成某一地区地理环境和景观的主要因素，对其他旅游资源的形成及发展有较大影响。许多自然及人文景观的形成及观赏都与气候有关，如西双版纳的热带雨林地处热带，因此与热带气候有关。另外，一些特殊气象景观要借助其他景观为背景，如高山云海、海上日出、沙漠蜃景、名山佛光等。

与其他自然景观相比，大气中的风、云、雨、雪、霜、雾、雷、电、光等各种物理现象和物理过程所构成的景观有着以下显著特征。

（1）多变性与速变性。不同的气象景观要素在一年内所出现的时间各不相同，如冰雪景观只出现于冬季，而蜃景和宝光景一般见于中午或下午，日出、霞光等景的时间性更强。大气中的物理现象和过程往往是瞬息万变、变幻无穷的，如短时间内冷、暖、阴、晴的变化，倾盆大雨与晴空万里的瞬间变化，等等，这些变化体现了景观的多变性。气象要素中的雾、雨、电、光等要素的变化极为迅速，如宝光、蜃景、日出、霞光、夕照等都是瞬间出现、瞬间即可消失的气象景观，旅游者只有把握住时机，才能观赏到佳景。

（2）差异性与地域性。同一地方受同一气团控制，就会出现相同的气候类型。但即使在同一同纬度地带，由于距离海洋远近的差异、下垫面组合的不同及大气环流等的影响，各地气候也有明显差异，由此导致地球上的气候千差万别。各种气象景观的出现都有一定的地域性，一些特殊景象必须在特定地点才可显现，如吉林雾凇、峨眉佛光、江南烟雨、大理“下关风”等。

（3）立体性和层次性。气候随地理纬度和海拔高度的变化而变化。随着海拔高度的增加，气温逐渐降低，其他的气候因素，如降水、积温等也会产生变化。与气候相关的景观，如植被等也在发生变化，人们看到的景物和体验到的环境会随季节和海拔的变化产生差异。“一山有四季、十里不同天”，在低纬度地区的山地，从山脚到山顶可体验从热带、亚热带到温带，甚至到亚寒带的气候变化，也可看到不同气候带的植被景观，极高山还有终年积雪。

（4）节律性和导向性。气候在年际、月际、日夜之间均有规律性变化。旅游淡季、旺季的节律变化不仅受社会因素（如节假日）的影响，还受季节的影响。不同季节的气候要素变化会导致人们出游动机和旅游目的地选择的差异，如避暑、避寒等旅游动机都与气候直接关联，客流随之出现导向性规律变化。

2. 对旅游的影响

气象、气候既是直接对旅游者产生吸引力的旅游资源，又是开展旅游活动的必要环境条件，还是造景、育景因素，同时影响着地貌、水文、生物和人文旅游景观。气象、气候的地域差异决定了地域景观和旅游资源分布的地域差异，影响着景观的季相变化。气候的地域差异性及其分布规律会造成自然地域景观及人文地域景观的差异性，并决定自然地域景观和人文地域景观的分布规律。

气象、气候条件会影响旅游者的空间行为，是造成旅游客流空间分布差异和旅游业旺、淡季交替的主要原因之一。气候条件优越的地区也相应成为旅游热点地区，避暑、避寒旅游产品与气候有直接关系。人体直接感受到的气候、气象要素主要包括气温、湿度、降水、风、气压、太阳辐射、臭氧含量等，这些要素直接作用于人体，在不同的气候要素组合下，人体会有不同的生理感受和反应，进而影响到心理状态，而最直接的影响体现在对游客衣着、鞋袜、用具等方面。短时天气还会影响景物的观赏和游客的心绪，从而影响到旅游的质量，如：观日出、日落需无云无雾、能见度佳的天气条件；观极光要夜空晴朗；观宝光要有薄雾和适度水汽条件；观海市蜃楼需要有云且水汽浓重；等等。

气候直接作用和影响旅游活动的主要表现为：对旅游时间选择的影响（人们外出旅游，一般选择最有利的气候条件，如气温在 17.6℃左右，湿度为 70%～75%，以免引起中暑、感冒、气闷、口干舌燥的情况发生，同时也要选择最有利于景观观赏的气候条件，如观日出、赏枫叶、看雾凇等）；对旅游路线选择的影响；影响旅游活动中饮食的准备和更换；影响旅游服装的准备和更换；影响旅游项目的调整；影响旅游商品的组织供应；影响旅游活动中医疗用品和药物的准备；影响旅游交通和工具的选择；等等。

我国气候的总特点是季风气候显著，气候类型复杂多样，地域分异明显，冬季南北温差大，夏季南北温差小。东北部具有大范围的季风气候，即冬季盛行大陆季风气候，寒冷干燥；夏季盛行海洋季风气候，湿热多雨；青藏高原海拔高、面积大，形成独特的高寒气候。西北部地区则因僻处内陆，为海洋季风势力所不及，具有西风带内陆干旱气候。影响我国气候的最主要因素为地理纬度和太阳辐射，海陆位置和洋流，地形及大气环流，它们之间又相互影响、相互制约。从全域的角度看，无论何时都能找到适宜游客的气候环境，这样的气候条件形成了一个全天候的全域旅游目的地。

### （三）典型景观

1. 云雾、烟雨

云雾、烟雨所构成的气象奇观多见于温暖湿润地区或暖湿季节，在中、高山地区最为典型，也是我国许多风景名胜区的重要吸引物，典型的如黄山、泰山、峨眉山、齐云山、阿里山的云海，大理苍山名景之“玉带云”和“望夫云”。雾在特定的地点与其他自然条件相配合，可以组成耐人寻味的景色。如在山区，云雾积聚后急剧流动，会形成瞬息万变、引人入胜的云雾奇观。典型雾景有“草堂烟雾”（著名的关中八景之一）、“柳州凝雾”等；“江南烟雨”、济南“鹊华烟雨”、贵州毕节“南山雨雾”、羊城“双桥烟雨”、河南鸡公山“云头观雨”、峨眉“洪椿晓雨”等都是雨中佳景所在。

云雾是气温下降时，空气中所含的水蒸气凝结成小水点，漂浮在空气中的状态。烟雨即如烟之雨。云雾及烟雨时聚时散，时飘时停，时浓时淡，时厚时薄，给人以遐思和美的感受。淡云、薄雾、如烟之雨好似奇妙的轻纱，赋予大自然一种朦胧美。透过云雾、烟雨看风景，景物若隐若现、模模糊糊、虚虚实实，令人捉摸不定，营造出仙境般的神秘美感，让人思绪绵绵。宋代画家郭熙曾言，“山无云则不秀”“山欲高，尽出之则不高，烟霞锁其腰则高矣。水欲远，尽出之则不远，掩映断其派则远矣”。

2. 冰与雪

冰、雪奇景是寒冷季节或高寒气候区才能见到的气象景观。晶莹剔透的冰、纯洁的白雪借助地形、树木、建筑房屋等景观构成特殊的造型景观，婀娜多姿、造型独特，对游客，特别是非寒带地区的游客具有极强的吸引力。我国川西海螺沟、东北的林海雪原、燕山八景之一的“西山晴雪”、九华山的“平冈积雪”、西湖的“断桥残雪”及许多风景名胜区都有冰雪构成的壮丽景观。

冰雪在适当地形条件的配合下可成为开展冬季“白色旅游”的重要资源。冰雪运动是最受欢迎的户外体育、娱乐项目。滑雪场地要求分布在降雪量大，积雪保留时间长，又有适宜地形的地区。我国适于开展冰雪运动的旅游资源主要分布在东北、华北及我西部高山地区。

3. 雾凇、雨凇

雾凇又称“树挂”，是雾气在低于0℃的附着物（树枝、电线、景物等）上直接凝华而成的白色而松软的凝结物。雾凇形成的条件是潮湿、低温，我国高寒山区和东北地区的冬季都具备形成雾凇的条件。

雨凇是与雾凇类似的景观，是寒冷季节时，雨滴或毛毛雨滴落在物体上很快冻结起来的透明或半透明的冰层（由过冷雨滴或毛毛雨降落到 0℃以下的地物上迅速冻结而成的均匀而透明的冰层），其产生与近地层温度向上逆增有关。雨凇密度小时为混浊，而无光泽的冰层密度大时则为透明的冰层。我国雨凇分布一般为南方较北方多，潮湿地区较干旱地区多，山区比平原多。

雾凇以白色、不透明的小冰粒集聚包裹在附着物的外围，呈絮状。雾凇与冰雪不同，其美感不表现为覆盖物的宏观造型，而是保持一切原有附着物形态的造型，因此，其形态更加婀娜多姿，特别是垂挂在河边的垂柳上时，显得风姿绰约。

我国最著名的雾凇景观出现在吉林市松花江下游的滨江两岸。“吉林树挂”每年出现六十余天，以“中国四大自然奇观之一”的盛名而享誉海内外，一年一度的“雾凇节”吸引了大批游人。庐山雨凇是最具特色的景观之一。冬季风和日暖时最易出现雨凇，庐山遍山的常绿松、柏竹杉覆盖了银装，人们称它为“玻璃世界”，此景与云海、日出等合称为“天象六景”。峨眉山、九华山也都是雨凇多发地。

4. 旭日、夕阳

观赏日出、日落的壮丽景观是人们最喜爱和热衷的项目。我国泰山、黄山、庐山、华山、峨眉山、九华山、崂山及海滨都能观赏到日出、日落的壮景，许多风景胜地也以日出、日落景观命名。“旭日东升”是泰山四大奇观之一，从古至今到泰山观日峰的观日者络绎不绝。观日落则以庐山的天池亭最佳。其他如济南的“江波晚照”，羊城的“红陵旭日”，九华山的“天台晓日”，西湖的“雷峰夕照”等都与日出日落有关。观日出、日落一定要把握好时间，须在日出、日落前到达观日点。

5. 风

风是空气相对于地面的运动，也是气象变化的主要因素之一，也可直接造景。不过这种景看不见、摸不着，既无形象，又无色彩，旅游者可以通过感官感受其美。风作为景观，一般以“秋风”“春风”“松风”“微风”“和风”“煦风”等为赏景标志。如峨眉山的“白水秋风”，浙江海盐的“茶磨松风”，大理的“下关风”等。

6. 大气中光与影的奇景

1）霞

霞是斜射的阳光被大气微粒散射之后，剩余的色光映照在天空和云层上所呈现的色彩，多出现在日出、日落的时候。由于大气微粒对长波光散射的强度低，霞多呈红、黄、橙等颜色，云量越大，红色越浓。霞光是阳光穿过云雾射出的色彩缤纷的光芒，与周围其他景物交相辉映时，构成了一幅幅壮丽的图画，这种美妙常令人为之倾倒而流连忘返。霞常与山地、水气、云雾等相伴随，在特定的地区才可看到，是瞬息万变的光景之一。我国许多风景区内都有与霞有关的景致，如泰山岱顶的“晚霞夕照”，浙江东钱湖的“霞屿锁岚”，贵州毕节的“东壁照霞”等。

2）“佛光”

“佛光”是一种自然现象，是日光在传播过程中经过障碍物的边缘或空隙产生的展衍现象，即因衍射作用而形成的景观。当云层较厚时，日光在射透云层后，会受到云层深处的水滴或冰晶的反射。这种反射在穿过云雾表面时，在微小的水滴边缘产生衍射现象，有一部分光束会偏离原来的放射方向，其偏离的角度与水滴直径成反比，而与各色光的波长成正比。于是，不同的单色光就逐渐扩散开来，在人们的眼前展现出一个彩色的光环。

为什么会形成环形的光反应，而且与同样形成环的彩虹不一样呢？这是因为只有位于某个“光锥”面的单色光才能为人的肉眼所见到，而且所站的位置，即“光锥”的视夹角大约为9°，而彩虹的视夹角达84°。同时光在衍射时，光波越短，其偏离的角度就越大，所以佛光色彩的层次分布一般紫色在外，红色在内，越接近中心部位，色彩的可辨程度就越弱，到了光环中心就像一面发光的彩色玻璃镜。再加上衍射和漫反射的复杂作用，佛光的色相才往往不像彩虹那样清晰分明，而是像水彩画那样湿润地融合在一起。为什么只能看到自己的身影呢？主要原因是：虽然云层中的水滴和冰晶点很多，但人们各自所见的光环只是各自眼睛所视为顶点的那个光锥面的水滴或冰晶点的作用的结果。就如同各自对照着一面小圆镜，自然照见的也就是各自的身影了。至于出现“影随人动，人去环空”的景象，则是佛光中“摄身光”的原理，对此至今尚无科学解释，还需要学者们深入研究、探讨。

通俗地说，佛光也称宝光，它的出现原理与雨后天空中的彩虹相同，是太阳光通过雾区时，雾中的小水滴对光线的折射和衍射作用而产生的大气光学现象。宝光产生的条件是空气潮湿、薄雾弥漫的清晨和黄昏，天空中晴朗无风，阳光、云层和人体（或物体）三者同处于倾斜45°的一条直线上。当人背对太阳而立时，在太阳相对方向上的云构成的屏雾墙上可能出现围绕人影的彩色光环，这就是“宝光”。宝光出现的次数、光环美丽的程度因雾日的多少、空气湿度的大小而不同。我国的峨眉山、庐山、泰山、黄山都有佛光观景点，甚至乘坐飞入云层上空的飞机也会观看到这种现象，但以峨眉山的“金顶佛光”最为著名。峨眉山之所以著名，是由于此处云雾天数最多，湿度条件最好，风速最小，因此，佛光现象出现的次数也最多，色彩也最鲜艳。据有关资料表明，泰山一年中可看到七八次佛光，而峨眉山金顶每年可出现七八十次。

3）蜃景

蜃景又称“海市蜃楼”，也是大气中由于光线的折射而形成的一种气象景观。在无风和微风的日子里，空气层结构较为稳定，气温在垂直方向上的剧烈变化使空气密度在垂直方向上出现很大差异，从而导致远处的光线通过不同密度的空气层时发生折射或反射，于是在空中或地面显现出远方的景象。若底层空气密度大，则为上现蜃景，即远处景物影像呈倒像，倒立于地面；反之则是下现蜃景，即远处的景物影像呈正像，直立于空中。此外还有倾现蜃景等更为复杂的蜃景。

蜃景随空气流动和空气密度的变化而变化，这种现象多出现在夏季沿海或沙漠地区，在山区也时有发生。早上常出现上现蜃楼，中午或下午出现下现蜃楼。我国山东蓬莱海边常看见上现蜃楼。对于海上蜃楼奇观，古人早已觉察，因不能做出科学解释，便附会为蛟龙一类的“蜃”吐气为楼构成海上神仙住所的传说，因而得名“海市蜃楼”。

4）极光

极光是太阳发出的高速带电粒子激发高层空气分子或原子形成的发光现象，这些带电微粒因受地球磁场作用折向南北两极附近，分别形成“北极光”和“南极光”。北极光出现的区域大体上是通过阿拉斯加北部、加拿大北部、冰岛南部、挪威北部、新地岛南部和西伯利亚群岛南部的一个环状地带。

5）虹、霓

虹、霓是天空中的小水珠经日光照射发生折射和反射作用而形成的弧形彩带。虹的特征是由外圈到内圈依次呈现红、橙、黄、绿、蓝、靛、紫，出现在和太阳相对的方向。霓有时和虹同时出现，其成因与虹相同，只是在水珠中的反射比形成虹时多了一次，彩带排列的顺序和虹正好相反，颜色比虹淡，实际上是虹的再反映现象。

由于虹、霓的产生受纬度、地形、水文等地理条件的影响较小，所以许多地方都可以看到。一般是下午或傍晚时分出现。夏天雨后，空气蒸腾时，最易形成虹、霓。另外在一些水流高差大的瀑布附近，由于水汽如喷雾状，在阳光照射下，也可以形成小型的虹、霓景观。

## 二、特殊气象景观及导游讲解

### （一）特殊气象景观的美学特征

1. 形象美

自然界的天象景观变化万千，其形象也无穷无尽，体现了自然的神奇。云海、雾霭，碧海之上的日出破晓，体现出雄伟之美；夜空之中的月色，沉寂之中的一抹流星，体现了一种柔和之美；如梦如幻的“佛光”，亦真亦幻的“海市蜃楼”，给人一种奇特之美。另外，薄雾淡云、细雨蒙蒙又给大地罩上了一层忧伤的韵味。

2. 色彩美

天象景观的色彩主要由烟岚云霞和阳光构成。当太阳光穿过大气层的时候，在不同时间和地点，光线受到大气中水汽及各种尘埃物质的散射、反射、漫射等作用的影响，加之大气的过滤，天空中就会出现色彩缤纷的朝霞、映霞、彩云、雾霭，使天空呈现出多种色彩，这些色彩往往令人神往和陶醉。“朝辞白帝彩云间，千里江陵一日还”“日出江花红胜火，春来江水绿如蓝”，李白笔下的三峡与白居易笔下的江南正是对此景的生动写照。

3. 动态美

天象景观的动态美主要包括烟岚、云雾的飘动及日月的升降。行云飘烟，从深谷里冉冉升起，峰峦似乎是在虚无缥缈的轻纱帷幄之中，游人身临其境，犹如到了传说中的仙境。日月升降起落，让人似乎感受到了生命的轮回、岁月的沧桑。黄山的云海、峨眉的秋风，无不如此。

4. 朦胧美

天象景观是朦胧美的最好体现。透过云雾看风景，云雾中的景物若隐若现，模模糊糊，虚虚实实，令观者捉摸不定，于是产生幽邃、神秘、玄妙之感，引起观者的许多遐想，这就是朦胧美所致。我国古代诗歌中也不难找到对这种朦胧美的描写之句，如王维的“江流天地外，山色有无中”，苏轼的“山色空蒙雨亦奇”。

5. 神秘美

气象景观瞬息万变，发生在名山或海滨之地的气象景观往往引人遐想，结合宗教文化的影响及神话传说故事，会使游客产生无限的遐想，在游览过程中体会景观神秘的美感。

导游在讲解气候、气象景观的过程中，要根据其特有的审美特征，掌握正确的审美方法，激发旅游者的审美情趣，寻觅美、欣赏美、享受美，引导游客从一般的以生理快感为特征的“悦耳悦目”的审美体验上升到以精神愉悦为特征的“悦心悦意”的审美层次，最后到以道德和理性审美为特征的“悦志悦神”的至高境界。

### （二）服务程序

1. 引导观赏

特殊气象景观是只有在特定的气象、气候条件下才能出现的奇妙景观，需要有其他自然和人文景观的奇妙配合，才能进行审美活动、娱乐活动和体育活动，才能满足艺术创造的需求，带给游客特有的娱乐享受。

由于气象景观形成的条件特殊，观赏此类景观会受到时间、地点等因素的限制，因此导游员为游客提供导游服务时，在游览路线设计方面就应充分考虑到可能出现的景观，提前做好准备并适时提醒游客，以免游客在游览过程中因错过美景而留下遗憾。

2. 服务程序

（1）了解旅游目的地气象、气候景观的类型及分布。

（2）查阅收集资料。

（3）有机组合游览路线。

（4）精确安排时间。

（5）选择最佳观测点。

（6）讲解服务：根据景观特点和游客的具体需要选择讲解内容。在讲解中，可以进行综合讲解，也可突出以下某一重点。

科普类：以成因为引子，把气候、气象的原委用简练的语言向游客交代清楚，为游客审美打下基础，同时进行科普知识的普及。

审美类：以景观的美学观赏要素为起点，结合景观成景机理，向游客讲解气象、气候景观所承载的美之所在，让游客在游览中体验大自然的特殊美。

娱乐类：部分景观可以让游客进行娱乐性游览活动，如滑雪、溜冰等。

# 第三节　天体及天象景观导游

## 一、宇宙天体与旅游

### （一）神话传说的本源与依托

在世界各国的文化发展中，产生了许多美好的神话传说，这些神话传说中有许多都成了旅游景点的一个有机组成部分，没有这些神话传说，旅游景区和景物将大为失色且失去活力。在浩如烟海的神话传说和故事中，有不少内容都取材于宇宙天体。如希腊神话中大部分就取材于星座，用故事和神话的形式讲述了各星座的形状、名称、成因及其奥秘，如大熊座、人马座、射手座、牧羊座等，而这些传说中的人物（奥林匹亚山上的诸神）又与地球上的各景观有关。

我国神话传说中与天上诸星关系密切的为数不少。每当人们观测到织女星、牛郎星就会想到牛郎织女的传说；当人们举头望明月时，不禁会问：嫦娥、吴刚是否还在？

各种各样与宇宙天体有关的神话与传说故事在一定程度上也与某些景观相结合，由此宇宙天体也就成了旅游文化资源的一部分，丰富且活化了旅游文化。

### （二）观赏的对象

许多宇宙天体及其运动可直接作为观赏及研究的对象，如太阳、月亮、牛郎星、织女星、北斗星、金星，各类彗星、流星、陨石等。同时，与各类宇宙天体相关的宇宙现象，如五星或九星连珠、日食、月食、黑洞等也都可直接作为观赏对象。现在，人们还可以借助各种天文仪器来对各种天体及天体运动进行观赏研究。由于一些特殊宇宙现象较为罕见，而且出现又有一定的地域性，如日全食、哈雷彗星等，一经天文学家测出后，人们便会涌向最佳观测点去观赏。

### （三）作为其他地球景观的背景或借景对象

太阳和月亮这两个宇宙天体是地球上诸多自然和人文景观的背景和借景对象。典型的有“旭日东升”，没有太阳，日出的主要对象就不存在了，“平湖秋月”“三潭印月”“天涵宝月”（云南昆明安宁曹溪寺）也都必须借助月亮方能成景。

### （四）未来人类的直接旅游目的地

随着现代高科技的发展和宇航事业的突飞猛进，人类到其他星球上旅游已不再是天方夜谭。人类宇航员的足迹早已踏上了月球，在不久的将来，旅游者的足迹也将踏上月球。若再把时间推远，人类的足迹或将踏上太阳系的其他行星，甚至跨出太阳系，遨游整个宇宙。

## 二、天体及天象景观讲解

地球是宇宙中一颗极为普通的、有生命现象存在的行星，地球的物质活动必然受到宇宙中其他宇宙星体的影响。地球上许多自然现象，如潮汐、日升日落、各种天气现象都起因于太阳系中各天体间的相互影响。宇宙中的各种天体对于地球上的人来说，既神秘又亲切，许多宇宙现象及天体都已成了地球人观赏的对象，随着人类科学技术、宇航技术的发展，到其他星体上旅游将不再是人类的幻想。尽管目前人类尚不能直接到各星体上进行旅游开发，但宇宙作为一种旅游资源却是客观存在的。

在实际游览活动中，除了非常典型的天象景观（如日食）外，一般情况下天体及天象景观会与其他景观和景物同时出现，因此导游员在实际导游服务中，特别是导游讲解服务中，要注意主动寻找和发现隐藏于其他景物、景象中的天体和天象景观，在游览中穿插讲解相关景观。同时，导游员要充分了解与天体和天象相关的神话和传说故事，根据具体景区和景点的情况，与神话传说有机结合，有选择地为游客讲解介绍，这样可以提高游客的游兴，加深游客对景物的印象。

导游讲解要注意以客观事实为依托，对于神话传说的讲解要适时，内容要积极健康；在讲解中，要以天文科学常识为基础，进行必要的天文科学知识讲授与传播。

## 本章小结

动植物景观、气候、气象宇宙天体景观都是吸引物的重要组成部分，但由于这些资源在形成、发展及成景的过程中均有其个性，因此在实际导游过程中，导游员应根据不同的景观类型，有针对性地进行导游服务和讲解。

## 关键概念

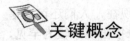

植物景观　动物景观　气候与气象景观　天体与天象景观

## 课堂讨论题

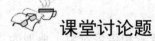

1. 动植物景观游览、讲解中的注意事项。
2. 分析当地的气候特点、成因及气候特点对游客旅游活动的影响。
3. 讨论天象景观。

## 复习思考题

1. 生物景观的特点及讲解要求。
2. 气象、气候作为旅游吸引物的特点及气象、气候旅游功能分析。
3. 特殊气象景观的美学特征。
4. 宇宙天体的旅游功能。
5. 分析影响一个地区气候的主要因素。

## 实训

1. 参观植物园或动物园，由教师引导，学生记录资料，创作一篇书面导游词，实地讲解。

2. 指导学生创作一篇介绍当地气候与天气的导游词，并进行模拟讲解。

# 第八章　中国古建筑游览与导游

**引言**

古建筑是中华民族灿烂文化的重要组成部分，是我国文化的重要载体，是我国古代各个时代、各族人民创造的文明的光辉标志。旅途中，无论是走进古老的宫殿，还是漫步在悠闲的园林；无论是登临名山，还是徜徉在古镇；无论在繁华的都市，还是在边疆村寨……只要有人的地方就有建筑，走到哪里都能见到我国传统古建筑的身影。我国传统建筑发展充分、成熟，且数量众多，种类齐全。在我国旅游离不开传统建筑，要了解我国历史就应该从我国古建筑开始。

**学习目标**

1. 了解我国传统古建筑的发展沿革、艺术特征及文化承载。
2. 掌握我国传统建筑的游览方法及程序，熟练进行古建筑导游。
3. 掌握我国古典园林及古镇民居的游览程序、方法及技巧和讲解内容。
4. 掌握寺观导游的程序、方法及技巧及讲解内容。

**教学建议**

1. 以文化内涵为重点，分析我国古建筑的特征。
2. 结合图文声像资料，教会学生游览赏析、讲解古建筑和古典园林。
3. 带领学生参观并实际模拟讲解古建筑，如佛教寺院、道教宫观、园林或典型民居。

## 第一节　中国古建筑概况

在现代建筑技术传入中国前所建造的建筑统称为中国古建筑。

“建筑”一词是今人的叫法，古代是没有的，罗哲文先生指出，中国的“建筑”一词是由日语转译而来的。建筑在英语中的原意为“巨大的工艺”，古典美学家历来把建筑、绘画与雕塑称为三大造型艺术或三大空间艺术，其中建筑尤受推崇。中国古汉语中，建筑等同于“营造”或“营建”“兴建”等，包括规划、设计和施工的全过程。

建筑是以居住为基本目的、以技术为基本要素同时兼具艺术因子的一种特殊的文化。传统建筑是一个民族所创造的物质文化的重要组成部分，它综合地反映了在某个特定历史时期，该民族在科学技术和文化艺术方面所达到的水平。

中国古建筑有数千年源远流长的历史，形成了独具特色的体系和风格，有高度的工程技术水平和优美的艺术形式，是伟大的中华民族在政治、经济、科技与艺术方面达到过的辉煌的象征，是凝固的文化，是历史的见证，是最宝贵的科学、文化遗产。

中国古建筑艺术以汉族木结构建筑为主体，同时包括各少数民族的优秀建筑，是世界上延续历史最长、分布地域最广、风格最鲜明、最成熟且具有独特艺术体系，代表传统审美意识、具有极高审美价值的建筑体系。中国古建筑是技术与艺术的综合，对日本、朝鲜和越南的古代建筑有直接影响，17 世纪以后对欧洲也产生过一定影响。

## 一、中国古建筑的发展沿革

自先秦时期到 19 世纪中叶，中国建筑基本上是一个封闭、独立的体系，两千多年来风格变化不大，通称为中国传统古代建筑艺术体系。19 世纪中叶以后，随着社会发展及社会性质的变化，西方建筑开始传入中国，中国建筑与世界各地建筑有了接触和交流，建筑风格发生了急剧变化，这一时期的建筑形制及蕴含的文化通称为中国近现代建筑艺术。从建筑材料、建筑风格、建筑技术及文化特色等方面看，中国传统古建筑发展经历了雏形与形成期、发展与成熟期、转变与发展期和高峰期四个时期。

### （一）雏形与形成期

汉代以前是中国古建筑体系的雏形及形成期。考古学家发现，早在商代我国就已经有了较为成熟的夯土技术，建造了规模宏大的宫室和陵墓。周初至春秋时期，瓦出现并开始使用，解决了屋顶防水的问题，这是中国传统古建筑的一个重要进步。随着建筑技术的发展，战国时期出现了砖和彩画。到秦汉时期，木构架结构技术已日渐完善，中国古建筑的主要结构方法——抬梁式和穿斗式已发展成熟。到东汉时期，我国出现了全部石造的建筑物。

### （二）发展与成熟期

魏晋南北朝是中国古建筑体系的发展时期，在建筑材料与技术方面都有了较大的发展。隋唐是中国古建筑体系的成熟时期，这个时期，单体建筑的屋面坡度平缓，出檐深远，斗拱比例较大，柱子较粗壮，多用板门和直棂，风格庄重朴实。

### （三）转变与发展期

宋元时期是中国古建筑体系的大转变时期，又是新的发展期。宋代建筑规模相比唐朝体量减少，但比唐朝建筑更为秀丽、绚烂且富于变化，出现了专业建筑文献《营造法式》。元代时建筑使用了辽代所创的“减柱法”，梁架结构又有了新的创造，许多大构件多用自然弯材稍加砍削而成，形成了当时建筑结构的主要特征。

### （四）高峰期

明清时期是中国古建筑体系发展的高峰期，这个时期的官式建筑已经高度标准化、定型化。1723 年，清朝颁布的《工部工程做法则例》统一了官式建筑的模数和用料标准，简化了构造方法，建筑的技术和速度加快，建筑材料更精细，装饰越来越繁富。

## 二、中国传统建筑的艺术特征

### （一）重视环境经营

从春秋战国时期开始，中国就有了建筑环境整体经营的观念，非常注重和讲究建筑环境，要求建筑与环境高度统一。中国古代城镇都极为重视城市与周围环境的和谐与统一经营，如古都长安、洛阳、建康、北京等的经营范围都远远超出城墙范围。重要的风景名胜，如五岳五镇、佛道名山、邑郊园林等，都把环境经营放在首位，帝王陵园更是着重强调地理环境的选择。中国传统古建筑环境是建筑艺术魅力不可分割的组成部分。

### （二）单体形象融于群体序列

古代单体建筑形式相对简单，基本是定型化的式样。单体建筑不构成完整的艺术形象，建筑的艺术效果需要依靠群体序列来营造。一座殿宇在序列中作为陪衬时，形体不会太大，形象也可能比较平淡，但若作为主体，则可能很高大。如明清北京宫殿中单体建筑的式样并不多，但通过不同的空间序列转换，各个单体建筑显示出了自身在整体中的独立性格。

### （三）构造技术与艺术形象统一

中国古代建筑的木结构体系适应性很强，这个体系以“四柱二梁二枋”构成一个被称为“间”的基本框架。间可以左右相连，也可以前后相接，又可以上下相叠，还可以错落组合，或加以变通而成八角、六角、圆形、扇形或其他形状。屋顶构架有抬梁式和穿斗式两种。抬梁式屋架，即柱子不直接承托檩条，而是柱子承托承梁，由梁或梁上的短柱承托檩条，这种结构多见于北方民居和南北方的官式建筑，是中国古代木构架的主流。穿斗式屋架，即柱子直接承托檩条，柱子之间用枋子相连，以加强柱子的稳定性。枋子不承重，所以和“梁”完全不同，称为“穿”。穿斗式屋架多见于南方民居。无论哪一种结构，都可以不改变构架体系而将屋面做出曲线，并在屋角做出翘角飞檐，还可以做出重檐、勾连、穿插等式样。单体建筑的艺术造型依靠“间”的灵活搭配和式样众多的曲线屋顶表现出来。此外，木结构的构件便于雕刻彩绘，以增强建筑的艺术表现力。因此，中国古代建筑的造型美在很大程度上也表现为结构美。

### （四）规格化与多样化统一

传统古建筑以木结构为主，为便于构件制作、安装和估工算料，必然走向构件规格化、设计模式化。规格化使建筑风格趋于统一，保证了各座建筑可以达到一定的艺术水平。规格化不限制序列构成，单体建筑的规格化与群体序列的多样化并行，成为一种空间艺术。传统的古代建筑单体似乎稍欠变化，但群体组合却又变化多端，这就是规格化与多样化高度统一的体现。

### （五）诗情画意的自然式园林

中国古典园林是中国传统建筑艺术中的主要成就，是世界园林体系中的重要典型。中国园林以自然为蓝本，摄取自然美精华，注入了人文审美情趣，采取建筑空间构图的手法，通过自由灵活、运动流畅的序列设计，使自然美典型化，以组织丰富的观赏画面体现着诗情画意。中国园林讲究“巧于因借，精在体宜”，重视成景和得景的精微推求，模拟自然山水，创造出叠山理水的特殊技艺，无论土山石山，还是山水相连，都能使诗情画意更加深浓，趣味隽永。

### （六）重视表现建筑的性格和象征含义

中国古代建筑艺术有鲜明的性格和特征，具有政治伦理内容的象征含义。建筑中常利用环境渲染出不同的情调和气氛，使人获得审美感受，通过体量、色彩、式样、装饰等，用建筑内容体现社会制度和居住者的等级；通过具象的附属艺术，如匾联、碑刻等来揭示、说明建筑的风格和内容。宫殿、坛庙、寺观等重要建筑还有特定的象征主题。

## 三、中国传统古建筑的文化承载

中国传统古建筑是凝固的文化，有着最丰富、最深邃的文化意蕴，是体现中国传统文化的重要物化载体，其内涵受儒家、道家、佛学、阴阳五行、风水、吉祥等诸学说的综合影响，具体可归纳为“以大称威、以中为尊、礼制至上、祈吉为尚”十六个字。

### （一）儒家思想

西汉武帝时期独尊儒术，儒家文化，特别是儒家崇“礼”，强调尊卑等级的思想成为大至国家、小至个人的准则规范。儒家“三纲五常”的伦理道德、等级观念及趋吉隐喻文化等理念在中国古建筑中随处可见，典型的是北京故宫建筑群，它把皇权的至高无上渲染到了极致。

### （二）佛、道文化

佛教传入中国后，其思想对人们的生活产生了一定的影响，在中国古建筑中也有体现。如承德外八庙的普宁寺，其曼荼罗式的建筑模式，体现了佛教的宇宙观。还有北京的智化寺，同样用黑色瓦顶，但却不同于宁波天一阁藏书楼的黑瓦。前者是取“降伏为黑”的佛教观点，寺取名“智化”也指“佛智”渡化众生之意，而天一阁的黑瓦则是取“引水克火”之意。

“道生一、一生二、二生三，三生万物”“易有太极，是生两仪，两仪生四象，四象生八卦”是道家对宇宙生成的认识。在中国古建筑中，随处可见反映这种道家思想的建筑，如江西省三清山的建筑布局，雷神庙、天一水池、龙虎殿、涵星池、王祐墓、詹碧云墓、演教殿、飞仙台八大建筑都围绕着中间的丹井和丹炉，周边按八卦方位一一对应排列就是由道教内丹学派取人体小宇宙对应于自然大宇宙，同步协调修炼“精气神”思想在建筑上的反映。

### （三）阴阳五行学说

阴阳在中国古代用来表示对立统一的一对事物。古人认为，一切事物都分为互相对立、互相依存的阴阳两面，如方位的上与下、前与后，数目中的奇数和偶数、正数和负数，均由两种属性所组成。传统上把上方、前方、奇数、正数归为“阳”，下方、后方、偶数、负数归为“阴”，人们认为每种事物都包含着阴与阳的对立统一。五行学说认为世界由相生相克的金木水火土构成，金木水火土五行循环不已，构成世界循环运行的总规律。以北京故宫为例，外朝属阳、内廷属阴，外朝的主要宫殿布局采用奇数，三朝五门制即如此；内廷建筑多用偶数，后廷的两宫六寝便如此。故宫的乾坤二宫在北，五行中属水，布置御花园以符合水生木的道理。同样，文华殿居东属木，对应青色，做成绿色的琉璃瓦，象征青年成长。

### （四）吉祥文化

吉祥平安的美好生活是所有人都向往的。建筑是人们居住的场所，是集中体现和展示吉祥文化的载体，处处体现着吉祥文化的内容。吉祥是抽象的理念，需要借助一定的文化形式及象征隐喻来表达。中国古建筑中的吉祥常采用数字、方位、色彩、图案等形式来表达。

1. 数字

大至城市，小至建筑构件，用数字表达吉祥文化的例子无所不在。不同的数字象征不同等级、寓意。以北京天坛祈年殿的柱子数为例，殿内中央 4 根龙井柱，代表四季，且有事事如意的含义；中间 12 根金柱，象征 12 个月；外圈 12 根檐柱，表示 12 个时辰；中外层相加 24 根，象征 24 个节气；三层相加 28 根，象征周天 28 星宿；再加柱顶 8 根童柱，代表 36 天罡。

2. 方位

方位是指建筑的朝向、内外、前后、偏正等空间方向和体位。建筑群中，在中轴线上的建筑特别是居中的建筑高于其他方位，朝南的建筑等级高于其他朝向的建筑。在建筑群落中，单体建筑的方位不仅与吉凶相关，还常通过建筑组合来表达传统宇宙观，如故宫紫禁城的建筑方位布局是乾清宫、坤宁宫居中，东西六宫分布两侧，象征十二星辰拱卫日月。

3. 色彩

色彩语言在古建筑中是等级、功能及寓意的表达方式，建筑色彩与建筑的区位、功能及居住者的地位有关，如：皇家建筑的屋顶用黄色、宫墙用红色；普通百姓居所只能是灰瓦白墙。古建筑中，黄色的等级最高，其余依次是红、绿、青、蓝、黑、灰、白等色。传统文化中色彩与宇宙的对应关系是“天玄地黄”，北京天坛祈年殿的三重檐屋顶用上青中黄下绿三色来象征天地万物。

4. 图案

在古建筑中，最常见、最丰富、最直观的吉祥文化表现方式为图案，图案以绘画、雕刻的艺术形式来表现。中国传统吉祥图案种类繁多，多象征美好吉祥，如：麒麟送子，代表多子多福；“蝙蝠”象征“福”；“柿子”表示事事如意；松代表长寿；鹿表示“禄”；鲶鱼意为“年年有余”；等等。

## 四、中国古建筑的类型

### （一）大类划分

中国古建筑种类齐全，自成体系，以大类分为宫殿建筑、宗教建筑、坛庙建筑、陵墓建筑、住宅建筑、会馆建筑、书院建筑、桥梁建筑、水利建筑、城市与城防建筑、园林建筑等。

### （二）单体建筑

以单体建筑样式而言，中国古建筑的类型可谓琳琅满目：宫、阙、殿、寝、楼、阁、亭、台、府、第、邸、庄、斋、厅、堂、室、寺、塔、庵、龛、庙、祠、观、藏、苑、囿、坞、舫、城、廊、雉、堞、陵、墓、丘、林，样式之多，举世无双。每一种建筑，根据功能等的不同还可细分。

## 五、建筑美的体现

### （一）空间美

建筑是一个在三个向度（前后、左右、上下）展开的立体空间，由形体、色彩、质感所组成。建筑的实用功能和视觉美感效应都依赖于这个三维向度的空间容量和体量。

建筑适当地运用空间组合、质地和色彩调补等手法，能给人以韵律感和节奏感。节奏和韵律是构成一座建筑物艺术形象的重要因素。人类社会的群体性在建筑之美的构成中也得到了一定的体现，即注意单体建筑物与周边环境的协调统一关系，建筑形象是社会人生的空间展开形式。在一定区域内，建筑的体量一般比较大，具有强烈的视觉冲击力，多成为景区内的主体景观。

### （二）功能与象征美

实用是建筑的首要功能，这是由人类的生存需要决定的。一座古建筑，无论其建筑工艺如何繁复，装饰如何华丽、复杂，其最基本的功能仍是实用。建筑是一个实体，有其存在的空间和体量，建筑的大小、结构、色彩及装饰都有寓意，其美学特征具有辨识作用，体现了一定的社会功能。寓意象征是中国古建筑特有的美学特征，这些仅用眼睛是不可能完全体会到的，要了解建筑的象征美，需要对中国文化有较为深入的了解。

# 第二节　古建筑游览与导游服务

## 一、导游服务基本要求

### （一）相关知识的准备

想要带领游客游览中国传统古建筑，导游要系统地学习古建筑知识，要有追根摸底的精神。中国古建筑的美不仅体现在宏观环境及外形上，更多的美藏于细节处，特别是在各种装饰中，因此导游要掌握中国传统古建筑的文化符号系统、文化意境及内涵、审美路径、方法及技巧。要针对游览对象整理出鲜明的路线，营造“审美的期待心理”。通过讲解，把“期待心理”传导给服务对象——游客。

### （二）游览中分清主次

中国传统古建筑主次分明、重点突出，装饰异彩纷呈、主题明确。建筑群中重要的建筑都被排列在纵贯南北的中轴线上，次要建筑都排列在两侧，并表现出严格的均衡对称和等级规律。按建筑的性质，传统建筑的各个部位都有一些装饰，以使各部分建筑同中有异，各具特色。

### （三）把握几个要点

（1）分析氛围的意境。
（2）熟悉每个建筑单体的物质与精神功能。
（3）准确领略各种陈设和装饰的含义。
（4）评价各种艺术珍品的价值。
（5）礼制与等级的体现方式及内涵。
（6）文化意蕴的内涵及表现途径、方法和手段。

## 二、服务程序

### （一）根据游览对象结合游客游览动机激发游客游兴

导游要用简练的语言介绍参观游览点的历史沿革，以突出重点的方法向游客介绍参观游览点的成因、价值（历史、文化、美学、旅游等价值），提升游客游览的期望值。

如果游览的是由古建筑群组成的景区，要注意设计最佳游览线路，通常应沿着中轴线走，由外往里走。其中，正殿是游览的主要对象，应把它作为游览的重点。

### （二）关注古建筑环境空间

中国古建筑十分重视对周边环境的营造，建筑周围的山川形势、地理特点、气候及林木植被等与建筑布局、形式、色调等相映成趣，构成一个大的环境空间。导游在设计旅游线路时要设计好参观的地点和位置，便于游客了解建筑的功能，观赏体验建筑的空间美、体量美。

### （三）突出建筑布局、组合及细节

中国古建筑以“间”为单位构成单体建筑，再以单体建筑组成庭院，进而以庭院为单元，以平面展开布局方式组成各种形式的组群。导游应了解建筑布局及组合的情况，注意知识的引申。由于古建筑的布局与组合十分复杂，导游在游览过程中要调整好节奏，时刻关注游客的活动情况。对建筑细节，特别是各类装饰的讲解要结合其寓意介绍中国传统文化。

## 三、讲解内容

古建筑导游讲解，可遵循一定的程序，即建筑选址（建筑风水）→群体建筑→单体建筑→式样及其体现的艺术特征→从规格看等级→体现生境、画境和意境→个性体现与各部件及装饰的象征意义。

### （一）讲名称

中国古建筑的类别、名目繁多，每种类别、每个名目都有自己特定的功能、用途和样式。导游讲解时对古建筑类别及名目的称谓必须规范。

（1）宫。最早围起来的房子就叫宫，供祖宗牌位的庙也叫宫，到了秦代，“宫”成为天子居所的专称。后世规格高、受过皇封的道观也可称宫。

（2）阙。阙最早只是宫门前两侧的方土台子，后来在台子上盖上圆的顶盖，具有观望四方的功能后，阙的称谓改为了观。

（3）寝。寝本是人们卧息的地方。古代王宫前面是殿堂即朝宫，后面是帝王的居舍，叫寝（后妃住的也叫宫），所以古代有“前宫、后寝”的说法。陵墓也称为陵寝。

（4）廊。古代堂的东西两侧空位叫东序、西序，堂下的边屋叫廊，又叫走廊、游廊。后来廊又变得多种多样，在中国古典园林中，廊是不可缺少的分隔空间和点缀风景的小品，还是联系交通的纽带。

（5）庑。厅堂下两侧的房子叫庑，大屋也叫庑，所以太和殿的四阿（四坡水）屋顶又叫庑殿式屋顶。

（6）宇。宇是屋檐的边，有“上栋（栋就是堂顶的大梁）下宇”的说法。把屋檐反曲上去叫“反宇”，四方上下也谓之宇。

（7）间。间是中国古代建筑计量或者说构成房子规模的基本单位，就是两柱之间所夹的面幅，即四根柱子围成一间，通常说的“殿堂面阔几间，进深几间”就是这个意思。

### （二）区别等级

中国古建筑讲等级，不同等级的建筑在用料、建筑形制、建筑方式、色彩运用、装饰选用及布局等方面都有明显差别。

1. 基本构件及等级

（1）台基。台基又称基座，是高出地面的建筑物底座，用以承托建筑物，具有防潮、防腐的功能，还可弥补古建筑单体建筑不甚高大雄伟的缺陷。台基大致有四种：用素土或碎砖三合土夯筑而成的为普通台基；在普通台基边建栏杆的为次高级台基；豪华型石做的台基为高级台基，也称为须弥座，又名金刚座；由几个须弥座相叠而成的台基为最高级台基，主要为皇宫、寺观中最高级建筑的台基。

（2）木头圆。常用松木或楠木制成圆形木头，置于石头为底的台上。

（3）开间。四根木头圆柱围成的空间称为“间”，建筑的迎面间数称为“开间”或“面阔”，建筑的纵深间数称为“进深”。中国古代以奇数为吉祥数字，所以平面组合中绝大多数的开间为单数，开间越多，等级越高。

（4）大梁，即横梁，架于木头圆柱上的一根最主要的木头，以形成屋脊，它是中国传统木结构建筑中的骨架构件之一。

（5）斗拱。斗拱是中国古代建筑特有的构件。方形木块叫斗，弓形短木叫工拱，斜置长木叫昂，总称斗拱，如图 8-1 所示。

（6）彩画。彩画原为木结构建筑物防潮、防腐、防蛀所用，后具有了装饰及等级区分功能。

① 金龙和玺彩画。金龙和玺彩画是古建筑彩画等级最高的一种，只有宫殿中的主要建筑和显赫的庙堂才能使用。彩画图案以各种姿态的龙为主题，线条多用金色。

图 8-1　斗拱

② 旋子彩画。旋子彩画等级次于和玺彩画，是核心部分，由龙和锦纹来填充，“找头”部位的图案由花朵和旋纹组成。旋子彩画常用于宫殿中的次要建筑和庙宇中，是彩画中用途最广的一种。旋子彩画中，本身等级的高低按用金多少、图案内容和颜色层次可分成七个级别。

③ 苏式彩画。苏式彩画的等级次于旋子彩画，由图案和绘画两部分组成，绘画部分多集中在弧形的包袱线内，绘画包括人物故事、山水、花鸟、鱼虫等。其等级由包袱退晕层次和用金多少来区别。苏式彩画常用于皇家园林中。

（7）屋顶与屋檐。中国传统建筑屋顶主要有庑殿顶、歇山顶、悬山顶、攒尖顶、硬山顶、卷棚顶等，如图 8-2 所示。在这几种屋顶中，以重檐庑殿顶、重檐歇山顶级别最高，其次为单檐庑殿顶、单檐歇山顶。

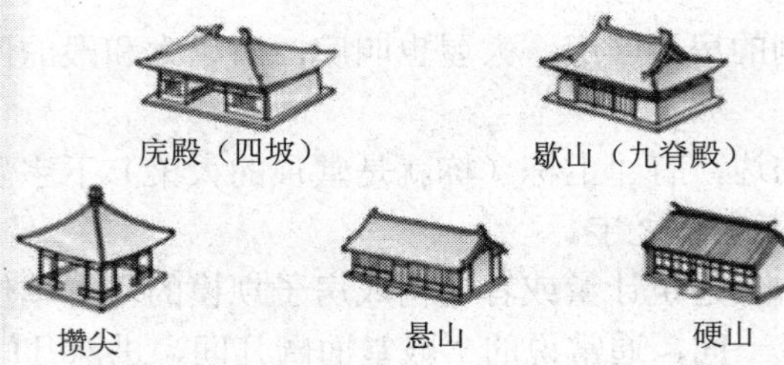


图 8-2　中国传统建筑屋顶

古建筑的屋檐是建筑实用功能发展的结果。唐以前，木构建筑以版筑土墙为主，在黄河中下游地区雨热同季，夏季雨水较多，为了避免木构架的基部遇水易腐蚀的问题，工匠们一方面抬高基部，减少积水侵蚀，另一方面做大屋檐，遮蔽雨水，以保护建筑基部。为了支撑加大的屋檐，西周时出现了斗拱。

屋檐出檐越大，屋檐的重量特别是四个檐角的重量越大。为解决檐角支撑问题，工匠们发明了角梁。大屋顶的深远出檐、凹曲的屋面、反宇的檐部能起到排泄雨水、遮蔽烈日、收纳阳光、改善通风等诸多功能，角梁结构的发展使平直的屋檐线到转角处成为一条柔和向上的曲线，这种翼角结构也使屋顶造型更加优美，消除了大屋檐给人造成的压抑感。

（8）山墙。山墙即房子两侧上部呈山尖形的墙面。

## （三）讲解装饰及吉祥文化

中国传统古建筑是工程技术与艺术美的综合体，尤其强调建筑的装饰，各种装饰不仅有实用功能，更有驱魔纳吉的文化内涵。

中国古建筑中常见的装饰主要有以下几种。

（1）螭吻。螭吻是在大殿正脊两端常有龙形的瓦饰，具有保护屋顶木构件免受雨水侵蚀及防雷作用。在中国神话传说中，螭具有避火功能，故螭吻是一种镇宅辟邪的装饰。

（2）仙人走兽。等级高的古建筑，如宫殿和寺观中的主要建筑物屋顶的飞檐翘角上常安放有仙人及各种动物组成的一组装饰，这就是“仙人走兽”。“仙人走兽”有三大作用：第一个作用是保护作用，从建筑结构来说，它们是为了防漏防锈而采取的措施。因为飞檐翘角的戗脊上都盖有瓦，但因翘角上翘很高，瓦容易滑下，所以这些瓦中都有一孔，以此用铁钉把瓦固定在戗脊上，为了防漏、防锈，于是在钉之上再压一件装饰兽。第二个作用是标志建筑等级，“仙人走兽”的排列是仙人在前，后面紧随龙、凤、狮、天马、海马、狻猊、押鱼、獬豸、斗牛、行什（即猴子）等，最多为 11 个。建筑等级越高，走兽数量越多，数量一般为奇数，如 11、9、7、5、3 等，递减时由行什、斗牛、獬豸、押鱼、狻猊……依次向前递减，减后不减前，人们抬头一望其个数就能清楚地知道建筑等级的高低。第三个作用是辟邪。“仙人走兽”的寓意为：仙人，意为逢凶化吉，龙、凤、天马、海马为吉祥之物；狮、狻猊为辟邪之物；押鱼为灭火之物；獬豸为执法兽，象征公正；斗牛为消灾之物；行什为降妖之物。

（3）藻井。古建筑为遮蔽梁以上的木构件，往往要设法铺上平整的天花板。高级别建筑，如故宫三大殿及佛寺大殿的天花板常做成上凹如覆斗的形状，有方形、八角形、圆形等形状，覆斗内绘龙纹或菱、藕等水藻纹，这种装饰称作藻井。据记载，藻井最迟在汉代就出现了。藻井的功能除遮蔽屋顶构件外，还因其造型、纹饰及名称蕴含有尊严、辟邪、辟火之意。凹覆斗形的藻井形如华盖，含有神圣、至高无上之意，使雍容华贵中显示出威严雄伟的气派；“藻井”二字中的“藻”为水中植物，藻字有三点水，“井”本就是蓄水用的，“藻井”为水，水能克火，“藻井”有预防火灾、辟火之意。

（4）悬鱼。古建筑山墙的人字形博风板正中处往往挂有木雕的鱼形雕刻，或直接在山墙上绘有鱼形图案，其含义有三：“鱼”与“余”同音，含年年有余之意；鱼为水中之物，有鱼就应有水，这里的鱼象征水，水可压火，有防火、避火之意；古人认为鱼具有驱鬼辟祟之功效，明清建筑上的鱼形雀替和鱼形月梁等则意在退祟消灾；鱼还象征着富裕、吉祥和美好，如在古代墓葬中，鱼常是导引登天之神灵。

**【资料链接】**

### 悬鱼的其他含义——“悬鱼太守”

东汉时，羊续出任南阳郡太守。当时社会风气庸俗，奢靡成风，官府请客送礼、托关系办事的现象十分普遍。羊续下决心从自身做起，扭转这种坏风气。一天，郡丞送来一条鱼，他夸赞鱼味鲜美，还申明是自己打捞的，未花一分钱。羊续再三谢绝，郡丞还是不肯收回，羊续只好先把鱼留下，但他并没有将鱼送进厨房，而是悬挂在房檐下，表示自己坚决不吃这条鱼。过了几天，郡丞又拎来了一条更大的鱼。羊续正色道：“你是本郡地位仅次于太守的官员，怎么能带这个头呢？”不待郡丞辩解，羊续把他带到房檐下，让他看上次送的那条鱼还挂在那里，已经僵硬发臭了。郡丞无言以对，送礼作罢。羊续悬鱼拒礼一事使那些想送礼的大小官员及财主们不得不做了缩头乌龟，羊续也被百姓称为“悬鱼太守”。

（5）铺首。古建筑大门上都设置有底座用于敲门及装饰的门环，称为铺首。铺首多用铜或铁铸成，形状皆为凶猛威武的兽头，如虎、螭、狮等，它们怒目开颔、齿衔门环，令人惊惧畏怯，可起到镇魔祛邪、镇守大门的作用。

（6）镜。镜历来被视为神奇之物，人们普遍相信镜能照妖，把它悬挂在门上或嵌在屋脊上，能起到驱魔辟邪的作用，这种镜子俗称“照妖镜”。照妖镜源于古代人们对镜子的崇拜（当时是铜镜），最早的照妖镜在汉代就已出现。为增强镜子的法力，有些照妖镜往往还配有阴阳八卦等图案和咒语。由于镜子在人们心中具有这样的威力，人们又逐渐把它作为公正无私的象征，所以历代大小官府衙门的公堂上都有“明镜高悬”的横匾。

（7）四灵。“四灵”即龙、凤、麟、龟，是四种有神奇力量的灵物。

① 龙。龙是想象中的神灵之物，是中华民族的象征。关于龙的起源与来历，至今众说

纷纭。有一种说法是，龙起源于原始部落的图腾。目前考古发现的龙形象中，最早的是出土于西安半坡仰韶文化遗址的龙纹陶壶上的龙，类似一种生活于水中的蛇状长鱼，这种鱼的头旁有类似于两耳的东西。商代出土的铜器上发现的龙形增加了两角，有的似乎还增加了一足。周代铜器纹饰或图画中，龙已经有了足。汉代画像石中的龙，多数都有四足，它的形象基本奠定了后代龙的基本模型。汉代画像中龙的形象常常是口中衔鱼，从这一点来说，龙是“水物”的观念是始终不变的。有学者认为，龙起初是现实中生活于水中的蛇状长鱼，后成为夏族的图腾。随着部落的强大，夏族吞并了以鸟兽鱼虫等为图腾的其他部落，在各民族融合的进程中，图腾也在融合，如将鹰足添到了蛇状长鱼的身上，后经不断加工、神话，最后变成蛇身、牛头、鹿角、狮鼻、鱼鳞、狗牙、马鬃、鹰爪集于一身的神——龙。从细部看，龙在西汉是四肢三爪，至南宋增至四肢四爪，明清时成了五爪金龙的形象。另一种说法是，龙原来是远古时代类似恐龙的一种巨型爬行动物，何新在《诸神的起源》中认为龙的前身即鳄鱼。还有一种说法是，龙是远古先民由霹雳雷电悟想出来的自然神。

在人们的心目中，龙是镇魔驱邪、化凶为吉的祥瑞之物。古代建筑上的龙纹主要用于装饰壁、华表、金柱、御路石雕、宝座、屏风、望柱下的螭首、和玺彩画、藻井等建筑构件及装饰物上。在封建社会时期，人们把皇帝比喻为龙，龙成为帝王的象征，因此普通人是不能以龙为饰的。

明代天顺年间（1457—1464 年），进士李东阳创立了“龙生九子”之说，提出龙生九子非龙，各有所好并具有特殊能力。人们就大胆地将龙九子的形象装饰在不同的地方，既显威严又有辟邪之意。“龙生九子”之九子的名字各有说法，《诸神由来》一书说《升庵外集》记载龙之九子是：赑屃，形似龟，好负重，即碑下龟；螭吻，形似兽，性好望，站屋脊；饕餮，好食，立鼎盖；蚣蝮，好立，站桥柱；椒图，似螺蚌，性好闭，立于门首；金猊，形似狮，好烟火，立于香炉；再加上蒲牢、狴犴、睚眦三个，恰为龙之九子。

② 凤。凤原是商的图腾标记，商周时每一件青铜器上都有它的形象，商周时期凤已作为至高无上的权力、意志、神威的象征。神话传说认为，世界上只有一只凤凰，它可以整整存活五百年，临死时，凤凰采集芳香植物的树枝和香草筑造一个巢，然后点火自焚，在熊熊的烈火中获得再生。凤凰为中国传说中的瑞鸟，是至真、至善、至美的神鸟，是百鸟之王，它与龙一起，共同构成了中国特有的龙凤文化。

③ 麒麟。麒麟是一种灵兽，其形为鹿身、龙头，头上有独角，角上长肉球，全身披鳞甲，狮尾，马足。周代就有了麒麟的传说，秦汉时，麒麟和龙、凤、龟并称“四灵”。麒麟被历代皇帝尊为灵物，并视为国之奇瑞，是皇威显赫、昭示清明、太平盛世降临的象征。

麒麟一直被人们视为吉祥如意的象征，民间年画中常有“麒麟送子”的题材，在宫殿中有铜麒麟，在帝王陵前常有石麒麟。唐代，武则天在她母亲的墓前就置有一头高大威武的石麒麟，作为祥瑞之物。在南朝帝王陵墓前也有麒麟、天禄等石兽，根据当时礼制，麒麟、天禄等神兽只准帝陵前使用，而臣僚墓前只能用石狮。因为天禄、麒麟是传说中的神兽，使用于帝陵前，以示皇帝上受天意，具有至高无上的权威尊严。

**【知识链接】**

### “西狩获麟”的故事

《春秋》中记载，鲁哀公十四年春天在西郊狩猎，捕得一只奇兽，但在同行中没有人能认识此兽，便派人请教孔子，孔子看了告诉他们，此是祥瑞之物——麒麟，但孔子十分哀伤，他流泪悲叹王室注定将亡，因为麒麟的出现本是祥瑞之兆，今不幸被打死，成了不祥之兆，此乃王室将亡的预兆，因此孔子整理的《春秋》一书就以“西狩获麟”为结，搁笔而止。

④ 龟。龟，福大、命大、造化大，是四灵中最长寿的。古人认为龟有卜凶吉、兆寿瑞、扬武威、镇邪恶、赐富贵等灵性。《尔雅》说，龟有 10 种，即神龟、灵龟、摄龟、宝龟、文龟、山龟、泽龟、水龟、火龟、筮龟。其中，神龟和灵龟是天龟，寿命长达 5 000～10 000 年。四灵中的龙、凤、麟都是神话了的虚拟动物，只有龟是唯一与人类关系密切、自然界实有的动物。龟被神话，要比龙、凤、麟更早，考古发现至少在殷商时期，就有神龟知人情、知吉凶和可以充当神与人之间媒介的信仰。殷时人们常用龟甲来进行占卜，巫师用烧红的木棍烧灼龟甲，使之发生爆裂而产生裂痕，然后据此兆象来判断祈求者的凶吉。

（8）四方之神。四方之神即青龙、白虎、朱雀、玄武，是四方之护卫神。四方之神的形成与“五行”学说和古天文学分不开。最初的“五行”是指金、木、水、火、土五种自然物质，古人把它们看作是构成世界万物的本源，这还属于朴素的唯物观点，之后唯心的成分越来越大，“五行”创立者把周天二十八宿分成东、南、西、北四个区，这四个区又叫“四宫”，说是苍、赤、白、黑四帝的四座宫殿。古人认为任何事物都有一个“精”，如“火气”之精为日，“水气”之精为月，五行之精是五星，太阳之精是三足乌，月亮之精是蟾蜍。为“四宫”配属的精就是青龙、白虎、朱雀、玄武，四方之神就这样出现了。该理论出现的时间一般认为在秦汉之际，最早也到不了春秋时代。比较“四灵”与“四方之神”后可以发现，“四方之神”中少了一个麒麟，多了一个白虎，朱雀多认为即是凤凰，玄武即是龟或龟蛇合体。

（9）狮子。狮子古称狻猊。《穆天子传》中有“狻猊，野马，走五百里”。《尔雅·注》中有“狻猊，狮子也，出西域”。狮子原产于中亚、西亚，东汉时传入中国。

石狮的造型主要参照了自然界的真狮。狮子传入中国后，经过历代艺人的不断继承和创新，其外形渐趋民族化，流传下来的狮子雕刻和实际的狮子相比已有很大变化，直到明清时期才基本完成其程式化的造型，成为现在人们看到的狮子形象。

从整体上看，狮子的组成主要包括头、躯干、四肢和尾巴，每一部分的刻画和安排都是别具匠心的。狮子的头部是体现其造型的重点，民间有“九斤狮子，十斤头”的说法，生动地夸张了狮子的头部在整体造型中的重要地位。民间艺人们习惯比照人类的头部特征用拟人化的表现手法来塑造狮子的头部形象。眼睛是整个狮子形象的传神之处，所以对眼睛的刻画往往作艺术性的夸张处理，常见的有八字眼、倒八字眼和一字眼三种造型。八字眼向下弯曲，透出一副愁相，正应了民间“凤喜狮子愁”的说法；倒八字眼向上竖起，显得雄俊挺拔，又称丹凤眼；一字眼则是两只眼睛一字相平，显出驯服忠厚的情态，温和中含有笑意，又称笑狮眼，是应用得比较普遍的一种造型。

自然界中狮子的嘴巴正面呈人字形，而中国的石狮口宽而方，张口时可一直延伸到耳朵下面，“狮子大开口”的俗语从侧面反映了这一特点。石狮口部的造型也有三种：一种是口的两边上翘，呈现笑意；一种是两边平直，呈现温顺之态；另外一种则是口的两边向下弯曲透出怒容或愁态。

石狮的躯干主要有蹲狮和走狮两种造型。蹲狮侧面呈三角形，其下颌、胸部和前肢部处在同一条直线上。蹲狮挺胸不驼背，胸部结实而丰满，前腿直立而后腿蹲伏，腹部一般做收缩的姿态，从而表现其昂扬的雄姿。走狮的躯体为前大后小，呈长方形或圆桶状，脊柱线和胸腹线挺括硬朗，显示了走狮动态下的力度和威武神韵。

四脚是体现石狮雄健威猛的重要组成部分。石狮的前腿和后腿都饰有圆润的卷毛，骨骼随卷毛隐伏，让人可透过卷毛感受到内里的筋肉和骨力。蹲狮体现的是前腿支撑有力，后腿盘曲稳固的姿态。走狮则以四肢蓄势、威武挺健为体现重点。狮爪的造型也是极尽夸张的，其锐长的趾爪像是要嵌入坚石一般，令人望而生畏。

真狮的尾巴呈茸毛球状，而石狮的尾巴却是有多种创意蕴含其中的。汉代画像石中的狮尾与真狮较为接近；到了唐代，石狮的尾巴演变为丝缕状；而明清时期的狮尾已是不拘一格，千变万化，有的似朵朵菊花，有的如片片枫叶，有的作如意盘结，有的像蕉叶翻卷，林林总总，不一而足，极富情趣和韵味。

另外，在狮子的精神气度上，大狮子雄强，小狮子乖巧。大狮子不管是昂头还是低头，都威武有神，眼神随头部的转向雄视一切，透露出一种兽中之王的霸气。小狮子的特征则是头大腿细，眼神中满含稚气，神态上显得乖巧顽皮，憨态可掬。大狮子一般是成对置放的，按建筑的方位左雄右雌。

中国石狮脱胎于自然界的真狮，又经历代匠师之手的创造融入了中华民族的审美观念和传统文化，是我国古代优秀文化艺术中的重要组成部分。狮子是兽中之王，在宫门、官府门前设置石狮，一方面起驱魔避邪的作用，另一方面还具有象征权势和增添建筑物气势的作用，再一方面还具有表示等级的作用：古时规定，七品以下官员门前不准放石狮；一品官门前石狮头顶上有 13 个卷毛；二品官门前石狮有 12 个卷毛；三品官门前石狮有 11 个卷毛；四品官门前石狮有 10 个卷毛……七品官门前石狮有 7 个卷毛。

石狮是成对的，一雌一雄，雄者足下为绣球，象征权力，统一寰宇；雌者足下为幼狮，象征子嗣昌盛。另外，在官府门前设置石狮还含有祝福官运之意。因为在古时，太师、少师为最显赫的官位。太师与太傅、太保合称“三公”，是在朝中共同负责军政的最高长官。少师与少傅、少保合称“三少”，为辅导太子的官员。

### （四）讲解色彩的运用及含义

1. 黄色

五行学说认为“黄色”代表中央方位，因此我国古代一直以黄色为最尊贵的色彩。唐代黄色已被规定为皇室色彩，明清时期更有明文规定，黄色为帝王的专用色，只有皇帝的宫室、陵墓及奉旨兴建的坛庙等建筑才准许使用黄色琉璃瓦，意味着普天之下，唯我独尊，是皇权的象征。

2. 红色

红色意味着庄严、幸福、富贵，是美满、喜庆的颜色。红色宫墙自周代开始就为帝王专用，有“至高无上”和“尊贵富有”之意。中国民俗中，红色具有破除邪祟的作用，旧时新娘上轿时，上下穿的亦是一色红，这除了表示喜庆外，主要还是为了破不吉、除邪恶。

3. 青色

青色象征“天”、象征“平等”，五行学说认为青色与木、东、春等概念相匹配，北京社稷坛东坛墙的琉璃瓦就是青色琉璃瓦；北京天坛的祈年殿于清乾隆十六年重修时，将三重檐全改为青色，以此来象征“天”；南京中山陵的琉璃瓦色用的也是青色，以此体现孙中山先生“天下为公”的思想。

4. 白色

佛教以白色象征“洁净”，所以驮运佛经的乘骑，在印度多用白象，在中国则用白马，观音菩萨因常穿白衣而名“白衣大士”。我国很多佛教建筑都喜用白色，如佛塔、藏传佛教经堂、一百〇八塔等，在佛教建筑中，白色含“洁净”“无邪”“虔诚”之意。

5. 黑色

五行学说中黑属水，寓意辟邪防火之意。道教中玄武大帝为北方之神，属水，在供奉玄武大帝的殿堂内，神像及所持之旗和器物一概为黑色。宫中的文澜阁（藏书楼）用的是黑色琉璃瓦，以寓水灭火之意。

### （五）品析匾额、楹联

匾额、对联是中国古建筑中特有的装饰。匾联具有点题示意使意境得到升华的作用，宫殿、寺庙、祠观、府第、宅邸、园林如失去了匾联，就如同人少了眼睛。

1. 匾额

匾本作“扁”，器之薄者曰匾，署于门户之文曰“匾”，眉上发下曰“额”，故匾又称匾额。匾额是一块写有文字的牌子（通常是木板），悬挂在殿堂、楼阁、门庭、园林大门的正上方，通常用来说明建筑物的名称。匾额集中国传统辞赋诗文、书法篆刻、建筑艺术为一体，是中华文化园地中的一朵奇葩。匾额一般挂在门上方、屋檐下。当建筑四面都有门时，四面都可以挂匾，但正面的门上是必须要有匾的，特别是皇家园林、殿宇以及一些名人府宅。

2. 楹联

悬挂于楹柱上的木刻对联亦称楹联，有阳刻、阴刻之分。宫殿楹联多金底黑字，宅第中者多白底绿字。寺、庙、祠、观的各进殿堂内外楹柱上都悬挂有楹联。古代邸宅的二门、正厅也会挂楹联。中国古典园林建筑是楹联最集中的地方。

古建筑中挂的匾额、楹联形制多样，体现着丰富而厚重的中国书法艺术，类型繁多，内容不仅写实，更含有哲理，是了解中国传统文化的重要窗口之一。

### （六）赏字画

字画是中国传统艺术和文化的重要组成部分。字画是中国古典建筑中特有的装点，无论是宫殿、府第、邸宅、园林建筑，还是一般的普通住宅中，字画的装点必不可少，其厅堂、楼阁、轩榭中都会悬挂几幅名家书法和绘画。

### （七）介绍家具及陈设

家具是供使用的器具，首先体现的是使用功能，也可供陈设之用，是室内布置与装饰的组成部分，常见的有床、榻、几案、柜、椟等。

室内陈设主要是使用的器皿和艺术品，包括精美的瓷器、陶器、玉器、水晶、琥珀、文房四宝、景泰蓝等，陈设于室内，光灿夺目，旖旎生辉。

### （八）装饰图案与吉祥寓意

我国古建筑重于装饰，有的以某一建筑小品或器物为装饰，有的则以图像的雕刻为装饰；有的属于宗教的内容，有的则属于民俗的范畴，还有的属于神话之列。装饰内容丰富又生动，五花八门，引人入胜。常见物象有佛家八宝、道家八宝（暗八仙）、民间八宝、太平有象、如意、鼎、寿石、莲花、梅兰竹菊、岁寒三友和吉祥寓意图案等。

1. 佛教“八宝”

佛教“八宝”是藏传佛教常用来象征吉祥如意的八件供器，常供于佛像前。佛教“八宝”及寓意：法螺为妙音吉祥之意，莲花代表纯洁无染，法轮含佛法永存之意，宝瓶暗示福智圆满，宝伞是慈护众生之意，双鱼有清净解脱之意，白盖表示庄严佛土，盘长意为贯通自如。

2. 八仙与“暗八仙”

八仙是道教中著名的八位神仙，他们所持的法器被称为“道家八宝”，在古建筑装饰图案中常用八宝代表八仙，又称“暗八仙”。“暗八仙”象征吉祥如意、万事顺利、逢凶化吉，也象征八仙庆寿。八仙及其法器为：汉钟离的扇、蓝采和的花篮、吕洞宾的剑、张果老的渔鼓、铁拐李的葫芦、韩湘子的笛子、曹国舅的拍板以及何仙姑的莲花。

3. 民间八宝

民间八宝即灵芝、松、鹤、龙门、荷盒、玉鱼、鼓板、磬。它们常雕绘在门、窗、挂落、屏风及其他家用器物上。八物各有特定的含义：灵又称“瑞芝”“瑞草”，食之长寿，所以常被视为仙药，其意为延年益寿；松历来被当作长寿的象征，其寓意为“长寿”；鹤为羽族之长，亦称“一品鸟”，与龟同称长寿之物，由于它具有高雅、纯洁、长寿和充作仙人乘骑的职能，历来被视为祥瑞之物；龙门是士人发迹之门，鲤鱼跳过龙门即化鱼成龙，所以它被视为灵物，其意为仕途顺利，功名有望；荷盒指“荷盒二仙”，二仙童一个手执荷花，一个手捧六角形的盒子，欢天喜地，甜甜地笑着，其意为天配良缘、百年好合；玉鱼即双鱼，双鱼象征夫妻恩爱，子孙兴旺和富足常乐；鼓板亦名拍板，是一种打拍子的乐器，它可使乐曲有节拍，有板眼，因而被喻为生活有节奏、有规律，平平安安，无灾无难；磬是一种古老的石制打击乐器，在《诗经》中有“既和且平，依我磬声”之句，所以其意是合家和睦，共享天伦之乐。八宝虽各有含义，但亦有近似之处：前三者意为延年益寿、飞黄腾达，后四者意为夫妻恩爱、家庭和睦、子孙兴旺、富足有余，龙门喻为功名、前途。

4. 吉祥寓意图案

为寄托人们的美好愿望，人们把福善之事、嘉庆之征绘制成图画，俗称“瑞应图”或“吉祥寓意图案”，汉代出现，唐代开始流行，到了明清时期，这类题材的作品大量出现且随处可见，宫廷建筑、雕花木器、园林门窗、民间砖雕、琉璃影壁等处处都有丰富多彩的“吉祥寓意图案”。

“吉祥寓意图案”可分为两大类：一类是各种吉祥物——喜鹊、龟、鹤、如意、牡丹、灵芝、松柏、石榴、桃等。二类为各种吉祥语的谐音物——蝙蝠、鱼、猴、桔、枣、栗子、莲等。“吉祥寓意图案”的组合方法：或寄寓意，或取其谐音，一般为四字一句的吉祥语。如松、鹤图寓意延年益寿，石榴代表多子多孙，牡丹、松柏图有富贵长春之意，蝙蝠、祥云图代表福从天来，蝙蝠、双钱加桃寓意福寿双全，金鱼、海棠图有金玉满堂之意，莲花、鲤鱼图代表连年有余，牡丹加水仙代表富贵平安，仙鹤、竹子加寿桃意为群仙祝寿，途中有桔、柿、柏代表百事大吉，牡丹加海棠是富贵满堂，鹿鹤与桐树在一起暗含鹿鹤同春（六合同春）之意，猴子骑马即马上封侯，月季花代表四季平安，日出时仙鹤飞翔意为指日高升，荔枝、桂圆、核桃图指连中三元（“三元”为状元、会元和解元，科考中连续考中第一名），一个元宝垒在两个元宝之上寓意三元及第，兰加桂指兰桂齐芳（古人把子孙称为“兰桂”），芙蓉加牡丹是荣华富贵，牡丹与猫同图又称正午牡丹，乃大富大贵之意（因猫的双瞳在正午时如一线，此时阳气最盛，牡丹盛开）。

# 第三节　中国古典园林游览与导游讲解

中国古典园林是中国古建筑旅游资源中的重要组成部分。古典园林既可独立成景，又是其他类景区的重要组成部分，是古建筑中的精品，承载着丰富的传统文化。

## 一、古典园林游览方式

中国古典园林运用小中见大的技巧，把外界大自然的景色引到园中，游人进入园中即从小空间进到大空间，直观感觉突破有限空间，在游览景区过程中诱发游人对人生的感受和领悟。引导游客达到园林艺术所追求的最高境界是导游质量的体现。导游引导游客观赏游览中国园林的主要方式建议如下。

### （一）静观漫游

游览园林、欣赏园林艺术如同品茶，需要沉气静心，慢慢品咂才能尝到其中的真味。导游应能做到引导观赏与讲解结合，力求做到情景交融，让游客在园林景象中达到“物我同一”的境地。

中国园林通过漏窗、风洞、竹林、假山等保持各景物若断若续的联系，相互成为借景、框景，或抑或扬，游人行进中看到的景物时隐时现、时远时近、时俯时仰，通过景物变化，层层展开，扩大了空间，延长了观赏的时间与内容，收到步移景异的动态效果，这样的景致需慢慢品味。园林中的山水草木、花鸟鱼禽大同小异，游客因各自的身份、处境和心情的差异，导致游园时的“会心”和寄情也有所差异。园林艺术的欣赏是对园林艺术形象和它所要表达的艺术意境进行感受、体验、领悟和理解，从而获得由浅入深、情景交融的审美把握过程。因此，游览园林需静观漫游。

### （二）以“路”为导，精选观赏路径与位置

园林景色中的一山一水、一草一木、一亭一榭都经过了仔细的推敲，有曲有直，有露有藏，各个景物妥帖地各就各位、彼此呼应。园林中引导游客游览审美需边走边看，因此线路选择十分重要。园林中的游路多曲径蛇行，选择好游路及观赏位置是让游客获得最佳体验的前提之一。

### （三）点、线、面结合，品味细节之美

中国古典园林通过综合运用各类艺术语言（空间组合、比例、尺度、色彩、质感、体型）造就鲜明的艺术形象，引起人们的共鸣和联想，构成意境。园林艺术具有诗画的综合性和三维空间的形象性，意境内涵的显现比其他艺术更为明晰。园林是“凝固的音乐”“有形的诗”“有声的画”“五维的空间”……园林虽然种类繁多、风格迥异，但有一点是共通的，即它们都能带给我们美的享受，都能带来欣喜之感。另外，园林之美更多地体现在建筑及构景的细节之处，游览园林需加强对细节的品评。

## 二、体验园林美

### （一）总揽轮廓美

园林的轮廓美最能体现其艺术个性，也最具艺术魅力。造园时把最大的境界融入最小的空间，赏园时则应反向运行，即通过有限的空间去感受无限的境界。建筑的体量、体态都应与园林景观协调统一，表现出园林的特色、环境的特色、地方的特色。

### （二）品味形态美

中国园林的空间形态观与中国园林美一样，都是在自然空间形态基础上加以抽象化的产物。园林形态是在一定的范围内，根据自然、艺术和技术规律，由地形地貌、山水泉石、动植物及建筑小品等要素组合并建造的，表现为优美的环境、良好的生态空间，体现着文化意境。园林形态主要体现在园林要素的个体形态和园林的总体布局两方面。

### （三）释译色彩美

园林色彩基调受园林的性质、规模以及地方特色等因素影响。经过园艺家的加工及对色彩的巧妙搭配，使园林色彩随时间的变化、季节的更替、气候的不同而产生变化。

### （四）感受节奏美

园林的节奏美主要是通过空间上的高低、远近、疏密、聚散，形质上的大小、粗细、软硬、轻重，色彩上的浓淡、深浅、明暗、冷暖等变化表现出来的。空间生动的韵律与章法既能赋予园林以生气与活跃感，又能吸引游人的注意力，表现出一定的情趣和速度感，创造出园林的远景、中景和近景，加深园林内涵的深度与广度。造园家通过精心设计、巧妙布局，综合运用借、聚、障、引、对、虚、实等多种手段，在有限空间里集中了众多各有特色的景物、景观，令人目不暇接。同一园景，随角度、层次的转换，会给人步移景异、耳目一新的感觉，这就是园林空间艺术组织的节奏美。

### （五）聆听声景美

游览园林不仅要用眼看，还需用耳听。园林中有仿造自然的“声景”，泉水、松风、鸟啭、虫鸣等都为声景。造园者借助水的流动，或者依赖木的繁茂、草的丛集，触机而发，自然天成，妙趣横生，形成园林的“声景”，如无锡惠山寄畅园的“八音涧”。

## 三、园林意蕴美导游讲解

园林艺术和其他艺术一样，都倾注了艺术家的思想情感，反映着艺术家的审美情趣和审美理想，同时还带有鲜明的民族风格和时代特色。园林艺术不仅有外在的形式美，更有内在的意蕴美。园林意蕴美的赏析难以凭视觉全面体验，需要有人解读，即导游讲解。

### （一）解析画意美

中国山水园林和山水画几乎是相伴而生、相伴而进的。晋代造园者就接受了中国画写意的艺术技法，在造园技法上吸取了中国绘画艺术的许多重要法度，形成“以画入园，因画成景”的传统，对大自然的真山真水进行升华，以三维空间的形式复现到人们的生活环境中。借助中国画“气韵生动”的技法，造园者运用绘画的写意手法，努力创造出生动的气韵：以假山传真山的气势，以池水造湖海的神韵，以顽石显生命的灵气，以山水抒主人的性情。园林艺术学习中国画的写意手法，叠石成像，不求形似，但求神似。乍看什么也不像，只是一堆乱石，展开想象，慢慢细看后，眼前的石头就会“活”起来，或如虎踞，或似鹤立，或像马奔，或若仙游。欣赏这种含蓄美、抽象美，有时会比欣赏形态逼真的雕塑艺术品更觉得有趣。

### （二）咏颂诗情美

园林中的诗情美不仅是把前人诗文中的某些境界、场景在园林中以具体的形象复现出来，或者运用景名、匾额、楹联等文学手段对园景作直接的点题，更在于借鉴文学艺术的章法、手段规划设计类似文学艺术的结构。古人云：“感物曰兴，兴者，情也。”园林中有不少古人题诗的石刻或拓片陈列，如果留意诵读，一定能获益匪浅。艺术欣赏借“迁想妙得”这个词，在观赏时发挥想象、联想、幻想。

### （三）分析景名美

题写景名，即“点景”，是园林艺术意蕴美的点睛之笔。古代园林建成后，园主都会邀集文人，根据园主的立意和园林的景象，给园林和建筑物命名，并配以能够陶冶情操、抒发胸臆的匾额题词、楹联诗文及刻石。《红楼梦》曾写过：“偌大景致，若干亭榭，无字标题，也觉寥落无趣，任有花柳山水，也断不能生色。”儒家讲究“微言大义”，好的景名要抓住园林整体景观的主题或某一个单元景观的特点，调动题名者的审美情思和才气，进行高度概括，以达到“状难写之景如在目前，含不尽之意见于言外”的艺术效果，令人品味不尽。

## 四、园林游览程序与讲解

### （一）赏门、入“门”

门是构成园林的重要组成部分，造园家在构思园门时，常常是搜神夺巧，匠心独运。古建筑中的门有板门、格子门、桶扇门或桶扇、屏门、风门、三关六扇、抱厅门、落地罩式门、各式门洞等。导游在讲解中应突出门的特点、等级、装饰及文化承载等内容。

### （二）看墙、读墙

园林中墙的用料、形制各不相同，兼有造景的意义，墙上开门设窗，借助借景、框景、夹景、漏景等构景方式形成不同景致，用墙造景妙在“透”，似隔还连，欲藏还露，通过“透”，一园景物均融会贯通。墙原本属于防护性建筑，意在围与屏，标明界线，封闭视野。“桃花嫣然出篱笑”“短墙半露石榴红”等诗句写的就是因墙构成的景色。园林的墙，不仅可看，还值得慢慢品读。

### （三）品窗、赏艺

游赏中国园林会看到各式各样的窗，窗在园林中不仅有通风、采光的功能，更有“纳景”之妙。透过窗，可以看到一幅新美的景致。园林中的窗十分讲究，分空窗、漏窗。所谓空窗，是指不装窗扇的窗，又有月窗式、蕉叶式、莲瓣式、海棠式、梅花式，样式极为丰富；所谓漏窗，是指窗洞内镶嵌各式窗格、窗花，花纹图案类型繁多，多具有特殊的吉祥含义，寓意丰富。园林中的窗多用在轩、馆、亭、榭、席壁、墙垣之上。著名的有苏州“沧浪亭”复廊粉壁上的漏窗，颐和园粉垣上的灯窗等。空透的窗框把阁院楼台“纳入”窗洞，构成一幅幅天然的立体图画。游人站在窗前，即如面对画幅，走进门中，也仿佛步入画中。中国古建筑中的窗分直棂窗、牖（一种小的窗洞）、槛窗、支摘窗、栏槛钩窗、推窗（也叫风窗）、拉窗、翻天印。

### （四）踏石、行路

路与人类的历史一样悠久。鲁迅说：“地上本没有路，走的人多了，也便成了路。”说明路是人类活动的产物。人走出来的路往往曲曲折折，这大概是园路创作的依据。

中国园林讲究含蓄，崇尚自然，园路多用鹅卵石及条石铺就，且多铺成一些吉祥花样，人行其上踏石行走带着吉祥。园路回环萦纡，“曲径通幽处，禅房花木深”，自然山水园林的园路美在“曲”，明代造园大师计成说的“不妨偏径，顿置婉转”就是“曲”的一个道理。一条弯弯曲曲的小路，因为“曲”而变得“遥远”，无形中延长了游赏距离。“曲”还可以改变游人的视线，每一转折，景物都为之一新。园林大都以山水为中心布置成环行路，或在环路中伸出若干登山越水的“幽径”，其间设游廊环山枕水，以桥梁穿插在山池之间，又有花径、林径、竹径、石径，形成各具特色的游赏路。

导游讲解园林时，要分清园路的主次。主路连接景区，次路连接景点。分清并设计好游路就能把若干景致连缀在一起，组成一个艺术整体。导游要向游客讲清游览景点的分布，避免在游览中断径绝路，或错过主景。

### （五）游廊

廊如文章中的虚字，不仅有连贯作用，还有隔景、添景的作用。“五步一楼，十步一阁”是廊的“勾勒”与“穿插”，把园中景物组成了一个丰美多变的艺术整体。

### （六）观亭

古汉语中亭同“停”，园林中的亭具有停留休息的功能。造园家以亭点景、衬景、造景，或为山水增美，或成组景的主体，以显示中国园林的艺术美。

亭的样式较多，常见的有多角形的梅花亭、海棠亭等，多边形的如十字亭等；从屋顶样式又分单檐、重檐、三重檐，尖顶、平顶、单坡顶等；若按建亭位置区分，还可分为山亭、水亭、桥亭、路亭等。导游讲解中，可利用亭来调节游客的游览节奏，观赏品析时注意联动周围景物。

### （七）登“山”

园林中营造假山反映了人们对名山大岳自然美的追求。以天然石造园是中国园林的特色之一，其渊源有两千多年的历史。假山是对真山的模拟，但要求“作假成真”，讲究“自然之理，自然之趣”“虽由人作，宛自天开”。

小品山石主要点缀在门庭、小院、天井、廊间、角隅，以增加庭院的层次和景深。僵直的墙壁，常因山石数块，幽篁一丛，构成一幅石竹图；门边、拐角常因几株花木，数点峰石而造成“庭院深深深几许”的意境。

### （八）玩“石”

石景由来甚久，在几千年的中国历代园林历史中，可谓“无园不石”。古代叠石家把各种天然石块用于造园，创造出千姿百态的山石景观，形成了我国独创的一门叠石艺术。中国古典园林中石的运用，小至盆景——只需几块小石组合，便给人以群山耸立之感；大至以石包山，模拟真实山林的峰峦洞壑。

石景追求雄奇、峭拔、幽深、平远等意境，材质不同趣味也不同，南方太湖石以灵秀入画，北方大青石以粗犷取胜。石景“外师造化，中得心源”，同一石景，视点不同，其形象也千差万别，因而可造成近对远借，多方景胜。导游为游客讲解园林石景时，可从石质开始，从取石、运送、叠石、石形、石意等多方面进行导游讲解。在品石时，引导游客品议石峰的“瘦、透、漏、皱、清、丑、顽、拙”，透显玲珑之态，瘦体现倔强风骨，皱有绰约风姿，漏是通达活力，清者阴柔、顽者阳壮、丑者奇突、拙者浑朴，导游可通过分析山石讲解园林的审美意蕴及立意。

### （九）戏水

中国园林离不开水，水是最活跃的构景因素。一水萦回，蜿蜒于亭馆山林之间，或分泉溪，或聚为池，变化多姿。水如纽带，把园中景物融会贯通，使沉静、凝固的空间蕴含着流动美。园林中的水讲究“虽由人作，宛自天开”，水面再小，亦必石矶参错，曲折有致。园林造园讲究“园必隔，水必曲”，利用桥、廊、堤、岛划分水面，以增加水景深度与层次。

### （十）赏植物

植物是园林中必不可少的要素。中国园林植物不讲究整齐划一，重视的是色、香、形、韵，讲究疏密有致，高下有情。园林种花讲究“景因境异”，即因不同的环境创作不同的景色。园林植物讲究“疏影横斜”，或孤植成景、或三五成丛、或浅草疏林，追求诗情画意。最常见以粉墙为“纸”，栽一二花木，衬托前后，再点缀数块山石，组成一幅立体小景。导游讲解应结合景区突出植物的造景功能，如：隐蔽园墙，拓展空间；笼罩景象，成荫投影；

分隔联系，含蓄景深；装点山水，衬托建筑；陈列鉴赏，景象点题；渲染色彩，突出季相；表现风雨，借听天籁；散布芬芳，招蜂引蝶；根叶花果，四时清供。

**（十一）为游客分析中国古典园林的造景手段**

（1）借景。“巧于因借”为中国造园家的“座右铭”。明代造园大师计成曰：“夫借景，林园之最要者也。”《红楼梦》中林黛玉咏“大观园”的词中有一句：“借得山川秀，添来气象新”，说的就是借景的作用。借景手法分远借、近借、仰借、俯借、“应时而借”等。

（2）框景。框景使散漫的景色集中，把自然美升华为艺术美，组成的是清晰明丽的画面。“窗含西岭千秋雪，门泊东吴万里船”，这种以门窗、廊柱或树木间隙作“画框”而组成的天然图画，是谓“框景”。

（3）对景。把“景”置于视线的端点，以获得庄严、雄伟的效果，也可把两“景”自由互对，使游者彼此成为画中人物。如站在颐和园南湖岛遥望万寿山、佛香阁便是对景。

（4）分景。游一座小小园林，为何有历尽千山万水般的感觉？这是 “分景”的作用使然。造园师用花木的掩映、地形的起伏或廊垣的走向把咫尺园林“化整为零”，造成“园中有园”“景中有景”“庭院深深深几许”的意境。分景的方法有隔、有障、有抑。造园大师们利用假山、树木或建筑将其他景物“暂时遮挡”，间或能发现后藏美景的“影子”，以起到引人探究的作用，即采用“欲扬先抑”之法，这就是园林造景中的“抑景”。

（5）漏景。漏景以隐现为胜，常从漏窗、花墙、漏屏风、漏隔扇，甚至枝影横斜之中取景。“春色满园关不住，一枝红杏出墙来”中的红杏即为“漏景”。

总之，导游讲解要结合实际景物认真分析不同园林的造景艺术手段，向游客讲解中国古典园林的造园艺术，宣传中国园林文化及其孕育的深厚文化内涵。

## 第四节 古镇及民居导游讲解

考古挖掘出来的丰富遗址遗物给我们提供了很多有关古代民居的实际资料。我们祖先的居住形式为巢居或穴居、半穴居，经过长期摸索，逐步学会了在地面上盖房子，并达到了可以采光、通风的应有要求。西周时期有了地上住宅，先秦时院落式的民居建筑形态已基本形成，至秦汉民居初显形制，一些地理位置较好、气候较适宜的地方慢慢成为聚居地，秦汉封建社会，物品交换日益频繁，商品经济有所发展，在大河上下、井泉旁边，有些村落发展成为小规模的市镇。当时商品交换活动集中的村落逐渐出现了前店后宅的住宅形式，市场两侧有了酒肆等固定的店铺，于是一些商贸发达的乡村集镇便发育成了新的市镇，并与乡村逐渐分化。

自魏晋南北朝至宋元时期，众多民居基本定型，村镇不断发展，到了明清时期，中国民居、村落、古镇的发展到了顶峰。由于明代以前的民居古镇建筑物几乎很少留存下来，再加上几千年来中国古建筑有着“改朝换代，结构不变”的特征，所以接下来要讲的我国古镇民居的特点基本上以明清时期为主。

## 一、中国古镇民居的特点

### （一）注重环境营造，追求生境、商境与自然的和谐

古镇是人们聚居生活的地方，其形成过程中，河流、井泉起到了很大的作用。古镇中的建筑类型多样，包括各类民居、祠堂、寺庙、牌坊、桥、戏台、街楼、塔等，建筑物大都以典雅、和谐的群体美、整合美取胜。

传统古镇民居多以院落式为主，除门、堂外还有厢房、附属建筑等，明清时四合院从一进到多进，甚至还有数条中轴线并列而多进的，如被列入世界文化遗产的北京四合院就具有群体效应产生的古典、壮美感。江南的古镇临河两边的民居白墙青瓦、错落整齐，店铺鳞次栉比，小巷贯穿其中，石桥挺立河上，又点缀有牌坊、阁楼、戏台等建筑物，体现了生产、生活与自然的和谐。成形于清代的江南古镇同里、周庄、乌镇、西塘等，都是小桥流水、水渠绕户、广栽树木，自然环境幽静，呈现“九里湾头放棹行，绿柳红杏带啼莺”的秀丽景观。

### （二）注重布局装饰

古镇民居讲究布局和装饰的美学特征及其象征意义、创作技法多样。如江南民居的布局就包括月梁、走马楼、窗雕、梁雕、灯笼挂钩、堂屋、卧室等，既实用又美观。古民居中还善用木雕、石雕、砖雕、泥雕和壁画等作装饰，材料丰富，技巧多变，显示了高超的建筑装饰水平。

### （三）体现地域性和民族性

从北京的四合院到江南水乡民居，从福建土楼到黄河流域的窑洞，再到各少数民族的民居，因为地理位置、气候状况以及文化习惯的不同，各地形成了极具地方性和民族性特色的传统民居。各地民居形制不同、材料不同，如以方形为主的北京四合院、环形的福建土楼、圆形的蒙古包等。不同的古镇民居又具有不同的民族文化特色，如北京作为都城，文化深厚，故民居华贵庄重、气势威严；巴蜀文化博大精深又具有浪漫奔放的气息，故民居建筑显露出豪迈而轻巧的特色；云南一些少数民族民风淳朴，民居建筑显得自由、小巧。漫步明清留传下来的古代集镇，欣赏各具特色的民居、牌坊、石桥时，更多的是对深厚、灿烂的民族文化的感慨。

## 二、古镇民居的类型

### （一）古镇类型

古镇类型多样，分布范围极广，可从不同的角度划分。以人文内涵、文化背景和历史、地理区域来划分古镇，一般可分为：北方型，以大院建筑为其视觉特征，体现富贵大气；西北型，院落封闭性强，体现朴实无华；安徽型（徽派），具有大家风范，自然、大方、典雅；江南水乡型，小巧精致，灵秀恬淡；岭南型，个性鲜明，独树一帜；西南及少数民族型，浪漫、轻巧、豪迈，是民族文化多样性的具体体现，还能体现“异域”景观。

成为旅游目的地的旅游古镇通常具有良好的自然环境、丰富的人文资源和历史背景，有丰富的古建筑类型和建筑群落。

### （二）民居的基本类型

民居是最基本的建筑类型，出现最早、分布最广、数量最多。目前分布于全国各地的居住建筑绝大部分是清代以后所建。相对于宫殿、寺庙等建筑类型，民居的主要功能是居住生活，精神性功能并不突出，但在总体布局、建筑体形、空间构图及其他方面，仍有一定的艺术处理，由于各地区的自然环境和人文情况不同，各地民居显现出多样化的面貌，在建筑艺术中占有一定的地位。

中国是一个多民族国家，由于地理环境的差异，各民族都有具有地方和民族特色的民居类型。例如汉族地区的传统住宅按其布局方式，大致可划分为规整的和自由的两类，前者主要见于中上阶层，后者主要见于中下阶层，随各地区情况的不同，它们又有不同的地方形式，南方炎热多雨，多山地丘陵，人稠地窄，住宅比较紧凑，多楼房；新疆维吾尔族主要生活在西北，因干旱少雨，住宅多为平顶、土墙，一层或二三层，围成院落，院内常有宽阔的敞廊，外观朴素，室内利用石膏板划为壁龛，墙头贴石膏花，廊柱雕花，木地板上铺地毯，舒适亲切；藏族同胞主要生活在高海拔的青藏高原，常见的民居用块石砌筑外墙，内部为木结构平顶楼房，称为碉房，室内用木板护墙或做木壁龛，铺地毯，使用藏式家具；蒙古族生活在大草原，居住蒙古包。西南各少数民族常依山面溪建造木结构楼房，楼下空敞，楼上居住，典型的如傣族的竹楼，竹楼为木结构干阑式楼房，使用平板瓦盖覆很大的歇山屋顶，用竹编席箔为墙，楼房四周以短篱围成院落，院中种植树木花草，有浓厚的亚热带风光。

## 三、引导游览与导游讲解

1. 观全景，讲布局

导游员引导游客先从整体着眼，分析讲解古镇建筑的“风水”格局，体验人与自然的和谐共生。

2. 选择游览审美的时间，设计有效的游览线路，讲古镇及特殊民居的历史与典故

古镇的美和自身布局、建筑形制等的不同与周边的自然环境有着密切的关系，同时不同地域又有不同的民风民俗和地方性节日等，因此，不同地区的古镇有不同的最佳游览时间，不同的游客对古镇的兴趣点各异。古镇是一种综合性旅游目的地，导游要在了解游客需求和对游览点全面了解的前提下，设计出最佳游览路线。在游览行进中，要重点参观“特色民居”，以此为依托，通过故事和典故的解说突出当地的特殊文化现象。

3. 根据古镇的历史文化和自然背景特点，结合游客的需求，选取重点建筑参观

祠堂、寺庙、戏台、古桥、“名人”故居、特色商铺和作坊等是古镇重要的参观点，是游客古镇旅游的重点，也是导游讲解的重点，需针对这些建筑重点讲解。

（1）建筑。古建筑的保存情况、建造历史、建筑特征（包括布局、分布、重点单体建筑、建筑构件、各种装饰、结构特色等）、建筑的历史价值及在当地的地位、实际功能、精神价值等。

（2）功能与地位。例如参观祠堂，就要向游客介绍祠堂的历史、发展等；参观当铺，就要通过导游声情并茂的讲解，向游客再现当年的景况；游览名人故居，则要把“名人”

的情况融入景物当中。

（3）结合历史故事，引申介绍中国传统文化。

4. 徜徉古老街道，尽可能营造“仿古”氛围

5. 细部观察，重点讲解古镇及古镇民居的细部装饰，引导游客发现古镇民居的地域文化

6. 择机安排游客与当地居民交流，让游客感受“乡愁”与“亲情”

7. 安排游客参与民俗活动，体味地域特色民族文化的多样性、传承性、娱乐性，并从中增长见识，感受娱乐

8. 购物与饮食服务，突出地方特色，讲解文化含义

## 第五节　寺、观类建筑游览与导游讲解

在中国，寺、观是传统建筑的重要组成部分，其布局、建筑形制、格局以及相关装饰等都体现了中国传统建筑的特色。分布于其间的雕塑、绘画、匾额、楹联等不仅向人们展示着传统文化，还向游人讲述着神奇的故事。寺院、宫观不仅是中国文化遗产中的宝贵财富，更是宝贵的旅游资源，吸引着旅游者前往参观游览。

### 一、佛寺的游览与导游讲解

追溯名称，“寺”成为宗教建筑专用术语是佛教传入中国以后的事情。

秦代常将官舍称为“寺”。汉代，寺是朝廷所属政府机关的名称。《汉书·元帝纪》：“凡府廷所在，皆谓之寺。”据传，东汉明帝永平十年（公元67年），有两位印度高僧摄摩腾和竺法兰以白马驮经来到洛阳，被安排入住鸿胪寺，鸿胪寺是汉代主掌外宾、朝会仪节之事的官署。永平十一年（公元68年），汉明帝敕令在洛阳西雍门外三里御道北兴建僧院。为纪念白马驮经，取名“白马寺”。“寺”字即源于“鸿胪寺”之“寺”字，后来“寺”字便成了寺院的一种泛称。白马寺成为我国第一座佛寺，被誉为汉地佛教的“祖庭”和“释源”。后人把佛教僧人居住地方称为寺，因其形制为中国传统合院式建筑，因此也称为寺院。

#### （一）佛寺建筑的发展

在古印度，佛教徒按照佛陀制定的“外乞食以养色身，内乞法以养慧命”的制度，白天到村镇说法，晚上回到山林，坐在树下专修禅定。后来，摩揭陀国的频毗沙罗王布施迦蓝陀竹园，印度佛僧才有了印度人称“僧伽蓝摩”（僧伽）的居住修行场所。僧伽蓝摩主要有两种形式：一是精舍式，二是支提式。精舍式僧伽设有殿堂、佛塔，殿堂内供奉佛像，周围建有僧房。支提式僧伽是依山开凿的石窟，内有佛塔和僧侣居住处。这两种式样的僧伽先后传入了我国。印度精舍式佛寺传入我国后，很快与我国传统的宫殿建筑形式相结合，成为具有我国建筑风格的佛教建筑，称为“佛寺”。传统寺院不仅是僧人居住修行和信徒进香朝拜、参加宗教活动的场所，更是展示中国传统建筑艺术与佛教文化和佛教艺术的重要场所，对游客具有独特的吸引力。

随着佛教在中国的传播与发展，寺又有了一些别名，如刹、香刹、精舍、庵、院、林（丛林）、庙等。其中寺庙（庙在中国古代为供奉祖先的建筑）的名称多用于民间；丛林，本指禅宗寺院，又称“禅林”，意指众多僧人居住一处，犹如树木之丛集为林，也是借喻草木生长有序，用来象征僧众有完整的法度和严格的规矩；“庵”原是隐遁者所居住的茅屋，因有避世之意与出家人有了缘分，故出家人聚集的小寺庙被称为“庵寺”，后来庵多指尼姑居住修行之处，俗称“尼姑庵”。因佛教在中国的传播分为汉传、南传和藏传三条路径，受地理环境、地方建筑文化及教义教规等方面的影响，佛寺也可分为汉传佛寺、南传佛寺及藏传佛寺。

### （二）佛寺的游览与导游讲解

1. 汉地佛寺

佛教约创立于公元前 6 世纪的古印度，对于佛教传入我国汉族地区的年代，学术界尚无定论。历来均以西汉哀帝元寿元年（公元前 2 年），大月氏王使臣伊存向我国博士弟子景卢口授《浮屠经》，为佛教开始传入我国的标识，史称“伊存授经”。佛教在中国的发展大致经历了译传、创造和融合三个阶段。两汉、魏晋、南北朝时期为译传阶段；隋、唐两代是我国佛教发展的鼎盛时期，这一时期的僧人分别以一定的印度佛教经典为依据，开宗立派，创造自己的理论体系；宋元明清四朝九百多年间，佛教与我国文化融合，佛教借助我国传统文学、绘画、雕塑、建筑等艺术形式不断发展。佛教文化对我国民间风俗习惯、民族心理与思维都有影响，甚至成为语言素材。

汉地佛寺到宋代基本定型，供佛的殿堂成为寺的主要部分。从外观上看，汉地佛寺多是殿宇式建筑，与居民住房、官府衙门、祭祀祠庙和帝王宫殿类似。大体形式是从侧面看屋顶呈三角形，庙宇两边封闭，正面和后面的屋相下面用木料开门窗，要进寺须先上台阶，跨过较高的门槛。佛寺通常坐北朝南修建或依山势而建。

我国汉地佛寺有三种布局形式：一是廊院式，以一座佛塔或佛殿为中心，四周环绕廊屋、庑殿，形成一个院落，大的寺院可由多个院落构成，是前期以塔寺为代表的佛教寺庙布局形式；二是纵轴式，将各主要殿堂按一定次序（通常是由南向北）排列在一条纵轴线上，每所殿堂前左右（或东西）各建一所配殿，形成三合院或四合院形式，各组院落中主体建筑的造型、体制都结合所供奉的主要神灵在佛教中的地位而呈现不同变化，一些大型寺院可以并排有两条或三条轴线，在侧轴线上可以兴建禅房、僧房、塔院、花园等设施；三是自由式，石窟寺就是最早的自由式布局的佛寺。

汉地佛寺的规模大小不一，布局也不一样，有的是四进七殿，有的是三殿，有的是一门一殿，有的进门就是殿。以禅宗佛寺为代表，常见的寺院布局如图 8-3 所示。

佛教寺院的布局及神像供奉，暗含了一惊、二吓、三皈依的心理暗示。佛寺的游览和讲解从山门开始，导游讲解中可利用这一心理暗示，让游客在特殊的氛围下欣赏中国传统寺院建筑。

1）山门参观与解说

每一个寺院都有自己的寺名，对寺名的诠释，有助于游客了解寺的历史及文化，有的还包含了神奇的传说和典故，寺名就悬挂于山门之上。山门两侧往往悬有描写风光并暗含禅机的对联。导游员在山门可借寺名、其他匾题及楹联引导讲解寺院的历史及主题。了解了寺的历史，就要步入山门了。

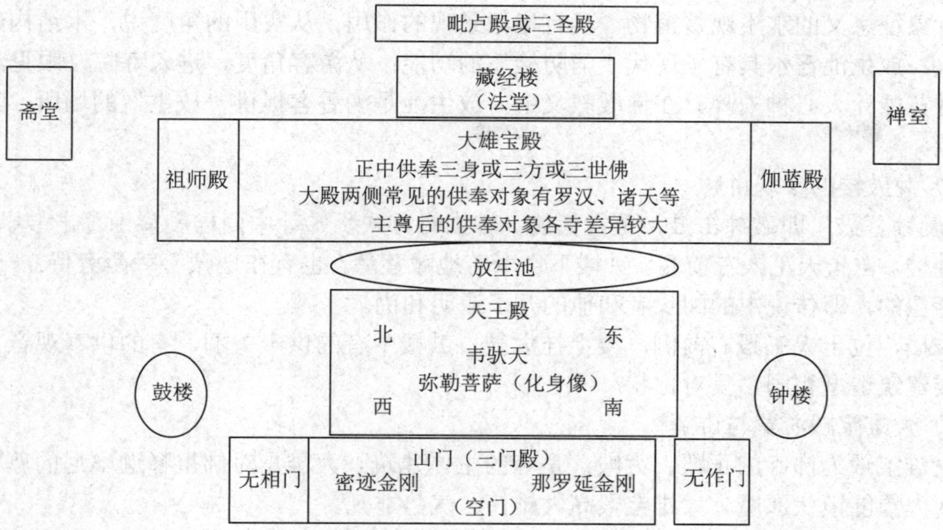


图 8-3　禅宗佛寺布局

山门即寺的正门。历史上佛寺为了避开市井尘俗而多建于山林之间，因此称山号、设山门。后来即使建造于平坝地区、市井的佛寺，其寺门亦泛称山门。

佛寺的大门多为三门并立的格局，合称三门，即空门（又叫不二法门，所谓不二，是指超脱于现实世界矛盾之外的佛说之门，即不问世事，专心潜修）、无相门（又称作绝众相解脱门）、无作门（意为要获得解脱，清静自在，就得无作，即“观生死可厌而不作”），象征“三解脱”，也称“三解脱门”。较大的寺院还把门建成殿，称为“三门殿”。

在三门殿内门的两旁塑有两大金刚力士，即手持金刚杵的护法神，是专门警卫佛的夜叉神，又名“持金刚”。传说佛陀常有五百随从侍卫，首领是“密迹金刚”，民间也称其为怒目金刚，担任三解脱门的守护神。一个金刚不符合中国人的审美观念，后来一个金刚变成了两个金刚。

2）天王殿游览与讲解

天王殿为佛寺第一重殿，因殿内正中供奉弥勒菩萨，又称弥勒殿。弥勒像后供奉的是寺院的守护神韦驮。韦驮手持宝杵，与大雄宝殿中的释迦牟尼像正对，两侧供奉有四大天王。

作为佛寺的第一重殿，天王殿有显正祛邪之意。四大天王视察众生的善恶和保护佛、法、僧三宝，韦驮手持宝杵，意为镇压魔军，护持佛法。四大天王的名称分别是：东方持国天王，手持琵琶，“持国”意为慈悲为怀，保护众生，护持国土；南方增长天王，手持慧剑，“增长”意为能传令众生，增长善根，护持佛法；西方广目天王，手持条龙（蛇），“广目”意为能以净天眼随时观察世界，护持人民；北方多闻天王，手持宝伞，又名毗沙门，“多闻”意为颇精通佛法，以福、德闻于四方。中国民间根据四大天王手持法器的象征意义，称其为“风调雨顺”。

3）放生池游览与讲解

寺院建筑格局承袭了中国传统合院建筑的格局。大型中国传统建筑在主体建筑前通常挖建一个水池，有调节环境及提供用水之功能。佛寺中也挖建一池，称“放生池”。从景观角度看，放生池起到了调节环境、突出佛寺的公共园林特点的功能，池中养鱼并种植莲花等具有象征意义的水生观赏植物，具有增添景观的作用；从实用的角度说，木结构建筑最怕失火，放生池蓄水具有了现代“消防栓”的功能；从游客角度，进入寺院，眼见池水，观鱼赏花能让人心神安静。在佛教教义中，放生池是为香客提供“放生”的场所，具有祈福功能。

4）钟鼓楼的参观讲解

“晨钟暮鼓”即敲钟击鼓，是古代的一种报时方式，佛寺中同样晨撞钟暮击鼓以报时。

钟楼，位于天王殿左前侧。钟楼下供奉着地藏菩萨，也有在地藏菩萨两旁侍立一比丘、一长老像的，即传说中的闵长者和他的儿子道明和尚。

鼓楼，位于天王殿右前侧，楼上挂大鼓。鼓楼中有的供奉关羽，有的供奉观音。鼓楼和钟楼建筑造型相同，呈对称状。

5）大雄宝殿游览与讲解

大雄宝殿为佛寺的正殿、大殿，是寺的主体建筑。大雄是对佛祖释迦牟尼的尊称，意为大智大勇能镇伏邪魔。大雄宝殿高大雄伟，气势非凡。

带领游客游览主殿，导游讲解的内容主要包括建筑及装饰艺术、佛像造型艺术等。建筑的讲解可借助我国古建筑导游的方法和程序进行，主要介绍建筑名称、式样、格局，典型部件、色彩、结构、门窗、装饰图案等，还有香鼎、石幢、长明灯、幡、屋顶的藻井等装饰内容。

大雄宝殿中供奉的佛像有一佛、三佛、五佛、七佛等形制，最常见的是供奉三佛。佛像两侧的供奉或为十二圆觉，或十八罗汉，或二十诸天，或五百罗汉，等等。大殿正中佛像背后往往塑有菩萨像，常见的是观音菩萨。

进入大殿，导游应选择好一定的距离和角度，提醒游客遵守寺院的规定。讲解佛教造像时首先应介绍供奉对象的名称、来历、地位、功能、作用、相关传说故事；其次讲解雕塑艺术；再次讲解装饰及佛前供奉物，包括名称、特色及含义、用法等；最后介绍礼佛的程序及相关法器（包括由来、用法及寓意等）。

大殿供奉一尊佛的，即佛祖释迦牟尼佛，有的在佛祖两侧还各塑一比丘，他们是佛祖的两大弟子，年长的名迦叶，年轻的名阿难。供奉三尊佛的有三身佛、三方佛和三世佛之分。三身佛为释迦牟尼佛的三种不同的佛身，中间的是法身佛毗卢遮那佛，左边的是报身佛卢舍那佛，右边的是应身佛释迦牟尼佛。三方佛，中间为婆娑世界教主释迦牟尼佛（两旁塑有文殊和普贤两位菩萨，合称释迦三尊），左为东方净琉璃世界教主药师佛（两旁是日光和月光菩萨，合称东方三圣），右边是西方极乐世界教主阿弥陀佛（两旁是观音和大势至菩萨，合称西方三圣）。三世佛，正中是现世佛释迦牟尼佛，东边是过去佛燃灯佛，西边是未来佛弥勒佛。

佛像最典型的造型是：肉髻、螺发，身披袈裟，右肩和臂袒露，结手印（指佛、菩萨空手时的手势，结手印又称为结“印契”，佛像的手具有各种不同含义的姿势，是以显示手的某种动作为主的公式化的造型，做某种手势就称为“结某种印”）。佛像的姿势有站姿、坐姿和卧姿之分，如果是坐姿，则结跏趺坐，坐在宝座之上（佛像座台有金刚座（方形，佛陀专用）、莲花座、狮子座、孔雀座、马座等不同类型）。

大殿中不仅有佛像，还有菩萨像。菩萨是指既能自觉又能觉他者。菩萨的造像也有面相、比例、手印等方面的规定，但没有佛像要求得那么严格。菩萨造像神态端庄，表情慈祥，表现出菩萨救度众生的慈悲情怀，即体现老百姓常说的“菩萨心肠”。菩萨的衣饰庄重而华美，通常戴有不同类型的天冠（帽子）或头饰，身披璎珞，衣裙飘逸。菩萨一般手中持有物品，如莲花、经箧、如意钩、净水瓶、佛珠、拐杖等。许多菩萨的形象被女性化，而且不同时代的菩萨造型也有不同的特点，如南北朝的菩萨显得清灵飘逸，隋唐时期的菩萨丰满端庄，两宋的菩萨朴实自然。菩萨的座台有莲花座、各种动物形象座（如狮子、马、孔雀、牛、羊、大象等）。我国汉地佛教中，常见的菩萨像有文殊菩萨、普贤菩萨、观音菩萨和地藏菩萨。

大殿中还有罗汉和护法天神。罗汉是梵语音译“阿罗汉”的简称，常见的有四大罗汉、十六罗汉和十八罗汉、五百罗汉。佛教护法神有二十诸天和天龙八部等。

大殿中还会有一些介绍佛教传说故事的壁画、雕塑等，游览过程中导游应结合游客需要、游览时间及寺院中壁画、雕塑艺术的情况适当进行介绍。

在参观游览佛寺时如遇佛寺正在举行宗教仪式及活动，导游应根据实际情况介绍一些佛教礼仪、礼俗，同时提醒游客相关注意事项。

6）游览伽蓝殿与祖师殿

伽蓝殿，一般位于大殿东侧，为大殿的东配殿，主要供寺院的守护神。各寺院伽蓝殿供奉的护法神不完全一样，常见的是供奉波斯匿王，其左边为祇多太子，右边为孤独长者，他们有护持佛教的功德。一些寺院伽蓝殿也供奉十八位护法神。南方一些寺院的伽蓝殿还会供奉关公（关羽），民间称为伽蓝菩萨。

祖师殿位于大殿的西侧，为大殿的西配殿。祖师殿主要供奉本山开山祖师及历代祖师的牌位，亦称祖师堂。祖师殿内若供奉祖师的舍利，则称为舍利殿。禅宗寺院祖师殿主要供奉禅宗初祖达摩祖师，左边为六祖慧能，右边是唐时建立丛林制度的百丈怀海。

7）拜访藏经楼

藏经楼是寺庙收藏佛经和文物的地方，又称藏经阁，是佛寺中珍藏佛像、经籍的地方，为中轴线的最后一进院落，一般有两层，下层为千佛阁，楼上主要储藏经书。藏经楼为佛寺珍藏寺院宝物及典籍之所，通常不对外开放。导游可根据实际情况，介绍一些关于佛教典籍方面的知识和故事。

8）寺院里的其他建筑参观介绍

汉地佛寺根据规模、建造时间、分布地域及宗派的差异，还会建造一些相关建筑。

法堂。法堂是宣讲佛法和传戒集会的场所，又称讲堂，其建筑规模仅次于大雄宝殿。堂内也供奉一些佛像，但堂中设法座，也称“狮子座”，供名僧大德宣讲佛法。

三圣殿。三圣殿主要供奉一佛两菩萨，即阿弥陀佛和观音菩萨、大势至菩萨，合称西方三圣。通常三圣皆在莲花座上，殿中所挂幢幡皆有莲花图案，通常位于大雄宝殿。

药师殿。俗名药王殿，供奉的是“药师三尊”，即“东方三圣”，正中为药师佛，两侧为日光菩萨和月光菩萨。

观音殿。观音殿又名大悲殿，主要供奉观音菩萨像。在汉地佛教中，大慈大悲观音菩萨是传说中最接地气的一位菩萨，因此供奉区域最广。观音菩萨造像的造型最为丰富且多姿多彩。导游可结合不同地方的造像艺术及民俗为游客介绍。

罗汉堂。大型的佛寺专门设有罗汉堂，其内塑有五百罗汉像。罗汉造像造型千姿百态，生动有趣，多为各地造像艺术的精华（如成都新都宝光寺、北京碧云寺、武汉归元寺、苏州西园戒幢律寺、昆明筇竹寺等的五百罗汉像都堪称雕塑艺术的宝藏）。

戒堂殿。为教徒传戒受戒之场所，多建于寺院东侧的僧众生活区。

除上述殿堂外，佛教寺院一般还有方丈室、斋堂、如意寮（医疗场所）、佛学苑、念佛堂等建筑。各个寺庙的情况不尽相同，一些建筑也不对游客开放，导游带领游客游览应根据实际情况进行参观点的选择及讲解。

9）其他建筑

塔，源于古印度，原意是埋葬佛骨的坟冢，梵语名Stupa，随佛教传入中国后，汉语音译为“堵坡”“塔婆”“浮屠”等，后统一约定为“塔”。寺院范围的塔主要有三类：一是“真身舍利塔”，此类塔以埋藏舍利子而得名；二是“法身舍利塔”，法即佛法，也即佛经，将象征佛教精神和佛陀智慧的佛经卷本藏于塔中，意味着佛陀永驻、法轮长转；三是墓塔，它是为修行高深、功德圆满的历代高僧修建的坟墓。

我国塔的种类繁多、丰富多彩，根据不同的划分标准可将古塔分为若干不同的种类。通常人们根据塔的空间建筑形象或建筑材质来对塔进行分类。若按空间建筑形象划分，我国的古塔可分为楼阁式塔、密檐式塔、亭阁式塔、喇嘛塔、金刚宝座塔、花塔、傣族塔等类型；若按建筑材质划分则可将塔分为木、砖、石、陶、铜、铁、琉璃、金银等的若干种类。

古塔的种类虽多，但由几个部分构成，包括：地宫，也称为“龙宫”或“龙窟”，是埋葬佛骨、佛经或舍利的地方，是我国古塔特有的构成部分；塔基，是整座塔的下部基础，覆压在地宫之上；塔身，是塔的主体部分，从外部建筑形式看，塔身有楼阁、亭阁、密檐、高台等多种，从塔身的内部构造看，主要有实心的和空心的两种；塔刹，塔的顶端，也是古塔最崇高的一部分，塔刹可看作是塔与其他高层楼阁相区别的特殊标志，刹的梵语音名“刹多罗”，其意为土地、国土，在佛教意义上就是佛国，所以塔刹是佛国佛土的象征，是我国佛塔中最重要的一部分，也是整座塔上艺术处理最为精细的部分。

经幢。经幢是刻有佛经、佛号或佛咒等内容的石柱（或石碑），是一种带有宣传性和纪念性功能的佛教建筑的。幢原为一种丝帛制成的伞盖状物，顶装摩尼珠，悬于长杆，供于佛前。据《佛顶尊胜陀罗尼经》记载，此经书写于幢上，幢影映于人身，则可不为罪垢污染。初唐时，开始用石头模仿丝帛经幢，称陀罗尼经幢，经过五代到北宋，经幢发展到高峰。

2. *藏传佛寺参观与解说*

藏传佛教寺院建筑的发展大致分为三个阶段：自11世纪初至14世纪末为寺院建筑的发展及其风格的成熟期。寺院的选址除受地理因素影响外，还受到了政治、经济、宗教的影响。由于各寺院所处的地理位置不同，加之政治、宗教观念的影响呈现出丰富多彩的形式，寺院建筑的整体布局基本上可分为宗教哲学象征式、人为控制式、自由发展式三种布局形态。其中自由发展式是藏传佛教寺院最为常见的布局形态，寺院没有明显中轴线，随着寺院规模的扩大而自由地增建、扩建。寺院以主体建筑或早期的建筑为中心，逐渐向周围发展，利用次要建筑的低矮来烘托主体建筑的宏伟。藏传佛寺主要有大昭寺、山南昌珠寺和日喀则夏鲁寺等。很多采用自然发展式布局的寺院建在向阳的山坡地上，这样可以争取有利朝向，便于日照和通风。就视觉效果而言，同样规模的建筑群在山坡地上感觉要比平地上宏伟壮观。建于山坡地上的寺院，顺应地势，沿等高线层层分布，自然形成有节奏的轮廓线，尤以格鲁派四大寺最为典型。格鲁派寺院的主要建筑措钦大殿、扎仓、康村等，由于在寺院内所处的特殊地位，装饰颇为考究。这种装饰艺术的运用，逐步演变为具有民族特色的工艺技术，如：镶嵌、镏金、编织等。

从观赏角度看，藏传佛教寺院建筑装饰有以下几个明显的特征。

（1）金顶。金顶是藏传佛教寺院中主要建筑的标志。金顶为鎏金主体建筑上加盖金瓦，其目的是让主体建筑突出，显得富丽堂皇。从结构看，金顶为梁架式结构，檐四周饰有斗拱，内部立柱支撑长额，其上构成梁架，用横梁柱托檩，形成屋顶的坡度，体现了主题建筑的宏伟气势。

（2）梁柱。梁柱是藏式建筑中室内装饰的重要部位。柱为木柱，一般无柱础，呈正方形、圆形、八角形以及“亚”字形。

（3）鎏金艺术。鎏金艺术是驰名国内外的特种工艺技术，有着悠久的历史。著名的大昭寺和布达拉宫以及藏族广大地区寺院的金顶，各种鎏金饰物，如宝塔、倒钟、宝轮、金盘、金鹿、覆莲、金幢、经幡、套兽等，在阳光下光彩夺目，独具特色。

（4）壁画、彩画。彩画技术在藏传佛教寺院中运用较广，内容绝大部分为宗教内容题材。常见的有释迦牟尼佛和黄教始祖宗喀巴传记、故事画；历代藏王、大师的肖像；四大天王、十八罗汉以及礼佛图等。图案有西番莲、梵文、宝相花、石榴花和八吉祥（海螺、宝伞、双鱼、宝瓶、宝花、吉祥结、胜利幢、法轮）等。壁画、彩画技术的关键在于调色和配色，一般采用矿物颜料，经久不褪色。各种色粉被石臼擂齑粉，使用时加进水及胶，画绘成后上光油。彩画的运用常配合建筑色彩，由于气候寒冷和民族的性格热情奔放，所以彩画的主要色彩为暖调，如朱红、深红、金黄、橘黄等为底色，衬托以冷调，如青、绿为主色的各种纹样，与内地唐、宋时期建筑色调较接近。

### 3. 南传佛寺参观与解说

南传佛寺主要为我国傣族地区的佛寺，由于佛寺建筑受缅甸、泰国佛教建筑的影响较大，故俗称为缅寺。缅寺一般选择在高地或村寨中心建造，其布局没有固定格式，自由灵活，也不组成封闭庭院。

南传佛寺多由佛殿、经堂、山门、僧舍及佛塔等建筑组成。佛殿是主体建筑，形体高大，歇山顶。西双版纳地区佛殿屋顶坡度高峻，使用挂瓦，一般做成分段的梯级叠落檐形式，与缅甸、泰国佛寺风格极为接近。沿正脊、垂脊、戗脊布置成排的花饰瓦制品进行装饰。德宏地区的佛殿屋面坡度较缓，形制与滇西建筑近似。

傣族佛殿的最大特点是将山墙短边作为入口，殿身呈东西纵向布置。主尊佛像坐西面东，供养对象仅为释迦牟尼，没有副像及胁侍。内檐油饰以红色为主，涂以金色花纹，纤柔华美。

经堂建筑一般类似佛殿，但形体较小，而勐海景真佛寺的经堂却是一个特殊的形式，做成八角折角形平面，屋面亦做成山面向前的八个向面源、十一层叠落的复杂的锥形顶，玲珑剔透，犹如一件艺术品。

傣族地区的佛塔多为实心，塔形呈高耸的圆锥形，有单塔与群塔之分。单塔著名的有潞西风平大佛寺的前塔与后塔，群塔著名的有景洪曼飞龙塔。该塔造型是在圆形基座上按八方建八座小佛龛，龛顶上部建八座锥形塔，八塔中间建一大型锥型塔，层次分明，群塔拥立，如雨后春笋，故又称其为笋塔。

## 二、中国清真寺建筑赏析与解说

中国伊斯兰教清真寺的建筑形制和艺术主要分为以下两大体系。

### （一）以木结构为主，体现中国传统建筑风格的清真寺

此风格的清真寺多通过循序渐进院落，体现出深邃庄重的氛围。建筑物的井然有序突出了清真寺的严肃整齐和丰富性。整个建筑形体重重叠落，加强了主要建筑高大雄伟的姿态和巍峨气势，这种布局充分显示出中国传统建筑注重总体艺术形象的特点。

以木结构为主，体现中国传统建筑风格的清真寺最典型的代表为著名的西安化觉巷清真寺。该寺总平面为一东西狭长的长方形，全寺分四进院落，每进院落均为四合院模式，设厅、殿、门楼，前后贯通。东端院墙正中的照壁，是全寺中轴线的起点，在这条中轴线上依次排列着木牌楼、“五间房”（二门）、石牌坊、敕修殿（三门）、省心楼（邦克楼）、连三门（四门）、凤凰亭、月台、礼拜大殿等主要建筑物。中轴线的两侧，建有各式碑楼、石坊、南北对厅和厢房、门楼等各种附属建筑，左右对称，排列井然。庭院宽敞，与建筑物空间比例良好，整座寺院构成和谐统一的色调，犹如一幅宋卷轴画的意境。

勾连搭结构的建筑技术是以木结构为主、体现中国传统建筑风格的清真寺大殿建筑所独具而国内其他古建筑所没有的。所谓“勾连搭”，是将两个或两个以上的坡顶平接，其间形成排水天沟，将雨水排向天沟两端。这种建筑结构使清真寺大殿在平面布置上有极大的灵活性。

丰富多彩的建筑装饰是中国清真寺建筑的重要组成部分，也是鲜明特点之一。此类清真寺都成功地将伊斯兰装饰风格与中国传统建筑装饰手法融会贯通，在把握住建筑群的色彩基调的基础上，突出伊斯兰教的宗教内容，充分利用中国传统装饰手段取得富有伊斯兰教特点的装饰效果。

### （二）以阿拉伯建筑风格为主，揉以中国地方的或民族的某些特色的清真寺

唐宋时期伊斯兰教开始传入中国，伊斯兰教建筑在中国开始出现，此时期被称为伊斯兰教建筑的移植时期。这一时期遗存的清真寺为数不多，而且都在东南沿海地区，保存至今典型的如广州怀圣寺光塔、泉州清净寺大殿等。

归纳起来，这一时期清真寺建筑的特点大致有如下几个方面：从工程用料上看，多为砖石结构；从平面布置看，早期清真寺多非左右对称式，不甚注意中轴线；从外观造型上看，基本是阿拉伯情调；从细部处理上看，早期清真寺也是阿拉伯风格。中国早期清真寺建筑中也揉进一些中国传统的民族风格和地方特色。

## 三、道观的游览与导游讲解

### （一）道观的发展沿革与类型

宫观是典型的中国传统建筑。道观源起于张道陵所设“二十四治”。“治”初为五斗米道的传教点区，“置以土坛，戴以草屋”遂成早期道士祀神传道之所。晋时，巴蜀把道士的活动场所称为“传舍”。南北朝时期，道教的宗教形态有了新的发展，趋于完备，当时的活

动场所称为“仙馆”。北周武帝时取观星望气之意把道士的活动场所改为“观”，把道教建筑统称“道观”。唐代，李氏皇族奉老子李耳为其先祖，上尊号为“太上玄元皇帝”，俗称“太上老君”，设专门场所祭祀。因皇家住所称为“宫”，皇帝就把祭祀先祖道教的建筑命名“宫”。此后历朝也就把受到过皇封的道观称为“宫”，普通的道教建筑称为“观”。

道教建筑主要是庙宇建筑组群，宋以后也有极少数的石窟和塔。道教建筑的宫观根据其布局及结构形式可以分为以下几种。

1. 均衡对称式道观

均衡对称式道观按中轴线前后递进、左右均衡对称展开的传统建筑手法建成，以道教正一派祖庭大上清宫和全真派的祖庭白云观为代表。山门以内，正面设主殿，两侧分设灵官和文昌殿。中轴线上，分布有规模大小不等的玉皇殿或三清殿、四御殿。通常在西北角会设有会仙福地。有的宫观还会利用地形地势的特点，营造出前低后高，突出主殿威严的效果。在中轴线的两侧或后部会布局膳堂和房舍等附属建筑。

2. 五行八卦式道观

五行八卦式道观是按五行八卦方位确定主要建筑位置，然后再以围绕八卦方位放射状展开的建筑手法建造的道教宫观。江西省三清山丹鼎派建筑为典型代表。三清山道教宫观建筑以雷神庙、天一水池、龙虎殿、涵星池、王祐墓、詹碧云墓、演教殿、飞仙台八大建筑围绕中间的丹井和丹炉，按八卦方位一一对应排列。这是由道教内丹学派取人体小宇宙对应于自然大宇宙，同步协调修炼“精气神”思想在建筑上的反映。

3. 自然景观式道观

自然景观式道教宫观多选址在风景优美的山地区域，建筑利用独特的地形地貌，结合奇秀险怪的山形地势巧妙构建楼、阁、亭、榭、塔、坊、游廊等建筑单体，形成以自然景观为背景特征的园林系统，再配置壁画、雕刻和碑文、诗词题刻等人文景物供人赏析。此类宫观建筑充分体现了“王法地，地法天，天法道，道法自然”的道家思想，“或以林掩其幽，或以山壮其势，或以水秀其姿”，不仅本身空间灵活，造型优美，而且体现了大面积的环境艺术，形成了自然山水与建筑浑然一体的独特风格及景观。

### （二）道观游览与讲解

1. 山门殿游览与讲解

进门前了解结构与布局。道教宫观的建筑形式与佛教相似，主要建筑布局于中轴线上，客堂、斋堂、厨库等生活设施都布局于中轴线两侧，在建筑群附近建有花圃园林。

道观庭院一般分为三个部分：前庭、中庭、寮房。前庭包括山门、幡杆、华表、钟楼、鼓楼等象征性设施，以显示宫观威仪和区别于俗界。中庭为宫观的主要部分，包括主殿、陪殿、厢房、经堂等建筑。寮房属生活区，除生活必需设施外，往往还有一些亭台楼阁，以供道众心游方外，翘想云衢，潜心修炼，焚香诵经。

中庭殿堂的设置基本上分为两类。一类以天尊殿为主殿，陪祀其他仙真。天尊包括三清、玉皇、四御、三官、斗姥这些道教共同尊崇的神祇，陪祀仙真各道观有一定差异。有些道观主殿会奉祀真武大帝、东华帝君、梓潼帝君等专司神。另一类以祖师殿为中心，配祀三清、玉皇等大神，这类道观往往保留有祖师的圣迹和得道度人的故事，内容丰富，典型的如陕西周至楼观台。

由于道教与我国传统文化有密切的关系，反映在建筑上，与佛寺相较更具有民族风格和民俗特色。《左传》中说“天生五材，民并用之，废一不可”，所谓五材，指金、木、水、火、土五种物质。古人认为，这五种物质相生相克，共同构成世界的万物。砖石不属五材之列，所以不能用砖石作为建筑主要结构的材料。道教主张“崇尚自然”，以“自然为美”，认为树木是大自然中富有生命的物质，因此，木结构能深刻地反映出人对自然的情感，因此，道观基本为木构建筑。

为了体现“以自然之为美”的“自然之道”，道观建筑十分注重与大自然的联系，道观多选址在依山傍水的山峦之中，楼台池榭、山石林苑与自然环境融合为一，以达到人与自然和谐相处的“天人合一”的境界。布局多依据阴阳五行学说，根据乾南坤北、天南地北的方位，以子午线为中轴，坐南朝北，讲究对称，两侧月东日西，取坎离对称之意。

汉以后，反翘曲线式样的屋顶在社会上迅速流行起来。反翘曲线大屋顶呈现出飞动轻快、直指上苍的动势，体现了道教飞升成仙的追求，此类建筑样式由此开始被应用到道观建筑设计建造中。

山门殿为道观山门的主体建筑，大多为穿堂式，与主殿相映生辉。能称为“宫”的道观气派大，会在山门殿以外再建牌楼或外山门。穿堂式山门殿供人进出，也寓意跨进山门即进入神仙真境，与人间有天壤之别、仙俗之别。

*2. 主要建筑的游览与讲解*

（1）灵官殿。供奉王灵官、四大元帅、青龙白虎、四值功曹等。

（2）三清殿。供奉道教最高神三清。道教认为天有三十六重，包括大罗天、三清境的三重天、四梵三界的三十二重天。各天都由神统治着，其中最崇高的神是三清。三清指的是道教的三位超级天尊，他们是化育万物之神（见图 8-4），其三种姿态表明了宇宙由最原始的混沌一气转向阴阳两仪、天地人三才，向万物化育的过程。

| 上清灵宝天尊（手持阴阳镜）（居左） | 玉清元始天尊（手持宝珠）（居中） | 太清道德天尊（持扇）（居右） |
|---|---|---|

图 8-4 三清殿布局

（3）玉皇阁。主要供奉玉皇大帝，或供奉四御（玉皇大帝，又称昊天金阙至尊玉皇上帝，是总持天道之神，如人间之皇帝；紫微北极大帝，全称“紫微中天北极太皇大帝”，他协助玉皇大帝执掌天地经纬、日月星辰和四时气候；勾陈南极大帝，全称“勾陈上宫南极天皇大帝”，他协助玉皇大帝执掌南北级和天地人三才，统御众星，并主持人间兵革之事；后土皇地祇（女神），全称“承天效法厚德光大后土皇地祇”，她执掌地道、阴阳生育、万物之美与大地山河之秀，也称“大地母亲”）。

（4）三官殿。供奉天、地、水三官。道教认为，一切众生皆由天、地、水三官所统摄，三官为主宰人间祸福之神，向三官祈祷，就可以祛病、消灾、避祸、降福。

（5）其他供奉殿。由于地区、宗派等方面的差异，加之道教的庞大的体系，不同道教宫观的供奉殿布局及供奉对象存在一定的差异。常见的供奉殿包括圣母殿、斗姥殿、碧霞元君殿、妈祖供奉殿、九天玄女供奉殿、真武殿、文昌殿（常供奉梓潼帝君——张亚子、天聋地哑、魁星等）、纯阳殿、祖师殿（常见的供奉对象为张道陵、许旌阳、萨守坚、孙思邈、八仙、王重阳、邱处机、张三丰）等。

（6）道教建筑中的藻饰讲解。道教建筑中之藻饰，鲜明地反映了道教追求吉祥如意、长生不老、羽化登仙等思想。

① 太极八卦图——道家的标记，又具镇妖降魔之功能。太极图中两条互相环抱的黑、白鱼，分别代表正反相对的阴阳二气，两者首尾相接，表示阴阳相互依存，相互消长，同时又可相互转化；白鱼中有黑眼睛和黑鱼中有白眼睛代表阴中有阳，阳中有阴，阴阳互为根本。

② 其他藻饰及象征意义：道教宫观与佛教寺院一样，受我国传统文化的影响，在其建筑上往往都悬挂寓意深刻的匾额、楹联。导游员应根据游客的理解程度有选择地为游客讲解介绍，如松柏、灵芝、龟鹤——象征长寿；山、水、岩石——象征坚固永生；扇、鱼、水仙、蝙蝠、鹿——分别象征善、裕、仙、福、禄；日、月、星、云——象征光明普照；麒麟、龙、凤——象征祥瑞；暗八仙——象征八仙祝寿；狮——象征辟邪；等等。

### （三）延伸介绍——道教名山（见表 8-1）

表 8-1　道教主要名山

| 山　名 | 地理位置 | 备　注 |
|---|---|---|
| 泰山（亦名岱山、岱岳） | 山东省泰安市 | 五岳中的东岳，东岳神齐天王；道教“第二小洞天” |
| 衡山 | 湖南省衡山市 | 南岳，南岳神司天王；“第三小洞天” |
| 华山 | 陕西省华阴县境内 | 西岳，西岳神金天王；“第四小洞天” |
| 恒山（亦称常山、大茂山） | 山西省浑源县境内 | 北岳，北岳神安天王；“第五小洞天” |
| 嵩山 | 河南省登封县境内 | 中岳，中岳神中天王；“第六小洞天” |
| 青城山 | 四川省都江堰市 | 道教发祥地之一，“第五大洞天” |
| 终南山 | 陕西省西安市 | 道教的发祥地之一，山麓的楼观台被视为道教第一座道观 |
| 龙虎山 | 江西省贵溪县 | 正一道祖庭，“第三十二福地” |
| 阁皂山 | 江西省樟树市 | 为灵宝派祖庭，“第三十六福地” |
| 武当山 | 湖北省丹江口市 | 为道教真武大帝道场 |
| 茅山 | 江苏句容 | 为上清派祖庭，“第八大洞天” |
| 罗浮山 | 广东省增城 | 道教“第七大洞天” |
| 崂山 | 山东省青岛市 | 俗称神仙窟宅 |

## 本章小结

我国古建筑承载了博大精深的中华文化，建筑艺术的构成因素，如尺度、节奏、构图、形式、性格、风格等都是游客观赏的对象。我国园林举世无双，自古是休闲、增知、陶冶情操的好去处。古镇旅游方兴未艾，民居建筑是游客的兴趣所在。佛寺和道观是重要的旅游目的地，宗教文化博大精深，和中华文化息息相关。

## 关键概念

我国古建筑　园林　古镇民居　佛寺　道观

## 课堂讨论题

1. 分析我国古建筑与旅游资源的关系。
2. 讨论我国古建筑导游的技巧。
3. 如何向游客介绍园林的意境美？
4. 讨论不同地区民居建筑的特色与环境、历史、文化的关系。
5. 佛寺与道观导游讲解要点分析。

## 复习思考题

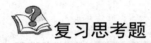

1. 我国古代建筑艺术特征表现在哪些方面？
2. 古建筑审美的内容包括哪些？
3. 游览导游服务程序如何？
4. 引导游客游览我国古典园林的途径是什么？
5. 介绍古建筑装饰中的“四灵”。
6. 简述佛寺导游讲解的重点。
7. 简述道观导游讲解的重点。
8. 如何根据古镇民居的特点设计导游方案，并进行实景演练。

## 实训

选择一座知名的佛教寺院或道教宫观进行实地教学。要求学生自选景点或景物，分析主题，创作一篇导游词，在训练课上讲解、演练、交流。

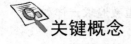

# 第九章　民族文化、民俗风情导游

**引言**

感受异地文化，体验不一样的风土民情，了解独特的民族风情是游客的主要旅游动机之一。游客都希望体验旅游目的地的文化、民俗、民情。民族文化与民俗风情具有明显的地域性、多样性等综合性特点，游客要在有限的时间内相对全面地体验地方文化及民族风情，离不开导游服务。

**学习目标**

1. 了解民族文化、民俗风情在旅游活动中的作用与地位。
2. 掌握民俗的含义及其对游客产生吸引力的要素组合。
3. 掌握民俗风情导游的基本内容和导游讲解的基本要领。
4. 撰写导游词，熟练进行民族文化、民俗风情导游讲解。

**教学建议**

1. 系统分析民族文化、民俗及民族风情的概念、特点。
2. 通过音像资料观摩，让学生讨论总结民族文化与民俗风情的旅游吸引要素及功能的相关要素。
3. 采用案例教学，总结民族文化、民俗风情导游服务的注意事项及导游讲解规律、要求。

## 第一节　民族文化与民俗风情概述

### 一、民族与民族文化

#### （一）民族

民族是指经长期历史发展而形成的稳定共同体，是一群基于历史、文化、语言与其他人群有所区别的群体。民族是社会经济形态发展到一定阶段以后的产物，是近代以来通过研究人类进化史及种族所形成的概念，属于历史学的范畴，是人们最主要的社会划分形式之一。关于民族的概念，斯大林曾经指出："民族是人们在历史上形成的一个有共同语言、共同地域、共同经济生活以及表现于共同心理素质的稳定的共同体。"他还说："民族不是种族的共同体，也不是部落的共同体，而是历史上形成的人们的共同体。"民族并不是一有人类就有的，而是在人类社会发展到一定阶段后才产生的。人类最早的社会集团是原始群，随着生产力的发展和生产的需要，结成稳定的集体，即氏族。当时，最现实、最方便的纽带是血缘关系，几个亲属氏族又结合成部落。二次社会大分工破坏了氏族部落内部的血缘关系，在更大规模上以地缘关系结合成规模更大的共同体——民族。构成一个民族应具备共同语言、共同地域、共同经济生活、共同心理素质四个基本特征。每一个基本特征都具有特定的内容，它们之间是相互联系、相互依赖、相互制约的。由于历史、现实和民族自身形成发展因素的影响，各种特征具体在每个民族中的表现程度是不同的。由于历史的影响，一个国家可以有不同民族，一个民族可以生活在不同的国家里。我国是民族成分众多的国家，按照官方划分，我国共有 56 个民族。汉族是我国人口最多、地域分布最广的民族，其他 55 个民族统称为"少数民族"，中华民族就是我国所有民族的总称。

### （二）民族文化

1. 形成与表现形式

民族在政治、经济、文化艺术、语言文字、风俗习惯、心理素质等方面的特点，在长期的历史发展中形成，并随着社会的发展、自然环境和生活条件的改变而不断变化。民族共同体在人类历史上形成并区别于其他各种共同体的类型以来，文化总是表现为各不相同的乃至千差万别的民族文化。

在我国，民族文化具体指我国境内各民族特有的、具有历史传统的、民族民间的文化。通常有物质和非物质两种表达方式。物质方面的成果实质上就是各民族在物质生产活动中创造的全部物质产品，以及创造这些物品的手段、工艺、方法等，包括人的衣、食、住、行、用所属的多种物品，以及制造这些物品的物品，如食物、服装、日用器物、交通工具、建筑物、道路、桥梁、通信设备、劳动工具等。非物质方面包括文化精神方面的成果，通常以心理、观念、理论的形态存在，包括存在于人们心中的心态、心理、观念、思想等，如伦理道德、价值标准、宗教信仰等，还包括已经理论化、对象化的思想理论体系，即客观化了的思想，如科学技术、实践、文学、艺术、各种表演、表现形式、知识体系和技能等。民族文化在某种程度上体现着一个民族的世界观，作为一种行为模式（包括制度、规范，也包括认知模式、情感模式、心理模式乃至审美模式等），它的价值是多种多样的，它沟通、调节着民族群体与生境（自然、外族）、民族社会群体内部、民族个体与社会等的多重关系，并塑造着民族社会的理想人格，为个体提供归属感、幸福感和心理上的依托。

2. 主要特点

（1）本质的民族性。民族文化是在各民族生产、生活实践中发展形成的，体现了极强的民族性。民族文化是一个比较宽泛和相对性的概念，在不同的系统中有不同的概括形式。民族文化的民族性是指各民族在本民族的历史发展进程中形成和发展起来的独特文化，它是该民族智慧的结晶，凝聚着该民族的感情、意志和追求，体现了民族精神，构成了民族要素，从而成为一个民族的标志。民族性是文化多样性的具体体现，是一个民族文化存在的价值体现。

（2）追求的团结性。民族文化追求的团结性是指民族文化在其发展的过程中，始终体现出追求中华民族团结和各民族相互依存的核心价值。

（3）形式的大众性。民族文化是以民族民众普遍接受的、符合地区客观实际的表达形式来表现的，具有形式大众性的特点。大众性的体现方式包括口头表达形式，如民间传说、诗歌、故事、谜语等；音乐表达形式，如民歌、山歌、乐器等；活动表达形式，如民间舞蹈、宗教仪式，反映风俗习惯的礼仪、节日和庆典活动，民族体育活动等；器物表达形式，如反映各民族生产生活特征的民居、服饰、器具、工艺制品、代表性建筑物等。

（4）发展的时代性。民族文化具有与时俱进的属性。不论是古代还是当代，随着文化的交流和传播，不同文化形态的运动、发展和变化都呈现出一种与时代相适应的整体的相关性和一致性。民族文化的各种价值和内在意义常被符号化、系统化，以象征方式表达出来，为民族文化涂上了缤纷的颜色，体现了鲜明耀眼的个性特征。

## 二、民俗风情与民俗文化

### （一）民俗风情

民俗是在人类历史的发展过程中，一定的群体为适应生产实践而逐渐形成的，并以民族的群体为载体、以群体的心理结构为依据，表现在广泛而富有情趣的社会生产与生活领域的一种程式化的行为模式和生活惯制，是一种集体性的文化积淀，是人类物质文化与精神文化的一个最基本的组成部分。民俗创造于民间，传承于社会，并世代延续承袭。

民俗风情也称风俗民情，是指各民族独特的生活习惯和生活方式。随着社会生产生活的进一步现代化，人类也越来越希望通过旅游走进大自然、修身养性，希望更实际地体验到不同现实生活中的生活方式。

### （二）民俗文化

1. 形成与发展

民俗文化是广大的劳动人民所创造和传承的民间文化，是民族文化的重要组成部分，普遍存在于社会生活中。在人类社会发展的每一个阶段，都曾经产生和形成过许多民俗文化，而这些民俗文化又不同程度地影响着当时人们的生活和思想。民俗文化是社会、集体创造的，负有教育功能。

在现实生活中，各民族总是通过多姿多彩的民俗文化活动，对本民族人民进行传统教育，帮助人们了解本民族祖先所创造的历史文化，学会劳动的本领，从而激发民族自豪感和凝聚力，对社会成员的行为和仪态等起到规范作用。民俗文化中的节日及游戏等活动具有娱乐性，人们参加民俗活动可获得休闲和娱乐的体验。每一个民族的习俗都凝结着该民族人民群众的感情，每个民族都把本民族的民俗文化当作神圣不可侵犯的财富加以维护和崇敬。要了解一个民族，最简单直接的路径和方式就是了解其民俗文化和民族风情。民俗文化、民俗风情是旅游资源的重要组成部分，对游客具有极强的吸引力。

由于地理环境的差异性，我国可划分为七个民俗文化圈：东北民俗文化圈、游牧民俗文化圈、黄河流域民俗文化圈、长江流域民俗文化圈、青藏民俗文化圈、云贵民俗文化圈、闽台民俗文化圈。

2. 民俗文化的特点

1）集体性和社会性

民俗是集体创造的（也有的民俗是先由集体中的个别人创造，后经集体的认可或加工而形成的），是集体智慧的结晶。民俗的认同、流变、完善和创新是依靠集体的行为完成的。

集体性体现了民俗的整体意识，也决定了民俗的价值取向，这是民俗的生命力所在，也是民俗最基本的特征。

民俗是人们共同遵守的标准和约定俗成的行为方式，是民众集体创造、传承和享用的，不会形成单个个体的个性化符号系统，因此民俗文化具有社会性特征。

2）传承性与播布性

民俗一旦产生、得到社会的承认，就有了很强的稳固性，并不断为人们所承袭，具有传承性。民俗文化在时间上纵向延续的过程体现了某一民俗的历史发展。民俗的播布性是民俗文化在空间上的横向传播过程，体现了某一民俗前后左右的空间伸展。

民俗是在纵向的传承和横向的播布结合中发展的，形成多元民俗文化相互间的碰撞、吸收和发展。

3）稳定性与变异性

民俗一旦形成会随着人们生产和生活方式的稳定而相对固定下来，成为人们日常生活的一部分，成为相对稳定的民俗文化。民俗的稳定性取决于民俗本身的民众基础和它对各时期社会经济基础和与之相适应的意识形态的适应性。在朝代的更迭和社会的变革中，有些民俗随经济基础消失，随生活方式的改变自然消亡，有些民俗则经过某些调整和修补一直传承至今，这正说明了民俗文化传承的稳定性。

民俗由集体创造，靠语言和行为传承和播布。创造意味着创新，传承与播布是呈流动态的，这就决定了民俗在相对稳定的同时又总处于不断的变化之中。民俗文化在传承和播布过程中必然会使民俗的内容和形式产生一些变异，这种变化实际上是民俗文化的自身调整，通过调整以适应变化的社会和新的环境或民众群体，因此变异是民俗文化传承和发展的动力。

4）民族性与地方性

民俗是民族构成的一个要素，每个民族都有自己的民俗，民俗文化具有民族性。具体表现为同一类民俗事项在不同的民族中产生不同的表现形式，不同的民族由于各自的历史过程、地理环境和经济条件等的差异而产生区别于其他民族的独特民俗。

地方性是民俗在空间上所显示出来的地域特征和乡土气息。由于所处的地域环境和自然环境不同，民俗显现出了不同程度的地方色彩。地理环境的差异及大、中尺度地貌单元的阻隔使各民族各自发展并形成了自己的特殊民俗；有时即使是同一民族的不同支系，由于所处的地理区域不同，民俗也有差异。

## 三、旅游功能的体现

### （一）构成旅游资源，激发旅游者的旅游动机

旅游是游客离开自己的居住地所做的短暂的停留及其产生的各种现象和关系的总和。游客出门旅游，除饱览风光外，更希望能体验不一样的民族风情和文化。从现代旅游需求发展趋势看，文化的享受已成为旅游者越来越重要的需求动机，没有一种旅游行为能够游离于民族文化和民俗风情而存在。

民族、民俗所构成的旅游资源可以满足游客体验异质文化的愿望。现今的旅游活动中，游客更希望能真正地用自己的全身心去体验环境、体验文化，那种走马观花式的游览活动将逐渐被人们所淡化，旅游目的地的民族、民俗将成为游客体验的对象。

### （二）充实丰富了旅游活动的内容，提高了旅游者的体验度

各地民族文化和民俗风情的差异性对游客的吸引力日益增强，观察民俗、与居民交朋友是游客外出的主要愿望之一。游客选择民族文化及民俗风情资源的动机归纳起来为风情观光、消遣娱乐、异质文化体验、民俗考察。

民族、民俗中的节庆、娱乐、礼仪、饮食等活动，还能促使游客进行交互式参与。民族、民俗旅游在日常游览活动中的地位日趋重要，而游客对民族、民俗的“游览”需求也趋向全方位地体验。从游客的动机组合分析，导游讲解时，应对旅游目的地的民族、民俗有较为深刻的了解。

### （三）促进文化交流

旅游活动也是一种文化交流活动，游客离开自己的惯常居住地到旅游目的地，在寻觅美、探求和体验旅游目的地的文化和民俗的同时，也成为两地文化交流的载体，而导游就是文化交流的媒介和使者。

旅游是一个综合的动态过程，是由于人类文明的进步所形成的，是现代人们生活中必不可少的文化生活方式。在这种特殊的文化旅游活动中，“自带”文化的游客对旅游目的地有明显的文化探求、体验和参与等需要。导游在实际工作中，必须明白民俗文化之间的关系，通过概念的分析，发现其表象与内涵的关系所在，讲解中突出重点，主题鲜明，做好民俗表象与承载文化的衔接。

# 第二节　民族文化与民俗风情导游讲解

导游在民族文化与民俗风情相关知识的把握上必须要有科学的依据，对相关景区（点）以及相关事项的解说要尊重事实、体现客观、突出其核心，发挥文化使者的积极作用。在讲解方法的运用上，为体现民族文化内涵的丰富多样性，可将说、讲、唱、跳相结合，及时把握最新信息，体现民族文化的传承与发展。

## 一、民族文化与民俗风情景区分析

旅游目的地都有特有的民俗文化与民俗风情，导游为游客讲解时，要认真分析，根据旅游目的地的民族文化、民俗风情与旅游景区（点）的关系，特别是景区（点）所承载的民族文化及民俗风情的要素构成及内容，灵活选择讲解内容并将旅游目的地的民族文化、民俗风情内容穿插于日常导游讲解中，协助游客全面地了解旅游目的地文化。旅游目的地常见的集中体现和展示民族、民俗文化的景区有以下几种模式。

### （一）以某种品牌为主要特色的特色旅游景区

目前各地都把民俗保存得最好的区域结合当地的生产、生活形式，开发建设成特色游览区，如各地农村的“农家乐”，沿海或湖畔渔村的“渔家乐”，民族地区的“彝家乐”“傣家乐”等。这些景区能展示当地最传统的民族文化及民俗风情，游客还能参与一些特色民俗文化活动。

### （二）传统街区或特色村寨

民俗是基于生产和生活实践的一种社会文化现象，也只有在现实生产和生活过程中，民俗才是有血有肉的。游客参观古镇、古城、古老的村落或古老的街道以及民族村寨时可以较为全面地了解民族、民俗，在这样的区域，游客不仅可以亲身体验特色民俗文化，还能与当地居民同吃同住，真正实现交互式参与，典型的如云南的丽江古城、苏州的周庄、浙江的乌镇、安徽的西递村和宏村、北京的胡同等。

### （三）不同类型的“博物馆”

旅游目的地为向游客展示一些特色民族、民俗文化，会把各种能充分体现民族、民俗文化的物品集中到特色博物馆中，具体有两种类型：一种是把收集到的能体现当地民族文化和民俗风情的各种实物或图片，如典型民居、服饰、生产生活用品、工艺品等集中展示，典型的如各地的民族博物馆；另一种被人们称为“生态博物馆”，即选择典型地区，不移动文物原始位置，让文物、文化保持其原生态的一种“博物馆”形式，可建成“主题小院”。导游带领游客游览这样的景区要注意进行细部的观赏，对展示品的来源、作用、美学特点、文化含义等内容要详细解说。

### （四）主题公园

为了让游客在短时间内尽可能地多了解民族及民族风情，部分地方建造了以展示民族文化和民族民俗为主题的公园，典型的如民族村。主题公园中展示的民族文化和民俗风情是从现实生活中剥离出来的，通过静态的手段或通过“表演”进行展示。导游带领游客游览讲解此类主题公园时，应尽可能地让游客有一种客居“本土”的感受，突出文化底蕴及外延，引导游客探求文化的本源。

### （五）节庆娱乐活动场所

节庆和民俗娱乐活动是民族、民俗中对游客吸引力最大的要素。为强化旅游目的地的旅游形象、为游客提供参与民俗活动的机会，在很多地方，人们开始有组织地开发利用民族节日和民俗游乐活动。导游带领游客参与民族节庆或民俗游乐活动时，要注意向游客进行提示和安全警示。此类活动通常参与人员较多，游客容易发生掉队的情况，同时大部分节庆游乐活动往往与民族的习俗有关，因此参与这样的旅游活动必须遵守相关规定，服从指挥，尊重当地的民俗。避免游客与当地居民发生矛盾。

## 二、旅游中常见的民族文化及民俗风情类型

### （一）生产、生活类

生产、生活类民俗包括与生计有关的劳动生产活动、生活方式、衣食住行等，这些是表征性最强的民族民俗，也最容易引起游客的关注和兴趣。生产、生活类民俗，特别是其中的物质类民俗具有直观性，便于作为旅游资源加以开发利用，这些能直接展示的“物件”都包含着民族文化及精神象征意义。

### （二）社会民俗类

社会类民俗主要有人生仪礼、交际习俗、节庆习俗等类型。

人类和动物的一个重要区别是具有社会性，任何人在人生的任何阶段都要扮演某种社会角色，需要通过各种相应的人生仪礼使自己的社会身份得到社会承认。人生仪礼具有鲜明的民族色彩，最能体现民族文化及民俗风情，如成年礼、婚礼等。许多民族的少男少女都要经历成年仪礼，常常有更换服饰的内容。汉族传统的成年仪礼叫“成丁礼”，又叫“冠礼”或“笄礼”；云南一些民族的成年仪礼叫“穿裤子礼”或“穿裙子礼”。少年通过成年仪礼，就被允许穿着成年人的服饰，从此享有成年人的权利，如社交、婚恋、继承等，同时也要承担成年人的义务和责任，如生产、战斗等。

受地理环境、生活习惯及历史等因素的影响，各民族都有自身的交际交往习俗及礼仪，从这些礼仪习俗中可以了解民族的发展及文化。四面八方的游客来到旅游目的地后，免不了要与当地人接触，“入乡随俗”，这就需要学习了解当地的交际习俗。

人类生活随着自然季节的周期更替也呈现着循环反复的节律，为了调节生活的节律，产生了各种节日习俗。各种节日都有特定的内容和特定的活动方式，也都不同程度地具有综合性，是对各民族传统文化的集中展示，因而成为旅游活动不可缺少的重要项目。

### （三）精神民俗类

精神民俗涉及民族宗教文化和民族艺术等内容。

宗教、崇拜、祭祀、禁忌、占卜、巫术等是各民族普遍具有的民俗文化，具有鲜明的民族特色，特别是一些宗教祭祀场所已成为游客了解民族文化的主要场所。宗教场所在各民族人民的心目中都是圣洁、不容亵渎的，而且往往伴随着各种特有的禁忌。这种场所内人员混杂，是极易有意无意地发生激烈宗教纠纷和民族矛盾的地方。导游员要具备足够的宗教和民俗知识，才能顺利地完成宗教导游工作。

民族艺术包括民族文学和民间音乐、歌舞、戏曲、绘画、工艺等内容。各民族的神话、传说、叙事诗，经过悠久岁月的积淀，充满了民间的智慧和动人的情节，体现了人民群众的美好愿望，反映出民族的价值取向。将这类优美的民间文学通过各种艺术形式表演出来，能对游客产生强烈的感染力，游客既能得到美的享受，又能潜移默化地受到教育和启迪。

民间艺术集中体现了一个民族的审美观，也直观地展示了民族精神、民族性格。东北“二人转”的粗犷质朴，闽南戏曲的柔婉低回，正是北方、南方民性在艺术上的体现。民间艺术既有最典型的娱乐功能，又有助于加深游客对民族文化精神的认识。旅游从业人员要对民间文艺有广泛的了解、深入的认识，才能精选出最有代表性的民间艺术内容和表现形式，以推荐恰到好处的旅游产品。

## 三、导游讲解

### （一）学习准备

1. 努力学习民族、民俗学知识，成为“专家型”导游

要做好民族文化与民俗风情的专项导游讲解，导游应成为一位民族、民俗学“专家”。

民族、民俗学知识的涉及面极为广泛，导游应尽可能系统地学习并掌握相关知识。讲解民族文化与民俗风情的知识体系中，涉及社会学、民族学、民俗学等，还有旅游目的地的地方简史、地理环境等内容。具体内容包括衣食住行的特色、婚娶生丧的习尚、节日庆典的仪式、传说故事、信仰崇拜、禁忌、游娱竞技、风物特产等。其中，应重点突出服饰、建筑、饮食、节庆和婚恋习俗等方面的知识。由于民族和民俗问题的特殊性，导游在讲解中还应掌握国家有关的政策法规。

2. 尽量学习各地方言及民族语言

我国大部分民族都有自己的语言，即使使用同一种语言，由于地域的差异，也存在大量的方言，各地方言的差异也较大。各地的人民对自己的语言都寄予了深厚的感情，导游可学习一些方言，以便于工作的开展。民族语言和方言蕴含着民族文化和乡土文化的“灵性”，了解民族语言和方言，有助于导游全面、生动地讲解民俗风情。

3. 熟悉相关政策，尊重当地民俗

民族平等政策、民族区域自治政策、宗教信仰自由政策等在《中华人民共和国宪法》中有明确规定，受法律保护。在熟悉重要政策的前提下，导游员要提醒游客尊重当地少数民族的宗教信仰、风俗习惯和乡规民约，克服大民族主义、大地方主义和都市优越感。因为民族风情越浓烈的地方，对民族问题越敏感。民族、民俗文化的直观性、可参与性与神秘性直接导致了它们可能成为热点问题或问题焦点。

4. 掌握并灵活运用导游讲解方法和技巧

在为游客进行民族风情讲解时，导游除灵活运用常规导游讲解方法外，还应根据民俗风情旅游资源的特点，在实际导游讲解服务中，有针对性地运用一些更有效的方法。

（1）借助声像资料法。民俗风情涉及内容丰富多样，有些民俗（如节日、婚恋习俗、葬仪等内容）只在固定时间发生，还有些内容游客是无法直接参观或参与的。讲解过程中，导游可借助相关的图文声像资料对游客感兴趣的问题进行讲解。

（2）载歌载舞法。民俗风情中有一项对游客具有特殊吸引力的内容，那就是民族歌舞。人们都喜欢用歌舞的形式直接表达和展示民族文化、表现民族情感。歌舞中往往能体现不同的民俗风情，同时又可以让游客参与和体验民俗。因此导游员在进行民俗风情导游前应学会一些旅游目的地的歌舞，在导游过程中或自己表演以达到强化、提升讲解内容的目的，或领唱领舞，带领游客参与民俗活动。

（3）故事传情法。各个民族都有与众不同的传说、故事，许多民俗风情都与传说故事有关。传说故事是人们了解民族和民俗最为直接的途径之一，更重要的是它容易被游客接受。导游员应根据游客的兴趣和参观对象的情况，精选特色鲜明、教育性与娱乐性并存的传说故事，借用曲艺演员表演的方式，运用生动的语言进行讲解。

### （二）讲解内容

民族文化与民族风情中对游客产生吸引力的要素极多，游客感兴趣的内容更是无法限定。

1. 必讲内容

（1）族名的来历及其含义或象征。关于族名，有的内容有史可查，如现在使用的彝族的“彝”，有的则通过神话或传说故事来表达，如“基诺”等。族名的象征意义在一定程度上表现了民族的性格，如傣族的“傣”就是自由人的意思。

（2）分布及发展历程。我国现已确定有56个民族，每个民族都有其发展的历史。由于受地理、历史等因素的影响，各个民族在地理分布上有一定的规律。我国少数民族的分布特征以沿边分布和沿山分布为主，其聚居形式与汉族交错，形成大杂居、小聚居的特点。通过对地域分布的分析，导游可以进一步讲解介绍各民族的生产或生活特征。

（3）民族的人口及社会经济现状。

（4）语言、文字及文化发展。我国各民族所使用的语言，大体上分属五大语系：汉藏语系、阿尔泰语系、南亚语系、南岛语系和印欧语系。目前我国民族文字归纳起来可分为两大类，即非拼音文字和拼音文字。文字类型包括象形文字、汉字及其变体、音节文字、拼音文字。

**【资料链接】**

### 汉语方言分区

汉语是我国最主要的语言。汉语源远流长，分布广泛，在漫长的历史进程中，形成了一系列地方变体——方言，这些方言可以从语音系统、基本词和语法构造上进行区分，有的差异十分明显，但均保持着汉语的一些基本特点。汉语的方言种类甚多，一般把它们组合成八大方言区：① 北方方言区。以北京话为代表，分布范围除长江以北各地外，还包括镇江至九江的长江南岸沿江地带，湖北、湖南的局部地区，云、贵、川三省。② 吴方言区。以上海话为代表，包括镇江以东地区及浙江省大部。③ 湘方言区。以长沙话为代表，包括湖南省大部分地区。④ 赣方言区。以南昌话为代表，包括江西省大部及湖北省东南角地区。⑤ 客家方言区。以广东省梅县话为代表，包括广东、广西、江西、福建几省、自治区的部分地区。⑥ 闽北方言区。以福州话为代表，主要分布于福建和台湾地区。⑦ 闽南方言区。以厦门话为代表，包括福建南部、广东潮汕地区和海南岛部分地区。⑧ 粤方言区。以广州话为代表，包括广东省大部，广西部分地区以及港、澳地区。

（5）相关民俗。主要包括民族服饰、饮食、居住形式、生活礼仪、节日庆典、娱乐活动等。

① 服饰和饮食是游客最为关注的两项内容。服饰是人类文化的显性表征，是游客认识和识别民族的重要因素。郭沫若说过：“衣裳是文化的表征，衣裳是思想的形象。”导游员在讲解介绍民族服饰时，应从服饰（上衣、下装、绑腿、鞋袜等）的形态、颜色、材料、头饰、衣饰、肢体装饰、脚饰等方面全面介绍。

就服饰讲解而言，首先应介绍民族服饰与地理环境的关系。从自然地理气候特点的角度看，各民族的特色服饰大致可以分为三种类型：北方及高寒地区民族的服饰为厚重宽大型，内地平坝地区的为轻便型，炎热地区为轻薄短紧型。

讲解民族服饰要注意民族服饰的功能及其文化内涵，归纳起来主要包括：不同民族服饰是不同生产力发展水平的标志，民族服饰历史地、全面地反映了社会发展和人的意识的丰富；相当一部分民族服饰是某种自然灵物崇拜或宗教信仰的“遗留”；民族服饰反映出不同民族、不同时代的装饰习俗和其中蕴藏着的审美情趣、审美理想和审美追求；不同民族的服饰是不同民族过去时代的缩影。任何民族的服饰都不是一成不变的，而是不断地变化和发展的，既可能保留着母系制社会向父系制社会转化的痕迹，也可能表现出民族大迁移的征候（其表现较为隐秘）；同一民族的不同服饰反映了进入阶级社会以后的等级差别和一些特殊的财产观念，如许多少数民族直接用银币做成纽扣和饰物，用玛瑙或珊瑚做耳坠，以显示富裕和尊严，同时也兼顾审美结合某种原始的崇拜；不同民族的服饰表现出不同的民族性格、民族心理和人们对自我实现的不同追求。在实际生活中，民族服饰的具体表现是多方面综合的，导游员在讲解过程中，要针对具体民族的具体服饰进行讲解。

不同的民族由于生活环境的差异，形成了不同的饮食文化和饮食习惯，如藏族喜食糌粑和酥油茶，傣族对生、辣食品情有独钟，维吾尔族的烤全羊，彝族的坨坨肉，等等。导游员在讲解民族特色饮食时，首先要从地理环境的角度分析特色饮食的成因；其次要从色、香、味、形等不同角度进行分析；再次，要讲解食品本身的性能，向游客提出品尝的建议；接着，要讲食品本身及饮食习惯的文化内涵；最后，条件允许时，让游客动手制作。

② 建筑形式。建筑是凝固的音乐，是无声的符号系统，它向人们讲述着历史与文化，向游客展示着主人的地位与财富，同时也向人们叙述着工匠们高超的技艺。导游员在讲解民族传统建筑时，可从建筑选址、结构特色、外型审美、负载文化等不同方面讲解介绍。

③ 待客礼仪礼节是人们交往中用来表示敬意、祝愿和友好的惯用形式。特别的礼节能给旅游者留下特别的记忆。在旅游活动中，导游员可根据活动的安排，选择性地向游客介绍当地的各种交际礼节，特别是到当地人家里拜访时，必须提前交代清楚注意事项。

④ 节庆游乐。节庆和游乐的可参与性质常常令游客感到兴奋不已。参加民族节庆活动是游客最为向往的民俗旅游活动之一。民俗节日是指约定俗成的具有群体性、模式化活动的节日，节日民俗是一种复杂的综合性民俗，受多种因素的影响。

导游员在导游讲解中应向游客讲解介绍相关节庆活动的起因、来历、时间、地点、项目内容、活动方式、注意事项等。

2. 选讲内容

（1）神话传说。在民族、民俗文化的宝库中，神话、传说故事浩如烟海，涉及历史、地理、生产、生活的方方面面，它们不仅可以帮助游客了解地域和民族文化，同时也可作为研究的对象。许多景物和事项从表面看极为普通，但一旦赋予了传说故事，它们就像有了灵魂，被赋予了生机，如彝族撒尼人的花包头、德昂族的筒裙、藏族人心目中的卡瓦格博。因此，导游员在为游客提供导游服务前，应该掌握一些特色鲜明的，有说服力的，能体现优秀民族、民俗文化的，引人积极向上的神话、传说故事。在实地游览过程中，结合景物及现象，向游客进行讲解。

（2）音乐和舞蹈。音乐和舞蹈是一种特殊的语言，它们向人们诉说着特定地域内人们的生活、意识和精神向往。在我国，不同民族有各自不同的特色音乐舞蹈，生活在不同地域的同一民族，其地方特色音乐和舞蹈也不相同。彝族的大三弦和跳月反映出了彝族人民如火一般的性格和山地民族的彪悍；傣族的孔雀舞舞出了傣家人水一般的柔情……导游员在为游客进行民俗导游时，一定要掌握不同地区的音乐、歌舞的基本旋律、调式动作及含义等，同时要求导游员会唱会跳，要能掌握要领，必要时可组织游客学习歌舞。

（3）戏曲艺术。不同地区有不同的戏曲形式和剧目，如北京的京剧、浙江的越剧、河南的豫剧等，而戏曲本身也是一种特殊的文化，其表现方式和内容都有明显的地方特色。

在导游过程中，导游员应熟知旅游目的地的特色戏曲及剧目，在游客观赏戏曲时适时地向游客讲解介绍。

（4）雕塑绘画。雕塑和绘画往往和建筑、宗教、神话故事相关联，导游员在实地导游过程中，要结合具体对象，介绍各地特殊的雕塑和绘画艺术手法、技法和表现内容。

（5）民族工艺。民族工艺门类繁多、内容丰富，它不仅是游客的观赏对象，更重要的是它还是旅游商品的重要组成部分。导游员在实际讲解中，要讲表象、讲工艺、讲特色、讲文化承载。

（6）婚丧嫁娶。爱情是人类的永恒主题，因此，世界上不同民族中千姿百态的婚恋方式也就成为令游客好奇的内容。关于怎样博得异性的爱，各民族有自己独特的方式。有些民族用对歌、丢包、裹毛毯、住公房、射箭等方式求爱，有些民族则默默地借物传情。由于在实际旅游活动中，游客一般没有机会直接参加民族地区的特色婚礼，而对于特殊的恋爱方式，游客是不能直接观看和参与的，如傣族的串姑娘、摩梭人的走婚、白族新娘的礼服及装饰、壮族的不落夫家习俗等，婚丧嫁娶的习俗主要靠导游员的讲解介绍。因此，导游员要对旅游目的地居民的婚丧嫁娶程序及每道程序的含义等进行充分了解，在游览过程中适时地向游客讲解介绍。

（7）文娱体育。不同地区的人有不同的文娱体育活动方式，有一部分内容是游客能参与体验的。导游员首先要向游客导游讲解相关内容，如傈僳族的“上刀山，下火海”，若是游客能参与的项目，导游员可引导指挥游客参与相关活动。

（8）宗教仪式。不同地区的人们有不同的宗教信仰，而不同的宗教又有不同的宗教仪式。通过观看或参与宗教仪式，可使游客更全面地了解一些地方风俗的来历。导游员在导游讲解中，要严格遵守国家的相关政策和民族政策，尊重民俗习惯和宗教规范。

## 本章小结

民族、民俗是游客最感兴趣的内容，具有极强的体验性。民族、民俗文化包罗万象，与地域环境及其他自然景观有密切关联，同时又进一步影响到其他人文景观的形成和特点。民族、民俗讲解对导游员的民族、民俗知识具有较高的要求，对导游语言和导游技能同样有较高的要求。

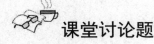

## 关键概念

民族　民族文化　民俗风情　民俗文化

## 课堂讨论题

1. 分析民族文化、民俗风情的吸引力。
2. 讨论民族文化类景区的必讲与选讲内容。

## 复习思考题

1. 民族文化和民俗文化的关系及特点分析。
2. 民族文化、民俗风情的旅游功能。
3. 民族文化与民俗风情讲解对导游员的要求。
4. 民族文化与民俗风情导游讲解的必讲内容。

# 第十章 博物馆与主题公园导游

**引言**

随着生活水平及游客旅游经验的不断积累，人们的文化、创意、娱乐等需求在旅游中的占比越来越高。在此背景下，现代博物馆的类型越来越多，到博物馆参观游览能让游客全方位地享受知识的盛宴，既能验证书本所学知识，又能开阔视野。进主题公园体验、娱乐给游客带来的不仅是快乐，更有对文化创意的启示。博物馆与主题公园讲解要求导游既要有厚重的文化修养做支撑，还需掌握传递知识的途径，带游客在学中玩，在玩中学。

**学习目标**

1. 熟悉博物馆的概况和基本功能，掌握博物馆导游的基本要领，熟练地进行博物馆导游讲解。

2. 了解主题公园的基本概况，熟悉主题公园导游的基本要领。

**教学建议**

1. 教师在课堂上分析博物馆和主题公园设计建设的基本要求，介绍相关特点和旅游功能。

2. 选择当地博物馆进行现场教学，带领学生利用休息日或假期在博物馆提供志愿者导游服务。

## 第一节 博物馆与博物馆讲解

文化包括物质和精神两个方面，精神方面的内容常以“物”的形式来表达，博物馆就是这种物化的一种体现。博物馆是对物质文化和精神文化的实物、标本、模型和其他实物资料搜寻研究、陈列宣传、展出示范和科学研究的机构，也是具有保护收藏职能的文化教育机构，以实物标本和辅助陈列品的科学组合，展示社会、自然历史与科学技术的发展过程和规律，或某一学科的知识，是进行历史教育的“社会课堂”，是人们了解自然瑰宝和古今文物的“艺术殿堂”。从 1977 年开始，每年的 5 月 18 日被定为世界博物馆日。博物馆就像一位见证者，默默矗立于史籍一旁。

据传，公元前 283 年在古埃及托勒密王朝首都亚历山大城的宫殿里建立了一座科学和艺术中心，其中的缪斯庙存放着亚里士多德自世界各地收集到的珍品，如天文仪器、医疗器皿、哲学家的雕像和象牙等。这个收藏珍品的缪斯庙的功能与现代博物馆很接近，被认为是世界上第一座博物馆，这也是英文中称博物馆为“Museum”的原因。但古不同今，缪斯庙更应该被看作是博物馆的“雏形”，现在人们公认文艺复兴时期英国牛津大学的阿什莫林博物馆（Ashmolean museum）为第一座真正的博物馆。

我国的现代博物馆始于张謇创立于 1905 年的南通博物苑，我国最早的国家博物馆是成立于 1912 年 7 月的历史博物院（中国历史博物馆的前身），其后为 1914 年在北京故宫的前部建立的古物陈列所和在后部建立的故宫博物院。1925 年，故宫前、后两部合并，称为故宫博物院。中华人民共和国第一座博物馆是 1949 年创建的东北博物馆，1959 年改称辽宁省博物馆。

## 一、博物馆的功能与分类

### （一）基本属性与功能

博物馆以展现自然界与人类社会的发展规律和现象为宗旨，具有反映社会发展、社会生活深度和广度的作用，并且通过具体的实物和生动的艺术品展示给游客。早期博物馆主要发挥收藏文物、科学研究和社会教育三大基本功能，通过直观、形象、具体、系统的方式在传播文明、传播知识方面发挥着较大的作用，被人们誉为“立体的百科全书”“实物的图书馆”“民族记忆的殿堂”。

关于博物馆的性质，各国都有相关的规定。美国博物馆协会认为：博物馆是收集、保存最能有效地说明自然现象及人类生活的资料，并使之用于增进人们的知识和启蒙教育的机关。《苏联大百科全书》提出：博物馆是征集、保存、研究和普及自然历史标本、物质及精神文化珍品的科学研究机构、科学教育机构。日本的《博物馆法》规定：博物馆是收集、保存、展出有关历史、艺术、民俗、工业、自然科学等资料，供一般民众使用，同时进行为教育、调查研究、启蒙教育等所进行的必要的工作，并对这些资料进行调查研究的机关。我国对于博物馆的认识存在一个逐步深入的过程，对博物馆的定义也有过多次修改。20 世纪 30 年代中期，我国博物馆协会认为：博物馆是一种文化机构，不是专为保管宝物的仓库，是以实物的论证而做教育工作的组织及探讨学问的场所。中华人民共和国成立后，我国对博物馆的定义进行了两次讨论和修改，直到 1979 年全国博物馆工作座谈会通过的《省、市、自治区博物馆工作条例》中才明确规定：博物馆是文物和标本的主要收藏机构、宣传教育机构和科学研究机构，是中国社会主义科学文化事业的重要组成部分。博物馆通过征集收藏文物、标本，完成以下任务：进行科学研究；举办陈列展览；传播历史和科学文化知识；对人民群众进行爱国主义教育和社会主义教育，为提高全民族的科学文化水平，为中国社会主义现代化建设做出贡献。

随着社会文化和科学技术的发展，博物馆的数量和种类越来越多，在其专属的领域里发挥着不可替代的作用。归纳起来，现代博物馆包含了搜集、保存、修护、研究、展览、教育、娱乐及（文创）产品设计八项功能。其中，前四项是内向的保护与研究功能，后四项是外向的，体现了社会功能，是与旅游结合得最紧密的内容。现代博物馆的功能以教育推广为重要目标，服务民众。在展示的目标上除了介绍知识外，还要求能引发观众的美感经验。

### （二）主要类型

现代博物馆在形态上包含建筑物、植物园、动物园、水族馆、户外史迹、古城小镇博物馆、长期仿古代生活展示（民俗村）等，同时视听馆、图书馆、表演馆、档案资料馆等皆可纳入。

西方国家一般把博物馆划分为艺术博物馆、历史博物馆、科学博物馆和特殊博物馆四类。艺术博物馆包括绘画、雕刻、装饰艺术、实用艺术和工业艺术博物馆，也有把古物、民俗和原始艺术的博物馆包括进去的。有些艺术馆还展示现代艺术，如电影、戏剧和音乐等。世界著名的艺术博物馆有卢浮宫博物馆、大都会艺术博物馆、国立艾尔米塔什博物馆等。历史博物馆包括国家历史、文化历史博物馆，在考古遗址、历史名胜或古战场上修建起来的博物馆也属于这一类。墨西哥国立人类学博物馆、秘鲁国立人类考古学博物馆是著名的历史博物馆。科学博物馆包括自然历史博物馆，内容涉及天体、植物、动物、矿物和自然科学，实用科学和技术科学类的博物馆也属于这一类。英国自然历史博物馆、美国自然历史博物馆、巴黎发现宫等都属此类。特殊博物馆包括露天博物馆、儿童博物馆、乡土博物馆，乡土博物馆的内容涉及当地的自然、历史和艺术。著名的特殊博物馆有布鲁克林儿童博物馆、斯坎森露天博物馆等。

国际博物馆协会将动物园、植物园、水族馆、自然保护区、科学中心和天文馆以及图书馆、档案馆内长期设置的保管机构和展览厅也都划入了博物馆的范畴。

我国博物馆可划分为社会历史类、文化艺术类、自然科学类、综合类四种。

1. 社会历史类博物馆

社会历史类博物馆是指以研究和反映社会历史的发展过程、历史上的重要事件和重要人物等为主要内容的博物馆。此类博物馆以历史的观点来展示藏品，主要涉及历史、动态、文物藏品、文物照片和专业书籍介绍，是人们认识和了解社会历史的有效途径。它又可分为四个亚类：历史考古博物馆，包括通史、断代史、地方史、专史、历史遗迹、古陵墓、庄园等；革命史博物馆，包括全国或地方的革命史、革命军事史等；纪念类博物馆，即纪念重要的历史人物和重要的历史事件的博物馆；民族、民俗博物馆，涉及民族史、少数民族历史遗迹等，是反映某一地区人民的风俗习惯、生产、生活、文化的博物馆。

2. 文化艺术类博物馆

文化艺术类博物馆主要展示藏品的文化、艺术和美学价值。具体内容包括绘画、书法、工艺美术、文学、戏剧、建筑等。

3. 自然科学类博物馆

自然科学类博物馆是以自然界和人类认识、保护和改造自然为内容的博物馆，包括自然博物馆和科学技术类博物馆两个亚类。自然博物馆包括一般性的自然博物馆(如各地自然博物馆)、专门性的自然博物馆（如天文、地质、生物等）和园囿性的自然博物馆（如动、植物园，水族馆，自然保护区等）。科学技术类博物馆包括科学技术博物馆（如现代科学技术和工农业、国防、交通等）和科学技术史博物馆（如古代科学成就）。

4. 综合类博物馆

综合类博物馆是兼具社会科学和自然科学双重性质的博物馆。综合类博物馆综合展示地方在自然、历史、革命史、艺术方面的藏品，是人们认识和了解地方自然、历史、文化的重要途径。我国知名的综合类博物馆有南通博物苑、山东省博物馆、湖南省博物馆、内蒙古自治区博物馆、甘肃省博物馆等。

除此之外，随着科技的发展，博物馆进入多元化发展阶段，大批融合了现代科技展览形式的博物馆涌现，主题公园、数字化馆等形式渐渐成为博物馆发展的新途径，未来博物馆的发展还会有新惊喜。

## 二、博物馆导游讲解

博物馆的属性决定了博物馆具有公益特点，在旅游中具有鲜明的优势。博物馆是文化历史、科学技术、文学艺术等最集中的地方，承载的知识信息无论是质还是量都是其他游览点无法比拟的。博物馆导游讲解对导游的知识量及讲解技能的要求极高。

### （一）导游员的知识要求

1. 系统知识储备

博物馆藏品中都蕴含着丰富且浓厚的文化，整体涉及广泛的信息，具体到展品又暗含了深度知识。如果导游仅进行直观讲解，如“这是什么”“那是什么”，就会失去导游讲解的意义。游客参观博物馆不仅要看实物，知道它是什么，更重要的是想要了解为什么，希望了解展物背后的信息、故事等。参观博物馆的游客都具备一定的知识素质或已具备了相当的知识水准，因此，导游要系统学习相关知识，不仅要做到广而博，还要做到精且深，讲解要有系统、有深度。

2. 熟悉馆藏和陈列品，成为“行家”

对于博物馆讲解，导游要成为“行家”，所谓行家是指“外行看我们很内行，而内行看我们不外行”。导游要学习、研究、解决“懂行”的问题，这种学习与研究的目的很明确（为导游讲解），带有明显的针对性，并非进行学术或科研考证，应该更多地利用好专家学者们的研究成果，把这些成果转化为导游语言进行讲解。

3. 了解博物馆解说的发展趋势

博物馆导游讲解有相对的定型性，即在一段时间内，针对某一组、某一件展品，讲解的基本内容可以完全相同。现在有不少博物馆已开始利用现代技术手段为游客提供可自控的电子导游讲解。还有不少博物馆注意到随着旅游业的介入，应该发展参与性、娱乐性项目，故而充分利用现代声、光、电子技术把原来的静态展览变成了动态展览，变成了观众可以参与活动的实验性展示。了解博物馆的发展现状和趋势，对于导游员带领旅游者更好地参观博物馆有积极作用。

### （二）讲解技能的要求

1. 知识性与趣味性并重

博物馆藏品往往蕴含着博大精深的学问，如自然界中一块普通的石头，到了地质博物馆里，也许它就是某一地区地质历史最典型的代表，其中可能有微体化石、有矿物质、有反映当时古地理古气候的结构构造，甚至它还可能是古人类打磨过的一件石器。所谓慧眼识真金，只有行家才能看出其价值。导游讲解不能停留在“死记硬背”的水平，在注重增加讲解知识含量的同时，一定要同样注重讲解的趣味性，导游词绝不是简单地重复科研人员的成果报告，不要一强调知识性，就陷入授课式或报告式的长篇讲演的误区中。要用形象生动、幽默风趣的语言把枯燥平淡的知识包装在其中，采用丰富多彩的方式表述，如突出重点法、问答法、悬念法等，让旅游者感到参观博物馆既能增长知识，也充满了乐趣。

2. 客观讲解，借题发挥

博物馆的展品是具体的实物和生动的艺术品，展品本身体现了较强的客观性。导游员在讲解时，要根据展品实物有针对性地进行讲解，切忌偏离具体的客观对象进行天马行空式的讲解。在具体导游讲解方法上，特别是在运用虚实结合法时，一定要把握住一个“度”，任何讲解形式都必须以客观的对象为依据，要放得开、收得住、回得来，同时要注意游客的接受能力和时间的安排。

3. 深入浅出，通俗易懂

博物馆的藏品和展出品都具有较高的学术价值，藏品自身蕴藏着深奥的科学道理和人文内涵，体现出特殊的教育功能。导游讲解时注意使用“导游语言”，要把深奥的科学道理或人文精神用游客能够接受或愿意接受的语言进行讲解，引导游客寻找、发现、审视展品的美之所在。

### （三）讲解程序

博物馆类型繁多，不同主题的博物馆在具体导游解说中应有各自的特色，但具体的参观和游览程序基本一致，导游应结合各类展品（包括实物、图片等），有序、灵活、有针对性地为游客进行导游讲解。

（1）针对主题进行概述性介绍，即用简练的语言对将要参观的博物馆的基本情况做简要解说，让游客了解所参观博物馆的基本概况，把握参观游览的节奏。主要内容包括博物馆的位置、面积、特点、展室分布、发展历史等。在参观过程中，导游可通过与游客的交流，掌握游客对展品及相关知识的了解程度。

（2）根据参观的主题、重点和目的及所需时间等设计参观路线并维护秩序。

（3）开始参观后，导游要向游客介绍观赏和审美的方法，进行知识的铺垫并提出相关要求。入博物馆后可直观讲解展示实物，引导参观者仔细赏析展物，如形状、大小、特点等；若以图片展示，则应介绍图片的来龙去脉、具体体现内容等。导游要注意选择观赏的距离、位置和角度，考虑讲解介绍内容与游客自我体会的关系和时间的搭配。

（4）展品讲解内容建议。以实物为依托，讲解介绍各种自然现象、实物所产生的社会文化的影响等，更重要的是展示物所包含的自然、人文科学方面的内涵及延伸影响。

① 展示物的名称。讲解时注意语言及用词要标准，要合乎科学规范，对比介绍科学称谓和俗称。

② 展示物的历史。包括来源、形成背景、发掘历史等。

③ 在特定范围内所具有的地位。如在科学、研究、审美、文化、历史等领域的地位。

④ 实用功能分析。

⑤ 科学研究的价值与内涵。

⑥ 艺术特点及价值。

⑦ 形成过程或制作工艺，从科学的角度讲解展示物的成因、性状、功能等。

⑧ 造型、装饰的文化含义及文化衍生。

⑨ 所承载和包含的特定文化与历史事件及影响意义。

⑩ 观赏特点及娱乐效用。

（5）对游客进行科普教育及保护自然、生态环境等方面的教育，在讲解中可灵活运用多种导游讲解方法，激发游客的想象思维，触发游客的参与动机，增强与游客的交流。

（6）总结。

**【讲解示范】**

## 博物馆之陶器的发展

1. 概念导出

陶器是人类文明发展的重要标志，它是人类第一次利用天然物按照自己的意志创造出来的一种崭新的东西。先民们把黏土加水混合后制成各种器物，干燥后经火焙烧产生质的变化形成陶器。它揭开了人类利用自然、改造自然的新篇章，具有重大的、划时代的意义。陶器的出现标志着新石器时代的开端。

2. 发展进程（案例式）

（1）彩陶：发现于河南省新郑县的“裴李岗文化”遗址和河北省武安县的“磁山文化”遗址。出土的陶器带有一定的原始性，它们均为泥质红陶和夹砂红褐陶。质地疏松，烧成温度在900℃左右，器物主要以碗、罐、壶、钵、鼎、三足器为主，装饰有印纹、划纹和蓖点纹等简单的纹样。彩陶上的动物纹饰主要是鱼纹、蛙纹和兽纹，人物纹饰，植物纹饰，等等。

（2）黑陶：龙山文化与黑陶。黑陶有“黑如漆，薄如纸”的美称。其制作工艺特征是所取陶土经淘洗，采用陶轮制坯，胎薄而均匀，晾干后入窑以1 000℃左右的高温来烧，在烧窑的后期加进适量的水，使窑内产生大量的浓烟，烟中的碳粒黏附在器物的表面上，渗入坯体的孔隙，烧成的陶器便呈黑色。黑陶中最精美的产品是采用快轮制坯的黑陶器，它既薄又光亮，被称为“蛋壳陶”。薄如蛋壳的高柄杯是龙山文化制陶工艺达到很高水平后的代表作。

我国新石器时期，在黄河流域、长江流域等地都有新石器文化遗存，构成了当时的人类文明。而属于裴李岗文化、磁山文化、河姆渡文化的红陶，属于仰韶文化、马家窑文化的彩陶，属于龙山文化的黑陶和灰陶，等等，都体现了中华民族先民的聪明才智，代表了新石器时代文化发展的成就。1961年的《新中国的考古收获》介绍，新石器时代文化遗址分布很广，总数在3 000处以上。虽然当时各地发展是不平衡的，但其内涵是一脉相承的。

（3）原始陶器发展。商、周时代，生产力的提高和经济的发展促使社会分工更细，制陶不仅成为独立的行业，而且制作工艺逐渐达到较高的水平。制陶方法由新石器时期的手捏法、泥条盘绕法发展到轮制法。这一时期以生产灰陶为主，后期生产多为白陶和印纹陶，其中白陶最具代表性。经鉴定，白陶的化学成分很接近制瓷的高岭土。烧成后，器物表里均呈白色，质地坚硬，造型与修饰借鉴了同期青铜器艺术，庄重精美，极富艺术性，在当时就很名贵。商代的建筑已经开始使用陶制水管和建筑用瓦，至于陶制工具更是被广泛使用。如捕鱼网用的陶坠，狩猎用的陶弹丸，纺织用的陶纺轮，制造青铜器用的陶范、陶模等。“陶器”一词的含义也远远超过器皿的范围，甚至还另立门户，自成一个系统，如专为随葬制作的“明器”便是如此。明器即“神明之器”，并称“冥器”，它是人类信仰的产物，即活着的人相信死者的灵魂是不会消灭的。人死后必将在另一个世界里重新恢复生活，因而人们把死者生前使用过的或者喜欢用的东西照样仿制出来，埋在坟墓里。

西周是印纹硬陶发展的兴盛时期。硬陶比一般陶器的胎质坚硬，已基本接近原始瓷。胎色呈紫褐、黄褐或灰褐色，装饰时用模具将纹样在器物表面拍印，大多是云雷纹、波浪纹、回纹、夔纹、折曲纹等几何纹样。因其坚固，用途较广，大多数为储藏器，如瓮、罐、盆等。西周至战国时期，这种印纹陶器盛行于长江下游地区和福建、台湾、广东、广西等地区。

（4）制陶业的出现。秦、汉时期，制陶的生产规模及产品数量、质量都超过前代。这一时期是我国陶瓷发展史中一个重要时期，也是社会经济、文化、历史的重要变革时期，出现了陶仓、陶社、陶楼阁等与社会生活密切相关的各种陶器和各种仿实物的人俑、兽俑、技乐俑等。而这一时期最具特色的当属“秦砖、汉瓦”，砖的质地严实坚密，素有拾秦砖为砚的说法。汉代以用瓦精美而闻名，有青龙、白虎、朱雀、玄武四神瓦当和植物、鸟兽、昆虫和文字瓦当等，其造型浑朴大方，变化无穷，令人赏心悦目。

汉代铅釉的烧制成功是陶瓷史中的光辉一页，它为后世的“唐三彩”及明、清彩瓷的问世开辟了道路。

（5）瓷器的出现。三国、两晋、南北朝时期，随着社会经济的发展和科学技术的进步以及新材料的不断出现，加之本身具有的某些不可克服的缺点，陶器慢慢地失去了昔日的重要地位，取而代之的是与它“本是同根生”的瓷器和另外几种陶土或釉料的发现和使用，如类似玻璃的琉璃、低温铅釉的釉陶和紫砂陶器等。

陶器在隋唐时代——承继前代衣钵又有独特的创造，在衰落很长一段时间后，彩陶工艺有了新气象。隋代仅三十余年，但在陶俑塑形上的表现较为出色，女俑窄袖长裙，身体修长；男俑广袖长袍；武士俑张口怒目，威风凛凛。其中有些陶俑已开始上釉以代替彩绘。动物塑形亦生动可爱，马和骆驼的形象刻画得较为真实，动作协调，神态逼真，而且出土数量较多。

（6）唐三彩与琉璃器。唐三彩是在汉代“低温铅釉”和隋代以前的“青瓦陶胎粉彩”和“单色釉彩”的基础上发展起来的。唐三彩属于低温釉陶系统，以造型生动、色泽艳丽、气息生动浓厚闻名于世，代表着盛唐时代的雄奇典雅、雍容华贵。所谓三彩，实际上是多种颜色，主要有黄、白、绿、红、褐、蓝、黑等色，因其以黄、绿、白（又一说以黄、绿、蓝）为主色，故称三彩，因创烧于唐代故名唐三彩，盛行于洛阳、西安一带。

宋、元、明、清的陶器制品中还有一种琉璃器，早在战国时就已经出现，在隋唐时期和辽代较为流行，至明代使用更为普遍。始建于北宋仁宗年间的开封开宝寺塔，因塔身全部用褐色琉璃砖砌成，远看似铁色，故人们又称其为铁塔。琉璃是以铅硝为助熔剂烧成的色釉陶。公元4世纪初，铅釉用于建筑，称为“琉璃”，用于宫殿建筑上的有琉璃瓦、琉璃兽、龙虎、武士等。元、明、清时代还烧制了带纪年的琉璃香炉、牌坊、照壁、楼阁、神龛等，尤以清代雕制于北京故宫、北海的九龙壁最为著名。

导游讲解时应把握瓷器与陶器的区别：陶器的胎料是普通的黏土，瓷器的胎料是瓷土，即高岭土（有的是用石英或长石和莫来石经粉碎成末状为胎料）；陶器的烧成温度一般在900℃左右，瓷器需要1 200℃～1 300℃才能烧成；陶器不施釉或施低温釉，瓷器则多施釉；陶器由于胎质粗松，断面吸水率高，瓷器则经过高温焙烧，胎体坚固致密，断面吸水率不足1%或不吸水，敲之会发出清脆的金属声音。

# 第二节　主题公园导游

## 一、主题公园概述

主题公园（Theme Park）是为了满足旅游者多样化休闲娱乐需求和选择而建造的一种具有创意性游园线索和策划活动方式的现代旅游目的地形态。①在一般游客眼中，旅游主题公园就是一种人造景观、游乐园。

### （一）主题公园的起源

主题公园是现代人创造的一种娱乐形式，已经有五十多年的历史。旅游主题公园起源于游乐园。由于旅游业的迅速发展和科学技术的日益先进，现代人造景观越来越多。高科技的融入使得它的种类日益翻新，出现了像缩影公园、梦幻世界、历史街区、小人国、艺术宫、蜡像馆、电影城等众多形式的主题公园。凡是人们所能想到的、高科技水平能够达到的，都在主题公园中充分展示了出来。

人们通常认为主题公园起源于现代西方发达国家，一般将第二次世界大战后荷兰的马都拉丹"小人国"作为开端，将美国的迪士尼作为成功的典范。

我国主题公园的开发始于 1979 年建成并开放的香港"宋城"，它是香港亚洲电视台总经理邱德根先生集资 1 500 万港元、模拟《清明上河图》的场景建成的。此后，台湾自 1983 年起也建立了亚哥公园等一系列主题公园。20 世纪 80 年代末，主题公园出现在我国大陆。

### （二）主题公园的功能

主题公园的产生使旅游业有了新的旅游资源，主题公园已成为现代旅游业举足轻重的部分。主题公园充分利用现代科学技术和手段，按某一个主题或多个主题，将历史的、异域的、现实的、想象的等各种可能富有吸引力的自然或人文现象融合起来，它是具有鲜明特色的，以娱乐、消遣、增长知识等为目的的现代人造景观。

主题公园对游客的吸引力和震撼力来自创意性游园线索和策划活动方式。游人可以通过浓缩的、艺术化的人文景观和园林生态景观，在现实、过去甚至未来的世界里穿梭，体验梦幻般的感觉。

## 二、主题公园的特点与分类

### （一）主题公园的特点

1. 主题策划的创新性

主题公园最显著的特点就是主题策划的创新性。主题是旅游主题公园形成鲜明特色和

① 董观志．旅游主题公园管理原理与实务．广州：广东旅游出版社，2000：15.

独特个性的灵魂，也是影响游客休闲娱乐选择方向的基础魅力。导游应该掌握所游览主题公园的中心主题和各项附加主题，在游览线路的安排和具体的景物讲解中要围绕主题来展开，突出重点，为游客留下深刻的印象。

2. 景观环境的虚拟性

景观环境是旅游主题公园营造独特旅游氛围的关键。主题公园的景观环境具有极强的整体性、连贯性和复杂的功能性。旅游主题公园是游客的游乐空间和情感体验对象，是一个非日常的舞台化世界。导游可以充分利用主题公园独特的环境氛围，通过自己精心编排的路线、卓有成效的讲解内容组合，配合“与众不同，别出心裁”的导游艺术和有节奏、有情调的导游语言，在虚拟的环境氛围中最大限度地使游客感受“实景”的存在，以赢得游客的共鸣、认同和喜爱。在导游方法的运用上，要突出游客与导游间的交流与沟通，在游览方式上强化参与性、娱乐性。

3. 产品性

主题公园是纯商业性的人造景观，大多是由企业投资筹建的、以赚钱为目的的游乐场所，它往往要利用各种商业手段和技巧来赚取利润。因此，对于企业来说，主题公园就像企业众多产品中的一个，一经投放市场，就要受到市场的考验，就会具有进入、发展、成熟、衰退等产品的生命周期规律。

4. 目标市场的层次性

不同主题公园具有明显的市场形象和对游客的感召力，由此产生了客源市场结构层次。同时，不同主题的主题公园需要通过不同的技术手段和资金投入来建设，因此理所当然地产生了品位和成本的差异性。

5. 大众性与娱乐性

主题公园是一种满足游客多样化休闲娱乐需求和选择的现代旅游景区，在功能设计、审美设计上力求符合大众求新、求奇、求异的心理，更追求一种轻松、快乐、热闹的氛围，这非常符合各种年龄阶段、各种层次人们的需求。近年来，随着旅游热升温，人们在旅游上所表现出来的行为总是有点儿“一窝蜂”。拥有一份轻轻松松的生活、追求一种轻轻松松的娱乐方式是现代人的普遍追求，主题公园的出现迎合了这种旅游趋势。大众消费的“群体效应”迫使主题公园与传统旅游目的地相比，更注重在大众传媒中的形象塑造。

同传统园林更注重欣赏性相比，主题公园则追求更强的娱乐性。它利用一些现代的高科技设施带给人们兴奋感、刺激感，并力求老少皆宜，让各类型的消费者自然而然地参与进来。娱乐性是主题公园的重要特征。

6. 艺术性

主题公园同园林一样，要在一个有限的空间内表现一个或多个主题。如何更充分地利用空间、更有力地展示主题就成为一个非常重要的问题。主题公园不同于园林，利用有限的空间发挥更高的艺术性、利用别出心裁的设计带给投资者更高的利润是公园设计者的最终目的。因此，主题公园在深刻挖掘主题的同时也十分重视在艺术上带给人们的享受。导游讲解时，要把握住新、奇、乐的游客动机要求，同时做好安全提示。

7. 主题活动的多样性

主题活动是旅游主题公园的活力源泉。旅游主题公园提供的主题活动的多样性主要由活动形式的多样性、项目的多样性、接待服务的多样性等多方面决定。

### （二）主题公园的类型

主题公园从不同的角度可以划分为不同的类型，目前的划分方法主要有：根据主题公园所在的位置来划分，可分为城市主题公园、城郊主题公园、海滨主题公园等；根据主题公园的主要功能划分，可划分为静景观赏型、动景观赏型、艺术表演型、活动参与型、项目挑战型等旅游主题公园；根据主题公园的造园原理，可分为园林类主题公园和非园林类主题公园；根据主题公园的表现形式划分，可分为室内或室外主题公园，或地上、地下主题公园等；根据内容可分为人文和自然两大类；其他还可以根据规模、投资性质、客源市场、管理方式和科技含量等方面划分。在导游服务和讲解中，导游员可根据游客的具体情况来介绍主题公园的类型。常见的人文类旅游主题公园有以下几种。

1. *以文化为主题的旅游主题公园*

这一类型的主题公园着眼于展示一种文化，让游人在有限的空间和时间内了解一种或多种文化，具有较强的文化性。它又分为以异国文化为主题的，像日本的“希腊王国”“荷兰村”，中国深圳的“世界之窗”、北京的“世界公园”等；以民族文化为主题的，像美国的迪士尼世界、“美国大街”，中国深圳的“中国民俗文化村”和“锦绣中华”，日本的“明治村”等；以地方历史文化为主题的，像美国迪士尼世界的“拓荒者”，中国北京的“老北京”、无锡的“吴文化公园”等。具体还可以分为：观光风情型主题公园，如北京的世界公园、中华民族园，云南民族村，河北吴桥杂技大世界，等等。

导游员在讲解以文化为主题的主题公园时，要突出“文化”二字：第一，要让游客对公园产生的文化背景有一个全面的了解和认识；第二，突出文化主题；第三，展示与主题相关的民俗；第四，进行主题文化的延伸讲解。

2. *以科学技术为主题*

这种类型的主题公园往往采用现代先进的科技手段制造颇为现代化的景观和娱乐设施来满足人们求新、求奇的心理，具有较强的娱乐性，如美国迪士尼世界的“明日世界”，中国台湾的“大同水上乐园”、上海的“太空城”，日本的“读书园”等。典型代表有地质主题公园、动物主题公园、云南石林地质公园、丹霞山地质公园、张家界地质公园、五大连池世界地质公园、嵩山地质公园等。

3. *以童话世界为主题*

如美国“迪士尼世界”和“奇幻王国”、日本东京“迪士尼乐园”、中国台湾的“小人国”等。

4. *以历史人物为主题*

如中国北京“太皇城”、河北“秦皇宫”等。导游员讲解时要强调和突出科技性，尽可能使用现代化手段作为辅助工具；活动安排要注重参与性，引导游客体验“人工特异环境”。

### （三）主题公园的组成要素

1. *游乐设施*

游乐设施是主题公园内最基本也是最重要的组成内容。为了延长主题公园的生命周期，主题公园常利用高新技术不断更新游乐设施，提高游乐设施的多样性和娱乐性。

2. 商业设施

一个好的主题公园应该以娱乐项目为主体，带动配套设施的发展。人们在园内既可以娱乐，也可以享受购物等带来的乐趣。

3. 服务设施

除了游乐设施和各种商业设施，完善的后勤服务设施和技术服务设施也是主题公园必不可少的硬件条件。如迪士尼乐园的各种服务设施，包括存物处、失物招领处、婴儿中心、迷失儿童招领和问讯处、婴儿车出租中心、医疗中心、残疾人服务等；奥兰多的迪士尼乐园还专门花费了近 2 000 万美元修建了地下废弃物处理系统，以处理公园每天产生的大量垃圾、废水等废弃物。

## 三、主题公园导游要求

主题公园类型繁多，涉及面较广，导游员要为游客导游讲解好主题公园就必须具有丰厚的知识底蕴，除应掌握一般规范性常识外，针对旅游主题公园，还应该：第一，掌握相关旅游主题公园的基本知识；第二，重点、全面掌握与公园主题相关的基本知识，要有一定的深度，如导游杭州宋城要对《清明上河图》了如指掌，同时应该是宋史“专家”；第三，掌握与主题公园相关的衍生知识，即强调知识的广度；第四，掌握与主题公园建设相关的科技常识；第五，掌握各种娱乐设施的使用常识及安全知识，特别是针对一些运用高科技手段的游乐园。

### （一）技巧与技能

1. 语言选择与主人翁态度

主题公园在一定的范围内，通过人工建设，造就了一种特殊的文化现象，而“再造”的景物、景观往往又有其“原作”为对照。因此导游在讲解中应特别注意以客观现实为依托，注意宏观与细节的讲解选择。由于空间有限，在讲解中，借景抒情、借题发挥、对比讲解等方法运用得较为广泛。在讲解中，语言的生动性更加重要，由于景物的“人造”特性会使游客感到有些“假”，而要使游客感受“真实”，就需要导游员巧妙的知识运用技巧及生动有趣的语言表达能力，这会对游客游兴的激发和知识的传授起到重要的作用。

游客对主题公园的期望值相对较高，同时由于主题公园景观、景物的分布密集程度较高，在讲解中常遇到知识跨度较大、不同游客对相同旅游主题公园的感受差异较大等问题，因此导游员在实地导游时应提高自身导游技巧和技能，如：大跨度知识的衔接技能；各类基本常识的综合运用技巧；各类游乐设施的运用技能；等等。

在为游客导游讲解主题公园时，无论导游员自身的隶属关系如何，要做好一名导游，必须树立主人翁的意识，要把游客所游览的主题公园看成自己的“家”，要爱游客正在游览的主题公园，创造性地为游客提供导游服务。主题公园的生存需要游客的支撑，导游员在实际工作中应通过自己优质的服务、生动有效的讲解培养游客对旅游主题公园的“忠诚度”，为旅游主题公园培养一批“老朋友”并预备广泛的“新朋友”。

2. 审美引导与形象识别

主题公园向游客展示的“美”有别于其他旅游景观。它表现的主要是“人工美”“氛围美”和“表现美”。在具体赏析某个“人工造景”时，要理解它不仅包含了其原型自身含有的美学特征，还添加了在“仿造”或“创造”过程中反映出来的美。导游员在引导游览、娱乐及导游讲解过程中，要把各种“原生美”和“创造美”有机结合，引导游客赏析与参与，通过点、线、面游览、娱乐的综合为游客营造出一个鲜明的旅游主题公园的无形的“形象识别”框架，加深游客的印象。

### （二）讲解要求

1. 突出主题

所有主题公园都有一个主题，或一个主题兼有几个副主题，因此，在导游过程中，导游员必须明确主题。例如：杭州宋城的主题是再现宋代历史；云南民族村的主题为展示云南多民族文化特色；深圳世界之窗让人们不出国门周游“世界”；等等。导游员的知识辐射应围绕主题进行。

2. 强化娱乐

主题公园的建设宗旨就是通过人工创造，向人们展示一个特色文化娱乐地点。人们进入公园就是为了愉悦身心，因此，在讲解中，导游应尽可能地避免生硬的“文化”灌输。

3. 注重参与

为了让游客愉悦身心，主题公园中往往设立了较多的游客参与项目，导游员要了解项目的内容、程序、特色等，以便带领游客参与娱乐活动。

4. 传播文化

我国的主题公园一般都有一定的文化内涵。导游员在讲解中要有针对性地以游客的参观对象或参与项目为依托，引导出特色文化，向游客传播优秀文化。

5. 安全提示

主题公园特别是主题游乐园中常有大型游乐设施，主题公园中也会设计一些娱乐项目供游客体验，如有游客参与这些项目，导游一定要提醒游客根据自己的身体条件和承受能力选择项目，更要注意提示安全事项。

## 本章小结

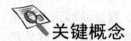

博物馆和主题公园旅游是近年来很受游客欢迎的旅游项目，它们都是知识与娱乐结合的旅游点，皆有相对固定的游客群体，导游要能根据游客的需要引导游览、精心解说。

## 关键概念

博物馆　主题公园

## 课堂讨论题

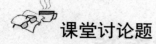

1. 在博物馆旅游活动开展过程中遇到的问题和解决办法。
2. 博物馆游览、审美和导游讲解与其他旅游景区（点）有何异同？
3. 讨论博物馆和主题公园导游讲解的要求。

## 复习思考题

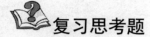

1. 我国的博物馆是如何分类的？
2. 旅游主题公园有哪些特点？针对这些特点导游员应该怎么办？
4. 主题公园的讲解要求及内容有哪些？
5. 模拟撰写博物馆或主题公园导游词。

# 第十一章　城市旅游、工业旅游、乡村旅游与导游服务

引言

城市是一个区域的中心，往往是当地行政、文化、教育、交通的中心，也是旅游目的地的游客集散地，为游客提供类型多样的文化、住宿、娱乐、餐饮等服务，而城市景观是游客观光的主要对象。在全域旅游理念下，依托城市及周边区域开展的工业旅游、农业旅游及乡村旅游是旅游目的地的特色旅游产品，对游客的吸引力日益提升。

学习目标

1. 熟悉旅游城市和城市旅游的基本概念，掌握城市旅游导游的基本要求。
2. 了解工业旅游、农业旅游的基本概念及导游服务与讲解的要领。
3. 掌握乡村旅游的游览要求及导游服务讲解的要求。

教学建议

1. 教师在教学中通过对概念的分析帮助学生把各类知识系统化，形成全域旅游的理念。

2. 指导学生查阅资料，通过讨论等方式归纳总结城市旅游、工业旅游、农业旅游及乡村旅游的特征及导游讲解的要求与内容。

## 第一节　城市旅游与导游服务

### 一、城市的形成与特征

城市是人类走向成熟和文明的标志，是人类群居生活的高级形式。法国地理学家潘什梅尔（P.Pinchemel）曾经感叹“城市现象是一个很难下定义的现实：城市既是一个景观、一片经济空间、一种人口密度；也是一个生活中心和劳动中心；更具体点说，也是一种气氛、一种特征或者一个灵魂”。城市是人类文明的主要组成部分，是伴随人类文明与进步发展起来的。农耕时代，人类开始定居，伴随工商业的发展，城市崛起，城市文明开始传播。城市往往是一个地区的交通枢纽，是经济文化中心；城市里的各类景观，特别是建筑景观是城市文化的承载物，记载着城市发展的历史沿革；居住在城市的居民是城市文化的传承者。因此，城市是集中展示地域文化的窗口，是人们了解一个地区社会经济发展、进出一

个区域的门户，是旅游者必到的目的地。

### （一）城市的形成

城市的形成无论多么复杂，不外乎两种形式，即因“城”而“市”和因“市”而“城”。我国古代的“城”和“市”是两个概念，“城”是指四面围以城墙、扼守交通要冲、具有防卫意义的军事据点。《管子·度地》中说：“内为之城，城外为之郭……”《吴越春秋》中说“鲧筑城以卫君，造郭以守民，此城郭之始也”。“市”是指交易的场所，而且还有大市、早市、晚市之分。《周礼·地官》中说：“大市，日昃而市，百族为主；朝市，朝时而市，商贾为主；夕市，夕时而市，贩夫贩妇为主。”“市”与“城”开始时并非聚于一体，随着社会的发展二者逐渐结为一体，成为一个统一的聚合体——城市。因“城”而“市”即先有城后有市，市是在城的基础上发展起来的，多见于战略要地和边疆。因“市”而“城”即先有市后有城，这类城市是社会经济发展的结果。无论哪种成因，城市的本质都是人类的交易中心和聚集中心。

### （二）城市的特征

城市的性质和发展规模取决于其基本职能。现代城市（City）已经不是“城”与“市”的简单结合，而是相对于乡村而言的一种大型永久聚落，是一个结构复杂、功能多样、巨大而开放的生态、社会、经济复合系统。

从景观角度看，城市是以自然要素为基础、以人为要素为主体的景观类型，具有较高的建筑密度，呈现明显的立体特征；从聚落角度看，城市是人口密集，具有统一、便利的生产生活基础设施，社会服务系统、产业、资金、技术、文化要素密集的聚落类型；从空间角度看，城市是面状空间、点状空间相结合的双重空间。

世界各国社会经济文化的差异导致尚未形成全球统一的城市界定标准，目前较有代表性的城市界定标准有四种：一是按行政地位界定，即把行政地位较高的的行政机关所在地确定为城市，目的是提高行政管理力度，印度、埃及、巴西等国用的就是这个标准；二是按人口数量与密度界定，如加拿大等；三是按非农业人口比例界定，荷兰等国采用的就是这个标准；四是按服务设施及水平界定，如菲律宾等用的就是这样的标准。我国城市的界定标准采用的是人口、经济和设施结合的综合标准。

## 二、旅游城市与城市旅游

城市与旅游的关系表现为一种互动共赢模式。一方面，城市为旅游发展提供了基础空间，城市本身就是典型的旅游目的地；另一方面，旅游的发展也促进了城市的发展，旅游在城市发展中的地位日趋重要，形成城市经济的增长极和扩散极，促进人居环境美化。城市是客源地也是集散型的旅游目的地，在促进文化发展，推动城市现代化、国际化发展方面发挥着积极的作用。

### （一）旅游城市

各个城市都有各自发展的沿革和历程，承载了特定的历史与文化，具有独特的个性。

目前世界上对旅游城市并没有具体的界定指标，某个城市是否能被称为旅游城市，取决于综合因素。世界上有许多历史悠久、资源丰富且品位高、文化丰富而独特、环境优美、设施完善、人民友好、社会经济发达的城市，对游客充满了吸引力，这样的城市被人们誉为旅游城市。旅游城市具有满足旅游者吃、住、行、游、购、娱等方面需求的能力，在大众心目中有比较稳定的整体形象。从旅游者的角度看，一座城市要成为旅游城市应具有良好的自然生态环境，独特而具有广泛吸引力的旅游资源，能满足当地居民及旅游者共同需求的公共服务设施，高质量管理、服务能力和水平，适宜的旅游文化氛围。

根据旅游功能可把旅游城市划分为观光旅游城市、历史文化旅游城市、娱乐旅游城市、商务会展旅游城市、餐饮旅游城市、购物旅游城市、度假旅游城市、民俗风情旅游城市、绿色旅游城市等。

根据城市规模、地理位置以及所具备的旅游资源及旅游功能，结合旅游发展的沿革，旅游城市可分为综合型旅游城市、转型旅游城市、特色旅游城市。

综合型旅游城市多为大城市，是区域的政治、文化、经济或交通中心，公共服务体系较为健全，具有较强的辐射功能。此类城市既是旅游目的地，又是一定区域内重要的客源地。

转型旅游城市为使旅游功能在城市内的特定区域集聚，在城市规划建设中有针对性地增加了旅游基础设施及特色旅游景区、度假区，这些区域及设施从城市总体背景中分离出来并伴随旅游活动的深入成为强化的旅游空间。

特色旅游城市具有城景一体化的特点，即城市就是一个大景区，文化独特、可开展的旅游活动类型多样，可进行全域游览，公共服务与旅游服务融合，公民旅游意识强，旅游产业在地方经济中占有重要地位。此类旅游城市根据主题可分为风景旅游城市、文化旅游城市、娱乐旅游城市、商务会展旅游城市、度假旅游城市等，典型的如黄山、桂林、珠海、丽江、景洪等。

### （二）城市旅游

以城市为旅游目的地构成的旅游产品及组织的旅游活动即城市旅游。由于城市是区域内各类要素最集中的地方，各类设施齐全，城市景观、文化特色及设施（如博物馆等）、城市历史、现代风貌、特色街区、文化社区、公共服务设施等都对游客具有吸引力，因此成为游客旅游活动之地。相应地，为游客在城市中的各类活动所提供的导游服务也应该是综合的、全方位的。

## 三、城市导游服务

### （一）基本要求

1. 熟知城市的旅游吸引系统

城市的旅游吸引系统包括物质和精神两个方面，以城市中的旅游区、旅游点为核心，以城市文化、民俗风情、历史风貌、文化机构、旅游设施及旅游服务水平等为要素组成。导游要熟知此系统中的各个要素，并将其融合到具体的服务及讲解中。

2. 掌握城市形象及旅游活动要素构成

游客对城市会产生先入为主的形象概念，这与城市的资源、历史文化、建筑风貌、社会经济发展水平、居民素养、宣传营销等内容有关。导游服务特别是导游讲解，在一定意义上就是帮助游客印证、体验形象的过程。城市形象中的物质内容可以通过参观游览实现体验，非物质内容则需要靠导游的讲解服务来实现。因此，导游需要全面掌握城市的吃、住、行、游、购、娱等内容。

### （二）服务程序

1. 排出清单

分析旅游城市能提供的城市旅游产品及旅游活动类型，根据城市的资源禀赋，梳理出城市的物质和非物质旅游吸引物并分级排出清单。

2. 列出计划

研究旅游接待计划，掌握旅游者的旅游动机及需求，梳理游客购买旅游目的地旅游产品中的旅游线路及合同中已明确的游览景区（点）。

3. 设计线路和项目

根据游客的时间安排，设计既能突出城市特点，又能满足游客个性需求的城市游览线路和体验项目。

4. 讲解服务

由于城市特别是中心城市在地方社会经济中具有引领作用，故各类文旅设施十分齐全，如各类博物馆、主题乐园、主题公园、休闲景区、城市CBD、休闲街区、美食街区等应有尽有。在我国，区域中心城市都有悠久的历史，有的本身就是历史文化名城，各类文物古迹、名人故居、历史事件遗迹广布。因此旅游城市能提供的城市旅游产品极为丰富，能满足不同层次游客的需要，如观光游览、文化体验、休闲娱乐、会议展览、商务交流、研学探奇、美食购物等。因此，导游讲解需要有层次，要把城市历史、城市个性、城市文化、民风民俗等内容与计划参观游览景区的内容有机结合，做到突出重点、突出特色、虚实结合。讲解方法要衔接自如、承上启下、个性鲜明、讲解自然，塑造出旅游目的地城市的立体形象，给游客留下深刻印象，为游客重游奠定基础。

（1）城市环境及发展沿革的讲解。城市的个性离不开所处的地理位置、环境及历史文化，了解一个城市需要从地理历史开始，因此，游客抵达后，导游可以从城市地理位置及自然环境介绍开始，同时提醒游客在适应环境方面的注意事项。通过地理环境介绍，引申出城市选址建城的历史，讲解城市发展进程中发生的重要事件、历史典故、名人轶事、生活习惯及文化特色等，为游客游览具体景区奠定基础。

（2）城市休闲文化体验与讲解。在参观游览景区（点）之余，只要时间允许，游客都希望尽可能地参与一些地方特色鲜明的文娱活动，导游可根据游客需要，在不影响接待计划执行的前提下，提供参观博物馆、社区、名人故居、革命纪念地或观看地方戏剧和文艺演出的活动。海外游客还可能会提出参观社会的要求，在不违反相关政策的前提下，导游可以帮忙安排，同时为游客提供必要的导游讲解服务。讲解内容需根据活动进行的情况灵活选择，突出知识性、娱乐性和趣味性，避免填鸭式灌输。

# 第二节 工业旅游与导游服务

## 一、工业旅游的源起及基本类型

### （一）源起

工业旅游源自欧洲，最初是欧洲一些大企业为使自己的消费者转变成品牌共享者而探索出的一种营销方式或渠道，目的是提升品牌价值，培养忠诚的客户。20 世纪 50 年代，法国的雷诺、雪铁龙等汽车公司开始接待游客，此后，德国的西门子和美国福特、波音飞机制造公司、宇航基地相继对游客敞开大门。

现代工业旅游是伴随着人们对旅游资源理解的拓展而产生的一种旅游新概念和产品新形式。现代化的流水线，自动化、智能化的工业产品制造流程，不仅具有较高的技术含量，而且也是良好的旅游资源，加之现代工业企业的品牌意识、管理理念、企业文化氛围的不断演变，形成了独特的旅游吸引力。工业旅游在发达国家由来已久，特别是在一些大企业中尤为盛行，企业利用自己的品牌效应吸引游客，同时也使自己的产品家喻户晓。

### （二）我国工业旅游的基本类型

我国的工业旅游活动始于 20 世纪 90 年代，1997 年开始，贵州茅台酒厂、上海宝钢集团、南京钢铁公司相继对外界展示了技术装备，最初由员工负责向游客介绍。青岛 1999 年开展了海尔工业游。目前我国工业旅游分为以下类型。

1. 依托国家重大工程建设项目开发的工业旅游

中华人民共和国成立以来，我国陆续开工建设了一大批重大工程项目，这些项目因关系到国计民生且作用特殊，成为具有标志性和象征意义的国家符号，代表了国家的形象和民族的精神，旅游内涵丰富，发展工业旅游的潜力巨大，如首钢、宝钢、大庆油田、神华煤矿以及葛洲坝、小浪底、长江三峡等水利枢纽工程都是这种类型。

2. 依托现代工业生产开发的工业旅游

现代化、自动化、智能化的工业产品制造流水线不仅具有较高的技术含量，而且也是良好的旅游资源，加之现代工业企业的品牌意识、管理理念、企业文化氛围不断演变，形成了独特的旅游吸引力和市场营销作用。如青岛海尔、上海通用、广州本田、北京现代、张裕葡萄酒等企业开展的工业旅游就属于此类型。

3. 依托与生活消费密切相关的工业制成品生产而开发的工业旅游

开发这类工业旅游产品的工业企业，大部分生产的产品为社会终端消费品，典型的如食品加工、酿酒制造、茶叶加工、服饰生产等企业，因其生产产品与日常生活息息相关，人们渴望了解产品的生产过程、品质质量，因此参观加工生产流程能激发人们的直接购买欲望，如青岛啤酒、贵州茅台、海澜之家等企业都已跻身全国工业旅游示范点之列，游客到这些城市旅游时，会对这些企业趋之若鹜。

4. 依托各类高新科技开发的工业旅游

信息、生物、航天航空等高新技术代表了人类科技活动的最新成果，引领着人类对未知世界进行探索。这类工业企业及项目的科技含量极高，对广大旅游者的吸引力较为强烈。目前，我国已建成酒泉、西昌卫星发射中心以及清华紫光生物技术研发机构等多个全国工业旅游示范点。

5. 依托各类工业遗产开发的工业旅游

我国的工业遗产具有一定的优势和特色，比如近代民族工业遗产、中华人民共和国成立初期的重工业建设成就，乃至旧时代遗留的工业设施和遗迹都是开发工业旅游的独特资源。上海、无锡等地的近代民族工业遗产旅游、大庆油田的第一口钻井、昆明的第一座水电站等正在成长为当地旅游经济的新宠。

6. 依托民族特色工业、手工业而开发的工业旅游

我国历史悠久，民族众多，文明源远流长，作为传承中华民族精神文化物质的载体和符号，民族特色工业和手工业具有特殊的意义和价值，也是开发特色旅游商品和旅游纪念品的切入点。这类工业旅游具有明显的地域色彩，有潜力成长为具有世界文化意义的特色工业旅游，如南京云锦、景德镇陶瓷、云南的民族刺绣生产加工等都是其中的优秀代表。

## 二、工业旅游导游

旅游因其独特的时空延展性、景观趣味性、内容丰富性得以全方位发展为一种潮流文化，而工业旅游更是一种全新的文化体验。工业旅游的核心是深层知识，具有探知历史、互动体验、知识科普、创意分享的特点，游客是带着学习的态度、吸收新知识的动机参与工业旅游的。

### （一）知识准备

工业旅游导游有别于一般景区导游，导游应尽可能地提前对相关游览点做深入调研，对园区背景、工业背景、技术特色、生产流程、产品工艺特色、品牌品质甚至企业管理等方面的知识进行全面了解，加强与相关企业的联系与沟通，对知识的把握要做到与时俱进。

### （二）导游讲解

工业旅游导游讲解不是企业的广告、介绍或是品牌推荐，工业旅游导游讲解要有高度，有深度，有厚度，有温度。在讲解中要注意凸显故事性，可选取参观对象中有文化特质的一个点、一个事件或是一个人、一个产品，围绕核心与主题展开讲解。由于工业旅游的环境与空间较为独特，导游讲解时要注意讲解语言的科学性，讲解的速度、内容应与参观进程同步。另外，在工业旅游点往往有一些参与体验的项目及活动，导游应提前做好准备，了解参与程序及要求，在游客参与体验时为游客指导讲解。在一些大型企业的参观游览中会有专门的导游进行解说，此时导游应做好配合提醒工作。

# 第三节　乡村旅游与导游服务

## 一、乡村旅游概述

### （一）乡村旅游的源起

国外乡村旅游的开展可以追溯到 19 世纪下半叶的欧洲。“1855 年，法国巴黎市的贵族就组织到郊区乡村度假旅游”；1863 年，通济隆旅行社组织了一次到瑞士乡村的包价旅游，这次旅行标志着以身体疗养和登山运动为主题的乡村旅游活动的兴起。真正意义上的大众乡村旅游源起于 20 世纪 60 年代的西班牙。由于工业化及城市化进程的加快，社会竞争加剧，城市居民开始向往和追求乡村宁静的田园生活和美好的自然环境，在市场需求的推动下，西班牙政府将废弃的贵族古堡改造成了简单的农舍，把规模较大的农庄也划入供游客参观游览的范围，接待乐意到乡村观光旅游的游客，由此乡村旅游应运而生。20 世纪 80 年代后，国外乡村旅游的水平已经发展到了非常高的阶段。纵观国外乡村旅游的发展，可分为三个阶段，即萌芽兴起阶段、观光发展阶段和度假提高阶段。20 世纪 90 年代开始，乡村旅游成为生态旅游的重要组成部分。在世界旅游组织的推动下，乡村旅游开始由发达国家向发展中国家推广，成为振兴地方经济的重要手段。

20 世纪 80 年代中后期，我国沿海地区的一些发达城市周边开始出现了乡村旅游的雏形。1995 年以后，我国实行每周双休的制度，乡村旅游开始步入了稳步发展的时代。进入 21 世纪后，我国乡村旅游发展进入了快车道。2006 年被当时的国家旅游局定为“乡村旅游年”，乡村旅游在全国范围迅速发展。进入全域旅游时代后，乡村成为游客最好的去处，乡村旅游成为振兴乡村的重要路径。

### （二）基本概念

与乡村旅游相近或者相关的概念有很多，如“农家乐”“观光农业”“休闲农业”“农业旅游”“农村旅游”“民俗旅游”等，但至今尚没有一个受到大家公认的明确概念。经济合作与发展组织提出，在乡村开展的旅游，田园风味是其核心。国内学者普遍认为，乡村旅游的本质就是其乡村性，乡村性与其所决定的乡村意象是乡村旅游的核心吸引力。因此，人们去乡村旅游是为了体验与休闲。

人们对于土地近乎偏执的情怀有力地推动了乡村旅游的发展，其中蕴含的农耕文化就是乡村旅游发展的核心，乡村旅游的吸引力就表现在农耕文化上。从旅游开发与发展的角度看，乡村旅游是指在城市以外的广大乡村地域内，利用乡村自然景观环境、田园景观特色、农林牧渔生产景观、民俗文化风情、古镇村落景观、农家生活场景以及乡村景观意境等资源条件，立足景观价值的多重性特征，通过科学规划、开发与设计，为消费者提供观光、休闲、度假、体验、娱乐、康体健身的一种新的旅游经营活动，它是一种综合性休闲度假旅游活动方式，是一种由传统观光旅游向休闲过渡的新的旅游形态。

### （三）乡村旅游依托资源

1. 背景资源

游客选择参与乡村旅游时，首先考虑的是乡村优美的自然环境，因此，地理环境资源是乡村旅游的背景资源，包括当地的地理背景及生态环境，具体地貌景观、地质条件、土壤构成、气候及天气、水环境条件、植被条件、森林覆盖率、周边区域的整体生态状况等。

2. 主体资源

主体资源即乡村旅游直接利用的资源，包括两大类：一是农业资源，如以种植业为依托的田园、以林业为依托的林区、以渔业为依托的渔场、以养殖业或畜牧业为依托的牧场等；二是乡村文化资源，如乡村建筑、乡村聚落、乡村农耕、乡村礼仪、乡村节庆、乡村艺术、乡村饮食及乡村手工艺等。

3. 乡村小资源

（1）自然类“乡村小资源”。主要有山地丘陵、山坡小峰、小溪水塘、无名花草、禽畜虫鸟、自然声色、小天象、小气候、微地形等，这些小资源让乡村比城市多了几分柔情与生机，添了一些灵动与亲切，空间相对扁平，视野足够开阔，相对柔性的视觉效果让人很放松。

（2）人文类“乡村小资源”。主要有老屋陋巷、大野小田、土庙薄祠、亭道桥廊、川堤河坝等，它们是乡村人生存与智慧碰撞的物化存在，组合价值很高，少数单体的文物价值、美学价值、景观价值潜力较大，或可称为隐形的“名”资源。

（3）社会类“乡村小资源”。主要是人、行为、规范和氛围，包括在上述自然类和人文类乡村小资源营造的空间环境下的乡民群体曾经发生和正在发生的生产生活和精神活动以及乡规民风等。

### （四）乡村旅游基本模式

目前乡村旅游的发展模式归纳起来主要有“美丽乡村+农家乐”模式、旅游特色村模式、农业庄园与农业园区模式、生态旅游模式及民俗风情园模式。

## 二、乡村旅游导游服务

### （一）分析乡村旅游发展的趋势与旅游者的需求动机

目前乡村旅游发展具有全域化、特色化、精品化的趋势，在发展中，新产品、新业态、新模式层出不穷，现代旅游者选择乡村旅游已不再满足于游览观光，他们更希望能体验乡村生活。归纳起来，旅游者进行乡村旅游的需求为观光游览、度假休闲、生活体验、环境经历、康体健身、科普教育、社会活动等。

### （二）导游服务讲解

1. 以四个维度为基础

乡村旅游的导游讲解要围绕乡村的四个维度展开，即地理、历史、文化和心理。要讲清乡村的地理环境及生态环境，重点在村民的生产、生活条件、方式等；要讲清乡村发展的历史脉络，重点在选址、建设、事件、名人等；要讲清以农耕文化为基础的乡村文化，重点在乡村建筑、村落机理、乡村生活、乡村礼仪、节庆传统、特色饮食、宗教信仰、民间艺术等。

2. 突出“五味杂陈”

（1）土。土即保持原真性。古拙、独特的民居、桥梁、古道等是乡村旅游的核心和古老淳朴文化的载体。“越是民族的，越是世界的”，这句话具有普适性，对乡村旅游亦然。乡村景观的“土”和“真”与游客在城市里司空见惯的现代化建筑形成了迥然不同的对比，这种差异化对游客具有极强的吸引力。

（2）野。野即乡野。乡村之所以为乡村就在于一个“野”字，或山野茂林，或沃野阡陌。“野”即自然，越是自然的，越是美丽的。陶潜在《归园田居》中写的“方宅十余亩，草屋八九间。榆柳荫后园，桃李罗堂前。暧暧远人村，依依墟里烟。狗吠深巷中，鸡鸣桑树颠”就是一种乡野的味道，这种味道越是久远，越是绵长，越是令人怀想，以至于令城市中的人有了挥之不去的离愁别绪。

（3）俗。俗即风俗、风情。由千百年来的农耕文化积淀形成的生产方式、生活习俗、民族风情和传统节庆构成了乡村独有的文化特性，其中有历史、有故事、有情趣、有风俗。这种“俗”对现代人来说弥足珍贵，也是城市里的人所梦寐以求的。“茅檐低小，溪上青青草。醉里蛮音相媚好，白发谁家翁媪。大儿锄豆溪东，中儿正织鸡笼。最喜小儿亡赖，溪头卧剥莲蓬。”（《清平乐·村居》）辛弃疾的诗句是人们心目中纯朴的乡村风俗图。俗还包括入乡随俗，即参与和体验乡村民俗活动等内容。乡间数不胜数的“俗”物无处不在。非物质文化中除了民俗节庆，各种民间社会礼仪、传统工艺、风味小吃等也属于俗的范畴。

（4）古。古即文脉。我国乡村古迹千姿百态、风格迥异，古井、石碾、石磨、寺庙、祠堂、街巷皆布局精巧，文化沉淀极为丰富，有的堪为中国建筑之瑰宝，是游客乡村旅游观光游览的主要对象。导游讲解要突出乡村的古风、古朴、古香、古色。

（5）洋。洋即创意。为了提高乡村居民的生活质量和品质，也为了提升游客到乡村旅游的舒适度，或者给游客创造惊喜，现代乡村引入了时尚化、现代化、观赏化元素。导游带领游客到乡村旅游时，可引导游客参与和体验，讲解创意文化。

3. 讲好5种故事，体现乡村好看、好吃、好玩、好购、好住、好学、好养的特点

（1）讲好资源故事。所谓十里不同俗，各地自然风貌、人文历史、传统习俗受地域环境，特别是季节和气候的影响较大，乡村作为旅游目的地，其时间的可变性、地域的分散性可以满足游客多方面的需求。因此导游讲解时需根据时间的变化及游客的需要讲好乡村资源的故事。

（2）讲好民俗故事。独特的乡村活动对游客具有强烈吸引力，也是游客体验乡村生活的重要途径。导游应结合乡村活动讲好当地民俗故事。

（3）讲好生活故事。乡村旅游是一种综合性活动，游客追求的是对乡村生活的体验，需要融入乡村环境，因此导游要讲好乡村生活的故事。

（4）讲好文化故事。导游应合理挖掘民间文化，取精去糟，讲好文化的故事。

（5）讲好发展故事。乡村旅游的发展前景十分广阔，导游讲好发展的故事能让更多的游客参与到乡村旅游中。

## 本章小结

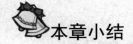

城市旅游、工业旅游、乡村旅游都属于既传统又时尚、最能体现现代社会发展和创新的旅游活动，随着全域旅游的兴起和发展，新兴的旅游产品中更多地包含了城市旅游、工业旅游和乡村旅游的内容和活动，导游应适应游客的消费趋势，掌握与之相关的导游服务与讲解技能。

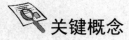

## 关键概念

城市旅游　工业旅游　乡村旅游

## 课堂讨论题

1. 简述旅游城市与城市旅游。
2. 简述乡村旅游资源与导游讲解内容及技巧。

## 复习思考题

1. 什么是旅游城市？城市旅游对导游的要求是什么？
2. 如何根据工业旅游的类型选择导游讲解内容？
3. 简述乡村旅游的资源类型与导游讲解要求。

# 第十二章　红色旅游、研学旅行与导游服务

**引言**

红色旅游是 20 世纪 90 年代中后期发展迅速、亮点纷呈、效应递增、影响深远的主题旅游。红色旅游讲解是红色旅游重要的组成部分，是宣传红色文化的重要途径。红色旅游导游讲解是导游应具备的能力。研学旅行是近年来开始兴起的、把教育与旅游结合起来、以育人为主的一种特殊旅游活动，导游应积极参与到研学旅行中。

**学习目标**

1. 掌握红色旅游的概念和红色旅游资源的基本特征。
2. 熟悉红色旅游导游讲解的要领及基本要求。
3. 了解研学旅行的概念。
4. 掌握研学旅行导游讲解内容选取的要求。

**教学建议**

1. 教师对红色旅游的目的、意义一定要讲透，帮助学生正确掌握红色旅游讲解的要领及要求。带领学生参观当地红色旅游景区，指导学生撰写红色旅游景区导游词。

2. 以讨论方式分析研学旅行的概念，可带学生一起到中小学与学校老师共同讨论研学旅行导游讲解的内容及要求。

## 第一节　红色旅游与导游讲解

在我国传统文化中，红色通常具有吉祥、喜庆、热烈、奔放、激情、斗志、革命等寓意，代表着胜利、希望、向上。“红色旅游”是“红色”和“旅游”的有机结合，红色是内涵，旅游是形式。红色旅游是我国独有的主题旅游，已成为我国旅游活动的一大热点。作为具有特殊教育意义的旅游活动，红色旅游是展现爱国主义和革命传统精神、讲述革命历史重大事件和重要人物历史史实、传递社会主义核心价值观的重要载体。红色旅游承载着优良的革命传统和伟大精神，红色景区通过纵向比较历史数据和静态展示历史遗存，引导广大人民群众感受革命历史文化，接受革命传统教育，升华爱国情感。在全域旅游的推动下，红色旅游的需求稳定增长，发展规模和热度不断攀升，市场规模逐渐扩大，呈现大众化、常态化趋势，已成为民众出游的重要选项。

红色旅游是促进革命老区经济社会发展的重要途径；是加强爱国主义和革命传统教育

的重要平台；是年轻人形成历史认同和价值共识的重要载体；是坚定文化自信的重要精神引擎。随着全国各地深挖红色旅游资源，红色旅游内容越来越丰富、“红色旅游产品”不断创新、发展迅速。红色旅游供给侧结构性改革与游客诉求相互促进，整体发展态势强劲，形成了以经典景区、精品线路为代表，结合纪念馆、博物馆、科技馆的展示格局。在景区建设及红色文化展示手段上，红色旅游注重创意与科技手段的融合，提供角色扮演、沉浸式体验等参观模式，受到游客喜爱，让游客在参与红色旅游的过程中获得知识和精神的升华。

## 一、红色旅游概述

### （一）红色旅游的概念

我国红色旅游活动最早可以追溯到新中国成立后人们到革命圣地和纪念地参观学习的活动。20 世纪 90 年代中后期，各类革命圣地、纪念地、瞻仰地开始看到红色文化及资源在旅游发展中蕴含的巨大潜力，“革命圣地旅游”“革命根据地旅游”等旅游活动开始逐渐兴起，在各地的伟人故居、革命遗址遗迹开展的旅游活动迅速发展，并成为一种潮流，形成一种独特的主题性旅游。

红色象征着革命，中国共产党领导的革命活动所形成的革命文物和历史遗迹成为旅游吸引物，即红色旅游资源，围绕红色旅游资源所开展的旅游活动也自然被人们亲切地描述为“红色旅游”。1996 年，“红色旅游”一词正式被用来报道老区建设促进会在老区代办的相关旅游活动，“红色旅游”被正式界定为以革命传统教育和爱国主义教育为内容的活动。①

2004 年 12 月，中共中央办公厅、国务院办公厅联合下发的《2004—2010 年全国红色旅游发展规划纲要》（简称《一期规划纲要》）中首次对红色旅游的概念进行了系统、科学、权威的界定。纲要明确指出：“红色旅游，主要是指以中国共产党领导人民在革命和战争时期建树丰功伟绩所形成的纪念地、标志物为载体，以其所承载的革命历史、革命事迹和革命精神为内涵，组织接待旅游者开展缅怀学习、参观游览的主题性旅游活动。”纲要还指出：“发展红色旅游，对于加强革命传统教育，增强全国人民特别是青少年的爱国情感，弘扬和培育民族精神，带动革命老区经济社会协调发展，具有重要的现实意义和深远的历史意义。”该定义明确了红色旅游的特定载体，即中国共产党领导人民在革命和战争时期建树丰功伟绩所形成的纪念地、标志物；明确了红色旅游的特定内涵，即中国共产党领导人民在革命和战争时期建树丰功伟绩所形成的革命历史、革命事迹和革命精神；明确了红色旅游的特定目的，即思想教育、发展经济、文化传播、社会建设和国际宣传等；明确了红色旅游的特定形式，即主题性旅游活动；明确了特定群体，即全国人民，尤其是青少年；明确了红色旅游开发内容的实践段，即 1921 年中国共产党成立至 1949 年中华人民共和国成立，包括大革命时期、土地革命时期、抗日战争时期、解放战争时期等重要革命历史阶段。《一期规划纲要》发布后，全国各地红色旅游发展如火如荼，产业实践持续扩大，活动内容与形式不断创新。

2011 年 5 月，由中共中央办公厅、国务院办公厅联合下发《2011—2015 年全国红色旅游发展规划纲要》（简称《二期规划纲要》）在《一期规划纲要》的基础上扩大了红色旅游的范畴，将我国 1840 年鸦片战争以来的所有以爱国主义和革命传统精神为主题、有代表性的重大事件和重要人物的历史文化遗存全部纳入红色旅游发展范围。红色旅游概念的界定

① 郑晨迎. 情系老区：中国老区建设促进会妇委会工作一瞥[J].中国妇运，1996（10）：14-15.

在时空跨度、资源、功能和属性等方面都有了明显扩展。

2016 年，中共中央办公厅、国务院办公厅联合印发《2016—2020 年全国红色旅游发展规划纲要》（简称《三期规划纲要》），提出红色旅游新思维、新举措、新任务、新实践，红色旅游的概念在实践中将不断深化、丰富和拓展。

### （二）红色旅游的内涵与性质

#### 1. 红色旅游的内涵

红色旅游是红色文化资源和现代旅游经济观念与时俱进的结果，是实现物质文明和精神文明结合的有效方式。随着红色旅游的发展实践，其内涵与外延不断得到丰富和拓展，主要内容如下。

（1）历史内涵。红色旅游依托的红色文化承载的革命历程与精神具有丰富的历史内涵。红色旅游可让人们在参观游览中了解当年革命先烈们艰苦的生活、工作、战斗情况，学习、追忆、感悟革命历史，并以此促进革命历史文化遗产的保护和利用。

（2）政治内涵。红色旅游是开展爱国主义、革命传统教育和思想政治教育的最好途径之一，具有很强的学习和教育功能。

（3）精神内涵。红色旅游的精神内涵来自红色文化，红色文化的核心是指全国各族人民为了实现民族独立和民族解放，为了实现人民富裕和民族复兴，在反帝反封建的过程中，特别是在中国共产党领导下于革命斗争和建设实践中所形成的伟大精神，即红色精神，具体包括在旧民主主义革命时期形成的探索精神、新民主主义革命时期形成的革命精神、新中国社会主义建设时期形成的奋斗精神和改革开放时期形成的创新精神等。通过发展红色旅游，可让长期以来形成的优良传统和革命精神深入人心，代代相传，促进新时代社会主义文化建设，并使之成为实现中华民族伟大复兴梦的精神动力和力量源泉。

（4）经济内涵。发展红色旅游能促进革命老区和少数民族地区的经济发展，尤其是把革命老区丰富的红色资源转化为经济资源，把精神财富转化为物质财富，以此培育并形成革命老区的优势产业、特色产业和支柱产业。

#### 2. 红色旅游的性质

从旅游市场的角度看，红色旅游市场是旅游市场中的一个细分市场，属于专项旅游活动；从旅游经济范畴看，红色旅游属于旅游产品中的一个特色品种；从思想教育范畴看，红色旅游具有思想道德教育功能。红色旅游是一种特殊的文物古迹旅游，既具有一般遗产旅游的特点又具有爱国主义教育的特点。

## 二、红色旅游导游

### （一）基本要求

#### 1. 尊重历史，依据中国共产党党史厘清红色旅游资源脉络

红色旅游资源是具有特定意义的旅游资源，中国共产党的发展史在红色旅游资源中具有极大的作用，因此，导游必须厘清红色旅游资源的脉络，按照脉络理出导游讲解的时序，讲解时要有主题、主线，内容有理有据。

2. 认识资源价值，深挖红色资源信息完整度

按照红色文化资源的构成要素，通常把红色文化旅游资源分为重要事件遗迹、重要会议遗址、重要机构旧址、重要人物旧（故）居、革命文物藏品、标志性建筑工程（中国共产党领导下建设的具有特定时代背景的标志性建筑工程）、烈士陵园（墓）和革命纪念设施八大类。这些资源以物化方式记录了我国革命的光辉历程和精神，是进行革命传统教育和爱国主义教育的最好“教材”。

导游员通过深入学习，不仅要掌握每一类资源的特征，更要掌握革命文物背后的历史史实及蕴含的精神，讲解时要注重红色旅游资源信息的完整度，这样的讲解才能增强代入感和沉浸感。

3. 把握红色旅游资源的基本特征

红色旅游资源类型多样，存在方式不同，但其特征是相同的。导游员必须掌握红色旅游资源的共性特色并在导游讲解中予以突出。

（1）政治鲜明性。红色旅游资源的革命历史遗存、革命历史内涵及其所承载的革命精神决定了它具备独特的政治功能，红色旅游资源的纪念、教育和旅游开发价值都是建立在鲜明的政治内涵基础之上的。

（2）全国整体性。红色旅游资源是在中国共产党领导下的中国革命的遗存，反映了我国革命史的某一阶段，蕴含着我国革命精神的某一部分，不同地域的红色旅游资源的内涵在全国范围内相互依存，构成一个整体，具有共同的属性。

（3）区域主题性。红色旅游资源的分布具有广泛性和区域性，中国共产党领导的革命斗争活动在不同的历史发展阶段，其重心位于不同的地区，因而其历史遗迹也就表现出比较明显的地区性特征，在全国整体性的前提下形成地域环境迥异、空间分布距离大、主题不同的红色旅游资源。

（4）精神教育性。在长期的革命、建设和改革开放过程中，不同主题的红色旅游资源孕育了许多带有不同时代特征的革命精神，是对广大人民群众，特别是青少年进行革命传统教育和研学旅游教育的有效途径。

（5）资源综合性。红色旅游资源不是孤立存在的，而是与其他旅游资源相互依存、相互作用，与乡村、景区、古街古镇共同构成一个有机组合的聚合体。

4. 明确讲解要求

（1）突出主题。红色旅游是以爱国主义和民族主义为主题的旅游产品和旅游活动。

（2）强化学习。红色旅游是以学习我国革命史为目的的旅游活动，应达到“游中学、学中游”，寓教于游的境界。

（3）善讲故事。故事性是相对说教性而言的，反映出人们对历史吸引物的取舍观。历史典故往往形象生动有趣，贴近群众生活，有亲和力，要深入挖掘红色旅游中的历史人物故事，既要有大英雄的故事，也要有“小人物”的故事，通过故事使历史鲜活和丰满起来。

（4）参与体验。

（5）重视知识扩展。红色文化的内容及展示方式具有拓展性，依托物化的红色资源可拓展非物质的、具有精神内涵的资源，展示方式也可依托现代技术实现科技化、体验化和创新化。

（6）将红色精神及其物质载体融合统一。通过重要事件遗迹、重要会议遗址、重要机构旧址、重要人物旧（故）居、革命文物藏品、标志性建筑工程（中国共产党领导下建设

的具有特定时代背景的标志性的建筑工程）、烈士陵园（墓）和革命纪念设施向人们讲述革命历史、革命故事和革命精神。

### （三）导游讲解要领

1. 注重导游讲解的严肃性与规范性

红色文化是我国国家史的重要内容，导游讲解内容应以革命史为主，讲解要符合历史真相，要保证所讲内容都能做到有据可查，不可随意添加个人意识以及个人推测，必须保证讲解内容的可信度与真实性。红色旅游与生俱来的政治性要求导游讲解时要有崇敬之心，严肃认真地对待革命历史，以正确态度对待红色旅游，保证红色旅游的色彩与基调。红色旅游是含有中国特色社会主义共同理想的政治工程，导游讲解时，不仅要讲好红色景区的资源及文化，更要适时对游客进行革命传统教育以及爱国主义教育。红色旅游讲解要有良好、准确的政治导向，决不能沾染“野史”和“神话”，导游要对自身讲解的规范性以及严肃性进行保证，要客观、全面对革命史实进行宣传与展示。

2. 提升导游自身素质

导游的素质直接影响讲解的质量。为保证红色文化传承效果，承担红色旅游讲解任务的导游员需要不断提升自身素质，要增强自身修养，爱国敬业，不断提高自身职业道德意识以及思想品德水平，注重提高政治觉悟，树立良好的服务意识，严格遵守国家各项条例规定，真正认识到红色旅游的重要性与价值，积极、主动地投入红色旅游导游工作之中。导游要做好红色旅游的讲解还应增强业务学习能力，通过不断地学习，对中国红色文化以及中国共产党的发展历史有更加深刻的认知与感悟，确保导游讲解内容准确完善，保证游客对于历史认知了解的全面性与准确性，确保红色文化能够真正深入人心，确保游客听了导游的讲解后得到文化熏陶。

3. 灵活运用导游讲解方法

红色旅游导游讲解要做到让参观游览者听得进、看得懂、感兴趣、入情怀、有思考、受教育。为此，导游讲解中除了保证知识的真实准确外，还应灵活运用语言表达艺术，增加讲解内容的生动性和趣味性。导游应在保证讲解内容的严肃性的基础上，通过灵活化、趣味化的讲解方式，有效吸引游客的注意力，以达到更好的文化传播效果。

红色旅游导游讲解还可利用情境讲解、故事讲解以及歌曲演唱等讲解方式，高质量完成相应讲解任务。例如，在介绍革命根据地人民对红军的深厚情谊时，可通过演唱《十送红军》的方式引起游客的情感共鸣，进而达到良好的感染效果。

## 第二节　研学旅行与导游服务

### 一、研学旅行及其相关概念

### （一）发展沿革

春秋时期，孔子周游列国，以游传学，拉开了旅行与学习、教育联动融合的序幕。古人研学、求学多与旅行有关，司马迁、李时珍、徐霞客等在旅行中探索、研究、学习才有了《史记》《本草纲目》《徐霞客游记》等传世杰作。古有“读万卷书不如行万里路”的俗语，以求知、学习、开阔视野为目的的旅行活动一直伴随着求学的人们，时至今日仍然是人们外出旅行和旅游的主要动机之一。日本是最早提出“修学旅游”的国家，1946 年，日本开始正式把“修学旅游”纳入学校教育体系并在全国范围实施，活动对象主要是中小学生团体，从而形成了一套完整的促进修学旅游健康发展的机制。

我国正式提出“逐步推行中小学生研学旅行”的设想是在 2013 年国务院办公厅发布的《国民旅游休闲纲要（2013—2020 年）》中；2014 年，在《国务院关于促进旅游业改革发展的若干意见》中又进一步明确了相关要求，这与我国的社会经济发展及基础教育发展关系密切；2015 年 8 月，国务院办公厅印发《关于进一步促进旅游投资和消费的若干意见》再次提及支持研学旅行发展；2016 年 3 月教育部确定天津市滨海新区等 10 个地区为全国中小学研学旅行实验区，进一步推动了研学旅行的发展；原国家旅游局于 2016 年 1 月公布了首批（10 个城市）“中国研学旅游目的地”并公布卢沟桥中国人民抗日战争纪念馆等 20 家单位为“全国研学旅游示范基地”。

2016 年 11 月，教育部等 11 部门联合发布了《关于推进中小学生研学旅行的意见》（教基一〔2016〕8 号）。该意见明确了我国研学旅行的目的、意义及基本要求：“以立德树人、培养人才为根本目的，以预防为重、确保安全为基本前提，以深化改革、完善政策为着力点，以统筹协调、整合资源为突破口，因地制宜开展研学旅行。让广大中小学生在研学旅行中感受祖国大好河山，感受中华传统美德，感受革命光荣历史，感受改革开放伟大成就，增强对坚定‘四个自信’的理解与认同；同时学会动手动脑，学会生存生活，学会做人做事，促进身心健康、体魄强健、意志坚强，促进形成正确的世界观、人生观、价值观，培养他们成为德智体美全面发展的社会主义建设者和接班人。”

### （二）相关概念

从教育部等 11 部门联合发布的《关于推进中小学生研学旅行的意见》中可以归纳出的研学旅行概念为：以中小学生为主体，以特定的研学资源为对象，由学校统一组织安排，相关部门协同配合，通过集体外出旅行的方式开展的一种普及性教育活动。其目的是培养中小学生的实践能力、集体观念、创新精神和社会责任感，实现素质教育的目标。各地在发展研学旅行的过程中也总结出了一些经验，其中浙江省对中小学生研学旅行进行了专门的界定，即中小学生研学旅行是由教育部门和学校有计划地组织安排和指导推动，以培养学生生活技能、集体观念、创新精神和实践能力为目标，主要通过学校组织的集体旅行或家庭亲子旅行、安排在外食宿等方式开展的研究性学习和旅行体验结合的校外实践教学活动。

在发展研学旅行的同时，还出现了研学旅游、教育旅游、游学旅行、修学旅行等概念。从名称看，这些概念与古代的“以游传学”相近，从广义的理念看，这些概念与“研学旅行”是有关联的，都是把旅行、旅游活动与学术、人才培养相结合的路径或方式，都具有“游”与“学”的双重特征，但从狭义的角度看是有区别的：“研学旅行”不是一般的旅游活动，是教育部门和学校有计划、有组织地安排的活动，既是一种综合实践活动课程，又是一种研究性、体验性学习，更是以学习共同体的方式开展的集体性学习活动，为政府自上而下强力推动并扩展的概念，相较之下，研学旅游、教育旅游、游学旅行、修学旅行等则为学界、业界过去自发形成的概念，泛指任何旅游者以“游学相伴、游学交融”为特征的旅游项目。

## 二、研学旅行的五大要素

### （一）研学教师

学生与教师永远是教育的核心，不管教学形式如何，教师始终是影响教学结果的直接因素。国家旅游局出台《研学旅行服务规范》中规定：应至少为每个研学旅行团队配置一名研学导师，研学导师负责制订研学旅行教育工作计划。

研学旅行的教师要在一个开放的环境中引导学生获取最直接的感受与知识，而不是和传统教学一样获取间接知识，这对带队教师的个人能力要求很高。教师不仅需要创新的教育思维、强大的掌控能力，还要有深厚的教学素养，教学收放合理、不疾不徐。教师要在旅行过程中结合活动内容、参观地区设置教学内容，通过一个个小的学习内容设计来逐渐烘托出大的学习主题，同时还要负责学生团队的日常管理工作。

### （二）研学课程

《研学旅行服务规范》将研学旅行按照资源类型分为知识科普型、自然观赏型、体验考察型、励志拓展型和文化康乐型，这样的分类对研学课程的开发具有指导意义，不同类型的课程也对应着不同的资源需求。

研学旅行的课程往往与教师联系紧密，它包括的内容很多，也很细，围绕一次研学旅行的核心主题，要设计线路、行程，每一个流程的学习目标与计划，应该归属于综合实践活动课程的大分类里，一个完整的研学旅行课程比基地课程更复杂，可以看成是一个系列主题的基地课程。

### （三）研学基地

在研学旅行中，如果能有一段一两天的基地学习行程是十分有意义的，不仅能让学生体验一下基地式的集体生活，还能让看起来松散的旅行行程更加充实。

目前来说基地的场馆设施与教学设施越来越成熟，好的基地能够提供给学生独特的学习体验与最真实的学习环境，这些是景点和公共设施无法提供的。基地的行程能更加凸显“研学”的重要性，基地与旅游景点搭配，能让学习与旅行游玩达到一种平衡。

不同地区的基地课程特色通常与当地的环境相吻合，一条研学旅行线路的主题可能是人文历史、科技魅力或自然环境，在旅行中除了欣赏沿途风景，去基地体验符合主题的教学课程更能达到研学的目的。

### （四）研学线路

研学线路包括计划的活动地点、交通、住宿等，从合理、安全的角度对研学线路的设计进行了规定：距离合适，旅程连贯、紧凑，保证学生的安全、学习体验良好。

从教学设计上看，研学线路要围绕主题，设计沿途较为合适的活动地点，可以是景点、基地、博物馆等。所选地点要在格调上与主题具有一致性，不能偏离主题太远。一条好的研学旅行线路可以看出设计者的用心与对教学的理解，如何通过旅行的深入来循序渐进地达成教学目的是线路设计者要考虑的因素。

### （五）安全管理

对于研学旅行来说，保证学生及教师的人身安全是基础，一切都应该建立在安全的基础上。安全管理也是《研学旅行服务规范》中一个重要的部分。

其中要求主办方、承办方及供应方应针对研学旅行活动，分别制定安全管理制度，构建完善有效的安全防控机制。明确安全管理责任人员及其工作职责，在研学旅行活动过程中安排安全管理人员随团开展安全管理工作。还要准备地震、火灾、食品卫生、治安事件、设施设备突发故障等在内的各项突发事件应急预案，并定期组织演练。

对工作人员与学生，需要提前进行安全教育，提供安全防控教育知识读本，召开行前说明会。在旅行过程中教师要严格监督学生服从领导、遵守规则。只有每一个参与者都意识到自身承担的安全责任，才能将风险降到最低，同时也能保证在危险发生时将损失降到最低。

## 三、研学旅行与导游服务

### （一）研学旅行导游员要求

（1）双重身份。研学旅游导游严格意义上应该是“导游+教师”的双重身份，对其要求是要在一个开放的环境中引导学生获取最直接的感受与知识。在工作中首先是一个设计者，要为每一个学生设计适合其学习的环境；其次是指导者，要使学生在信息的海洋中不迷失方向；最后要成为帮助者，学生遇到困难时，我们要相信他们自己能够解决，要成为与学生共同学习的伙伴。

（2）能力要求。承担研学旅行导游服务的导游员要有创新的教育思维、有较强的掌控能力和深厚的教学素养。做好研学旅行导游需要的能力具体包括语言沟通能力、数学能力、与自然科学和技术相关的基本能力、社交能力和公民素养、信息技术能力、学习能力和文化表达能力（尊重、适应民族文化和文化自觉）

（3）原则和安全性原则。

（4）及时反馈。由于研学旅行的特殊性，导游面对的是学生，因此对于研学旅行讲解，需要设置一个科学有效的解说反馈机制，该机制有利于研学旅行活动的推进和研学旅行目标的实现。

（5）掌握辅助手段和方法：综合运用符合中小学生认知特点的媒介和表达方式，实现特定信息的有效传播、接收和交流，最终达到服务和教育的目的。

（6）善于借鉴。一些地方开展中小学研学旅行时，会与传统的“自然教育”“夏令营”“冬令营”“春游”“秋游”“自然课野外认识”“拓展训练”“野外活动”“摄影采风”等活动产生联系，导游应挖掘相关项目的优势特点并将其运用到研学旅行导游服务。

### （二）服务程序

1. 明确核心主题

2. 线路设计

合理、安全；距离合理、旅程连贯紧凑、保障安全、学习体验良好；围绕主题设计沿途活动地点，可以是景点、基地、博物馆等。

3. 行程安排与课程设计

4. 明确流程目标

5. 内容讲解

1）掌握研学旅行讲解与解说的特征

（1）教育性。研学旅行讲解与解说的核心目的是实现教育功能，导游应通过解说内容的组织、解说媒介的运用、解说受众的效果反馈，全方位地体现教育特性。

（2）衔接性。研学旅行作为校外教育活动的特殊形式，是对传统学校教育的有效补充。研学旅行讲解要配合这种现实需要，注重解说内容与学校知识教育的相互衔接、解说方式与学生认知水平的紧密对接，力求实现校内教育与校外教育的有机融合。

（3）公益性。研学旅行产品属于准公共产品，因此研学旅行讲解也有一定的公益性特征。

（4）游憩性。研学旅行的独特之处在于能使学生在轻松、愉快的环境体验中实现受教育的目标。研学旅行讲解应充分体现"游憩性"，突出研学旅行活动的个性化优势，寓教于乐，游学结合，使学生在主动愉悦的旅行体验中，自然而然地收获知识、接受教育。

（5）安全性。中小学生的安全知识不足，因此导游的安全责任重大。安全问题是我国研学旅行活动实施的最大障碍。研学旅行讲解不同于单一的景区讲解，它是一个涉及食、住、行、游、购、娱等要素的体系，因此导游要在研学旅行服务的各个环节全面体现并落实安全意识，比如安全标识设置、自我保护知识讲解等。

2）讲解内容选取

研学旅行讲解是一种特殊的解说，目的是让学生实现游学结合、寓教于游的目标。导游讲解应与有序的组织结合，根据参与研究对象的差异结合研学基地及其资源状况，充分考虑科学分类，利用新颖的解说媒介，按照教育为本、安全第一的原则提供讲解服务。讲解中要注意把知识研习拓展到素质培育的高度。

（1）依托资源讲解。研学旅行依托的资源主要分为知识科普型、自然观赏型、体验考察型、励志拓展型和文化康乐型。

（2）根据对象需要讲解。导游讲解需要根据研学旅行参与者的组成情况选择讲解内容。在目前的相关政策下，参加研学旅行活动的主要为中小学生，研学旅行讲解的重点应分阶段，有所侧重。

① 小学阶段。导游需要了解小学阶段的教材及教学要求，在以小学生为主的研学旅行中，讲解要立足于当地的乡土乡情，通过研学讲解介绍当地乡土地理、乡土风情、艺术文化等，一方面作为课堂教学的补充，另一方面让学生了解家乡、热爱家乡。讲解方式可采用"故事+游戏"等方式。

② 初中阶段。面对初中学生，导游讲解的内容需进一步拓展到县情、市情，拓展学生的知识面，同时培养学生从微观到宏观思维的拓展，培养学生爱祖国、爱家乡的情怀。讲解方法可采用"课堂讲述+小组游戏+实践体验"等方式进行。

③ 高中阶段。高中阶段的学生学习中涉及的学科越来越多，知识体系已基本形成，具有独立思考和学习的能力。因此，导游讲解要注重科学性、系统性，要培养学生的探索精神和独立学习思考的能力，培养学生的团队合作能力。在知识拓展方面，应在乡土知识，县、市、省情知识的基础上拓展到以省情、国情为主，有条件的还可拓展国际知识，培养学生的爱国主义、国际主义精神。讲解方式可采用"讲解+讨论+辩论+实践"等方式。

### 四、与研学旅行相近的研学旅游、游学旅行等活动的导游服务

研学旅游、游学旅行、亲子游学等是旅行机构提供的与研学旅行近似的、具有特定市场的旅游产品，这些旅游产品的内容有共性也有个性，基本构成要素与旅行社的其他产品基本一致，但重点突出一个“学”字，在特定市场中还有具体的细分市场。导游需要根据产品的特性及消费者需求制订具体的旅行计划，讲解介绍要根据游客需要及组成进行内容选择。如研学旅游，其参与者主要为有研究、学习需求的人，面对这样的消费者，导游主要以服务和协助为主，讲解中重点介绍当地情况，还可适时向客人学习请教。

## 本章小结

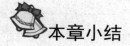

红色旅游是具有我国特色的主题旅游，红色旅游导游讲解是宣传红色文化的重要途径之一，导游员必须掌握红色旅游导游的要领。研学旅行需要多部门共同推进，导游兼具导游员和教师的职能，是具体任务的承担者和落实者。

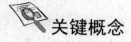

## 关键概念

红色旅游　研学旅行　导游服务　导游讲解

## 课堂讨论题

1. 简述红色旅游导游讲解的要求及提高讲解质量的途径。
2. 简述研学旅行与其他相关概念的关系。
3. 简述研学旅行导游的职责与业务要求。

## 复习思考题

1. 简述红色旅游的概念、内涵及特征。
2. 简述红色旅游导游讲解的基本要领和讲解要求。
3. 简述研学旅行的概念及对导游的要求。
4. 简述研学旅行讲解与解说的特征及内容选取方面应注意的事项。

# 第十三章　特种旅游活动与导游服务

**引言**

随着人们生活水平的迅速提高，旅游活动日趋多样化。游客已不满足于常规的观光旅游，越来越多的人开始向往大自然，以徒步旅游为代表的特种旅游越来越受到人们的青睐。特种旅游活动对导游员的服务、技能和知识具有特殊要求。

**学习目标**

1. 了解特种旅游的基本概念。
2. 熟悉徒步旅游的基本要求。

**教学建议**

1. 从理论的角度分析徒步旅游的基本情况。
2. 通过分析演示教会学生掌握徒步旅游活动的基本规律和要求。
3. 通过实践教学让学生体验一次徒步旅行，由学生总结归纳出徒步旅游活动的导游服务方法和技巧。

## 第一节　特种旅游概述

特种旅游是指与观光旅游、度假旅游和商务旅游等传统旅游和常规旅游相对应，适应市场需求，为满足旅游者特殊偏好而产生的一种新兴旅游方式，以及与之相应所开发的新兴旅游产品。特种旅游偏重于个性化，有较强的目的性，注重参与。其连续旅游跨度大、时间长，旅游目的地具有明显的复合性特征，所依赖的环境具有较强的原始性、自然性、生态性。

### 一、基本类型

#### （一）非赛事体育运动类

如自驾游：普通车、越野车、大篷车、摩托车、房车等；户外活动游：滑雪、漂流、滑沙、滑草、攀岩、骑马、徒步穿越、户外生存、户外拓展、户外自行车、山地车、极限活动、热气球、高空滑翔、狩猎等；海上运动：滑水、帆板、皮筏艇、摩托艇冲浪、海上跳伞、海上垂钓等。

### （二）探险类

如登山探险、沙漠探险、森林探险、峡谷探险、洞穴探险等。

### （三）考察观察类

如观鸟、观蛇等；潜艇海底观光、潜水观海底生物等；文物古迹科考、冰川等自然地理科考、人文历史景观科考、学术考察、独特文化印证考察等科考游。

### （四）其他

如宗教游、摄影游、写生游、边境游、跨境游等。

## 二、特种旅游的特征

### （一）旅游生态环境和文化环境的原始自然性

（1）旅游者所到的旅游区域具有独特的自然生态风光，人口相对稀少，由于受工业化影响程度较低，生态环境相对原始。

（2）区域内的人口具有历史和现实的文化独特性，其生活方式和文化模式的纯自然原始状态保留得较为系统，对于旅游者具有心理文化上的吸引力。因为使旅游者选择去某地旅游的共同心理特征是了解、观察、体验有别于他们自身文化模式的异文化。

（3）在上述内容的基础上设计的特种旅游项目和线路，要体现特定的旅游生态环境特征，自然地理条件和人文条件和谐相存，项目和线路能够使旅游者体验到过去未曾体验过的心理感受。

### （二）旅游项目和线路的新奇性、探险性

所谓新奇性，是指项目和线路设计具有历史感和现实感相结合的巧妙构思，视角新颖，能够突出一两个具有独特特征的主题。所谓探险性，是指旅游项目和线路具有某种程度的冒险因素。

无论是新奇性还是探险性，都必须有可靠的安全系数，既能够保证旅游者最大限度地体验到项目和线路所蕴含的冒险因素，又能在接待、导游和联络等操作上最大可能地保证旅游者的安全，两者必须相互统一。

### （三）旅游形式的自主参与性

旅游项目给旅游者提供尽可能完善的服务，又留有充分的让旅游者自主参与的余地。

# 第二节　徒步旅游导游

徒步旅游是以步行的方式，在步行过程中观赏自然风光、了解当地文化、锻炼身体素

质、磨炼自身意志的一种旅游形式。徒步旅游不是一般意义上的随便走走，而是有目的、有针对性的野外旅游活动。这种游览的过程比较艰辛，人们在徒步中可增长知识，在游览中可强健体魄。

参与徒步旅游的人综合素质相对较高，出游动机明确，他们希望通过旅游的过程感受刺激与浪漫。

徒步旅游具有出游组织形式多样，强调目的地资源的"原生性"，设施、设备的"专业性"，旅游"目的地"及线路选择的多样性等特点。

## 一、徒步旅游对导游员的基本要求

### （一）身心要求

徒步旅游是一种典型的野外穿越旅游活动，对参与者的身体条件有严格的要求，而作为提供服务者——导游员，不仅自己要能适应环境，更重要的是在艰苦的环境下还要为游客提供向导、生活安排及导游讲解服务，因此对导游员的身体条件要求更高，需要有强健的体魄。同时由于徒步穿越过程中经常有意想不到的情况发生，因此，导游员要有良好的心理品质与道德水准，如坚韧顽强、胆大心细、处变不惊、行事果断、吃苦耐劳，还要注重团队精神，乐于助人。

### （二）特殊知识与技能要求

（1）基本科学常识，涉及天文、气象、地理、生物、生理、水文、地质、物理、化学等知识。

（2）地图、GPS 及各种特种通信设备的使用。

（3）野外行进和野外生活的技能，如野外方向辨别、徒步行走及登山、急救、野外生活（食、住等）、避险等。

## 二、徒步旅游导游服务必备常识

### （一）常见装备

背包（穿越者的主要物资都要用包装好背在肩上，所以最好选一个质量较好的登山包，容量要大，最好能防雨）、帐篷、睡袋（要根据所穿越地区的气候特点来选择相应的睡袋）、登山鞋（要防水透气的专业登山鞋，最好是高帮的）、服装（内衣的排汗性能要好，注意纯棉的排汗性能很差，在野外忌穿纯棉内衣；外衣要求防雨、保暖性能好，还要有较好的透气性；在气候炎热的雨林地区，还可以穿速干衣服）、头灯与电池、备用粮食、备用衣物（一双户外袜、营地用靴、内衣裤、外裤、毛线衣或外套、帽子、手套，必须根据穿越地区的气候来确定）、太阳眼镜（高山紫外线易损伤眼睛，太阳眼镜可减低此伤害，但不要被多云的天气欺骗，因为紫外线会穿透云层，刺眼的光线会引起头痛）、急救箱（急救药品最好用防水、坚固的盒子装妥，箱内所备药品主要用于应付水泡、晒伤、皮外损伤等轻微伤病，若出现严重的出血或骨折则要按急救程序请医生处理）、瑞士刀、火种、水瓶、防晒油、驱虫剂等。

### （二）野外辨别方向的传统技能

徒步旅游最易发生的问题就是迷路，在特殊情况下可使用 GPS、罗盘、指南针等。有时现代化的仪器在密林、河谷中会失效，作为导游应该掌握一些简易而有效的野外辨别方向的方法。

1. 利用北极星辨别

北极星是正北天空的一颗较亮的恒星，位于小熊星座的尾端。因小熊星座比较暗淡，所以通常根据大熊星座（即北斗星，俗称勺子星）和仙后星座（即女帝星座，又叫 W 星座）来寻找。

大熊星座由 7 颗明亮的星组成，形状像一把勺子，将勺底端甲、乙两星的连线向勺子口方向延长，约在两星间隔的 5 倍处，有一颗比较大且较明亮的星，那就是北极星。

仙后星座由几颗明亮的星组成，形状像一个“W”，从中央的星算起，在“W”缺口方向，约为缺口宽度的 2 倍处，就是北极星。

大熊星座和仙后星座分别位于北极星的两侧。在北纬 40° 以北地区，两个星座都能看到；在北纬 40° 以南地区，有时只能看到其中一个星座，另一个则移到地平线以下。

2. 利用地物特征判定

有些地物特征与方向有关，可用来概略判定方位。独立大树，通常是朝南方向枝叶茂密、树皮光滑；朝北则相反。独立树砍伐后，树桩上的年轮，通常朝北方间隔小，朝南方间隔大。

突出地方的地物，如土堆、田埂、土堤和建筑物等。朝南方干燥、青草茂密，冬季积雪融化得比较快；朝北方向湿度大易生青苔，冬季雪融化得比较慢。

北方平原地区较大的庙宇、宝塔的正门和农村住屋的门窗多数朝南开。

3. 利用时表和太阳判定

一般来说，在当地时间 6 时左右太阳在东方，12 时在正南方，18 时左右在西方。根据这一规律，便可将时表和太阳结合起来概略判定方位。口诀是：时间折半朝太阳，“十二”所指是北方。以表盘中心和时针所指时数（每日以 24 小时计算）折半位置的延长线对向太阳，此时，由表中心通过“12”的方向就是北方。例如，上午 10 时，折半是 5 时，则应以表盘中心与“5”字的延长线对向太阳；若在下午 2 时（即 14 时）40 分，折半是 7 时 20 分，应以表盘中心与“7”字后两小格处的延长线对向太阳，则“12”字的方向即为北方。为便于判定，可在时数折半的位置竖一细针或细草棍，转动时表，使针影通过表盘中心，这时表盘中心与“12”字的延长线方向即为北方。在北回归线以南地区，夏季中午时间太阳偏于天顶以北，不宜采用上述方法。

4. 利用太阳阴影判定

选择一平整的地面，在地面立一根细直的长杆，在太阳的照射下就会出现一个影子，将影子标示在地面上，等待片刻（约 10～20 分钟），再标出影子的新位置，然后过两个影子的端点连一直线，此直线就是概略的东西方向线。原理：由于太阳东出西落，其影子则沿相反方向移动，所以第一个影子就是西，第二个影子必是东。根据已知的东西方向线，在其上任选一点作垂线，这条垂线大体就是南北方向线。

### （三）掌握走路的技巧和技术

走路技巧的核心是如何保持体力，经验证明，步幅迈得大比迈得小更节省体力，而且还便于休息。行走的姿势应是身体自然前倾，手不要向两边摆，应向前后摆动，过分的摆动既需要增加保持重心的力量，又分散了向前的惯性，容易引起疲劳。迈步最好是用脚跟着地，再通过脚弓，把重心逐渐转移到前脚掌上。

### （四）在旅游中观测气象

一些来自民间的小经验有助于判定未来的天气。

（1）观天象。导游员应多积累一些观天象以判定天气的方法，向当地人学习，背诵谚语，勤学多练。

（2）看蜘蛛。晴天的下午，蜘蛛若大量结网，在今后的一两天内将会有雨。网结得结实，风雨较大；反之，则较小。雨后结网则意味着天要转晴。

（3）看蚯蚓。如果蚯蚓是在春夏季节爬出土外，常常有大雨要来。

（4）观鱼。夏季傍晚，鱼塘中若有鱼儿乱蹦出水面的“跳水”现象，预示将有雷阵雨到来。

（5）观青蛙。天气将转雨前，空气中湿度较大，青蛙皮肤较湿润，青蛙的叫声较小，频率也低，风雨将来临时，更听不到蛙鸣；晴天时，青蛙则叫声响亮。

（6）看鸡鸭。鸡归窝早，第二天一般是晴天；反之，在天快黑时才进笼，天气将转坏。鸭与鸡的表现却相反，鸭是喜水动物，鸭进笼早，意味天气要转坏，反之翌日将是晴天。

## 三、不同地域环境的徒步旅游与导游服务要求

### （一）山地丛林穿越

山地丛林穿越，林深路险，启程之前导游员一定要搜集大量的资料，确定详细的路线。在山地行进，为避免迷失方向，节省体力，提高行进速度，应力求掌握有道路不穿林翻山、有大路不走小路、走高不走低的原则。可沿山脊线行进，也可沿山体斜面行进，这样便于夜间观察目标和方向，行进中要严密注视行进路况，及时观察是否有断崖滑坡，防止跌伤。上坡时身体重心前移下塌，必要时可手脚并用。沿山体斜面行进时，身体尽量向山体一侧倾斜，两脚侧面用力。在热带丛林中行进时，应防止蚊虫、蚂蟥、毒蛇等叮咬。

### （二）沙漠荒原穿越

沙漠荒原时常大风骤起、荒无人烟、水源缺乏、气候干燥，行前要在当地了解好情况，找到水源是穿越成功的关键因素。穿越荒原可以领略到一种苍凉之美，也许还可以寻找到古人留下的痕迹。

### （三）雪原冰川穿越

雪原冰川寒冷、缺氧，大风大雪总是没有预约就来了，行前导游员一定要做好御寒的准备及路线的确定，了解行程中的天气情况。穿越其中可以领略到雪山的纯洁、峰顶在日出日落下的胜景。

### （四）峡谷穿越

峡谷忽左忽右，道路崎岖，导游在行前了解峡谷的线路是能够穿越出来最为重要的因素，必要时为了安全起见，需找当地的向导。穿越其中可以领略到溪流、怪石、奇松、山花营造的绝美风光。

### （五）山岭穿越

山岭中穿行需要时而攀越，时而探谷，时而涉溪，行前导游员最好有张山势地形图，带好攀岩的装备（需要经过专业训练），必要时可聘请专业向导。穿越其中可以领略到攀岩的刺激、探谷的神秘、涉溪的乐趣。

### （六）平原徒步

平原多有较好的风景区、古镇、遗址等，行程比较轻松、安全，行前导游员要备好地图。徒步其间可以领略到田园的美景、古镇的古朴、遗址的沧桑。

### （七）长城穿越

行前导游员要了解长城的保护情况以及沿途的村落，不要破坏当地的环境。穿越其中可以领略到古人的伟大、历史的沧桑。

### （八）草地徒步

春天是进行草地徒步的最佳时节，要小心泥潭、沼泽，行前导游要了解徒步区域的情况，找个好的向导最为重要。穿越其中可以领略到野花的烂漫、鸟类的舞姿、田野的空旷。

### （九）环湖徒步

徒步环湖需要准备一张地图和所需的装备，沿湖一般都会有居民，只要了解他们的习俗，就很容易与之相处。环湖徒步可以领略到不同的美景，不同的民风。

遇到沼泽地，最好避开，如果无法绕行，应手持一根木杖探寻，在坚实的地面或泥水较浅的地点通过。

### （十）古道徒步

导游员必须了解古道的文化渊源，具备强健的体魄去应付艰险的行程。导游员要引导游客领略前人的艰辛、历史的足迹，为游客讲述可歌可泣的故事。

### （十一）江河徒步

完成江河徒步之旅需要有莫大的勇气和耐力。徒步江河，跨越的地区多，导游在行前一定要了解不同地区的风俗以及详细的资料。穿越其中可以领略到大江大河的壮丽和气魄以及天水间的独特风光。需涉水穿越时要注意：河流上游通常水流湍急，河道狭窄，两岸可能陡峭崎岖。河道较窄的上游，蹚水过河也是可行的，但一定要用撑竿试一试水的深浅。河流三角湾处通常波涛汹涌，河面也很宽，有些河流会受潮汐影响，不要在该处穿越。在宽阔河面，尤其是靠近入海口处，不要轻易穿越。如果水温过低，不要轻易做出渡河的决定。涉渡冰源河时，最好早上通过，因为那时河水最浅。渡河时，背囊的背带要调整得当，以备必要时迅速从这些装具中脱身。遇到较大的河流时，可考虑制作浮渡工具，如竹筏，有条件也可制作简单木筏。总之，要打有把握的仗，千万不要冒险。

## 第三节　其他特种旅游活动

### 一、高山探险旅游

#### （一）高山探险旅游基本装备要求

主要装备有服装、简单的用具、足够的食品、特殊的用具、其他必需品。

#### （二）基本技术要求及技术要领介绍

1. 登山活动

上山：上身放松并前倾，两膝自然弯曲，两腿加强后蹬力，用全脚掌或脚掌外侧着地，也可用前脚掌着地，步幅略小，步频稍快，两臂配合两腿动作协调有力地摆动。

下山：上身正直或稍后仰，膝微屈，脚跟先着地，两臂摆动幅度稍小，身体重心平稳下移。不可走得太快或奔跑，以免挫伤关节或拉伤肌肉。

坡度较陡时，上下山可走“之”字形路线来降低坡度，必要时也可用半蹲、侧身或手扶地等方式下山。

通过滑苔和冰雪山坡时，除用上述方法外，还可使用锹、镐等工具挖掘坑、坎等台阶行进，或用手脚抠、蹬，三点支撑、一点移动的方法攀缘爬行。

通过丛林、灌木时应注意用手拨挡树枝，防止钩戳身体，对不熟悉的草木不要随便攀折，以防刺伤，并尽量选择好的路线。

通过乱石浮石地段，脚应着落在石缝或凸出部位，尽可能攀拉，脚踏牢固的树木，以协助前进。必要时，应试探踩踏石头，以防止因石块松动摔倒。

2. 攀登探险

攀登时手脚要紧密配合，保持身体重心的稳定，不断观察、试探攀登点的牢固适用性。借草根或树枝攀登时，应先稳住重心试着用力拉动，以免因草根树枝突然松脱造成危险。

徒手攀登时（三点固定攀登法），利用崖壁的凸凹部位，以三点固定、一点移动的方法攀上崖壁。攀登时，身体俯贴于崖壁，采用两手一脚固定、一脚移动或两脚一手固定、一手移动的姿势，利用手抠、拉、撑和脚蹬等力量，使身体向上移动。

绳索攀登：两手握住绳索，使身体悬起并稍提腿，用两腿内侧和两腿外侧夹住绳索，随着两脚夹蹬绳索，两手交替引体上移。或两手伸出直接握紧绳索，腿脚两下垂，两手交替用力向上引体，攀至顶点。

拔绳攀登：指固定绳索的上端，用脚蹬崖壁手拉绳索引体上移，攀登方法是上体稍前倾，绳索置于两腿间，两手换握绳索交替攀拉上移。同时，一脚蹬崖壁，另一脚上抬准备蹬崖壁，用手拉、脚蹬的合力使身体向上移动。

绳索攀越：固定绳索的两端，身体横挂在绳索上攀越山涧、小溪等障碍物。横越时，两手前后握绳，腹部微收，一腿膝窝挂住绳索，使身体仰挂在绳索下面，臂部稍上提，两臂弯曲约 90° 。前移时，后握手前移，异侧腿由下向上向内摆动，并将膝窝挂于绳上。当一腿膝窝挂上绳索时，另一腿离开绳索悬摆。两臂、两腿依次协调配合，交替向前移进。

3. 集体行进

由多个人组成的小组中，总会有些人走得快一些而有些人走得慢一些，但是，既然是集体行动，为了防止发生事故，建议按较慢的人的速度一块儿行走。带队的人应该走在队伍最后。

4. 正确的休息方法和高山病的防治

走多少时间后休息大致取决于如下标准：平地，每走 50 分钟休息 10 分钟；爬坡，则每走 30 分钟休息 10 分钟。休息时间过长反而会使刚刚活跃起来的身体机能变得迟钝。休息时可坐到石头等高一点的地方，以使血液不致下行至臀部，令身体保持良好状态。休息时还可以做一些轻微的屈伸活动。

## 二、漂流旅游

### （一）工具

橡皮筏、竹筏（或称竹排）、小木船。

### （二）漂流活动的特殊技能

读河，“读”河就是要找出那些隐藏的陷阱，并找出一条穿越险滩的最佳通道。要弄明白险滩是怎样形成的，对行船有什么危险等问题。

## 三、洞穴探秘旅游

### （一）洞穴概述

根据国际洞穴联合会的定义，洞穴是指人能进出的天然地下空间。洞穴是由洞穴空间及围绕其周围的岩体所构成的。

按洞穴围岩性质可将洞穴分为碳酸盐岩洞、石膏洞、砾岩洞、熔岩洞、砂岩洞、花岗岩洞和冰川洞；按洞穴与围岩形成的先后，可分为原生洞和次生洞，原生洞是与围岩同时生成的，次生洞形成于围岩作用之后；按洞穴的水文特征可分为干洞和水洞；按洞穴的形态可分为垂向洞穴和横向洞穴。

在已经形成的洞穴中，岩溶洞穴占了绝大多数，洞穴探险所指的也多是岩溶洞穴探险。

### （二）洞穴探险导游及注意事项

1. 准备工作

资料准备、装备准备（安全帽、头灯、探险服、长筒胶靴、手套、食品、标签或路标、探险绳、下降及攀登装备、急救药品等）。

2. 注意事项

（1）迷路。在探洞过程中一定要做好事先的准备工作，要准备罗盘、皮尺等工具，一边测量一边设立标志，步步为营。特别要注意的是，进入洞穴之前，负责人要清点人数，在洞中行进时要随时检查，出洞时还要核实，避免个别人因好奇而单独行动以致掉队迷路。在洞穴探险中要服从领导，团结友爱，切忌个人主义。

（2）水淹。在水中行走时，先用木棒、竹竿等探一探路再前进是有必要的。不可跳水、潜水，要有安全准备，最好带有救生衣并做好岸上保护。上岸后立即擦干身体避免生病。

（3）岩石崩塌。在洞中陡坡地带行走时，人与人之间要保持适当距离，以方便相互照应，避免走动时因石块滚动伤及人身，特别是在崩石堆中行走时更要小心。

（4）跌倒、坠落、碰头。洞穴中黑暗无路、地面不平，一般很难平稳行走。在有黏土浮泥的地面行走，更容易跌滑伤人。攀登爬行的时候要更加小心，先要做好路线选择并做好保护准备再行动，切忌急躁冒险。洞穴常常高低不同，并且常常有钟乳石下垂，一不小心，就会被碰得头破血流，因此进洞时一定要戴好安全帽，行进时要看清楚再走。

（5）有毒生物。

（6）水中毒。

（7）霉菌感染。

（8）缺氧窒息。

## 本章小结

尽管参与特种旅游的人数有限，但特殊旅游仍是旅游活动的一个组成部分。特种旅游的导游服务是一种特殊的服务，与常规导游服务有较大区别，需要特殊知识和技能。

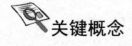

## 关键概念

特种旅游　徒步旅游　登山探险　漂流　洞穴探险

## 课堂讨论题

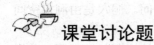

1. 简述导游员在特种旅游活动中的地位和作用。
2. 讨论总结徒步旅游导游服务的技能与方法。

## 复习思考题

1. 什么是徒步旅游？它为何会成为一种时尚？
2. 参与徒步旅游活动的旅游者的主要动机是什么？
3. 徒步旅游活动有哪些特点？
4. 徒步旅游中，导游员的基本要求有哪些？

# 参考文献


[1] 窦志萍. 中国旅游地理[M]. 重庆：重庆大学出版社，2014.

[2] 张清明，窦志萍. 导游服务案例选：技巧与提高[M]. 昆明：云南大学出版社，2007.

[3] 窦志萍. 中国古建筑游览与审美[M]. 昆明：云南人民出版社，2013.

[4] 吴殿廷. 水体景观旅游开发规划实务[M]. 北京：中国旅游出版社，2003.

[5] 梁成华. 地质与地貌学[M]. 北京：中国农业出版社，2002.

[6] 陆景冈. 旅游地质学[M]. 北京：中国环境科学出版社，2003.

[7] 国家旅游局人事劳动教育司. 导游知识专题（修订版）[M]. 北京：中国旅游出版社，2014.

[8] 张明清，窦志萍. 导游业务与技巧[M]. 北京：高等教育出版社，2003.

[9] 段玉明. 中国寺庙文化[M]. 上海：上海人民出版社，1994.

[10] 常立，黎亮. 看山[M]. 济南：山东画报出版社，2004.

[11] 窦志萍，杨芬，和旭，等. 基于乡愁文化理念的旅游目的地发展研究[J]. 旅游研究，2016.（1）：15-18.

[12] 窦志萍，杨芬，和旭，等. “景城一体”城市型旅游目的地建设研究：以昆明为例[J]. 旅游研究，2015.（3）：5-9.